新时代中华优秀
传统文化的"两创"研究

任金花 ◎著

图书在版编目(CIP)数据

新时代中华优秀传统文化的"两创"研究/任金花著
. -- 北京：中国书籍出版社，2023.12
ISBN 978-7-5068-9727-3

Ⅰ.①新… Ⅱ.①任… Ⅲ.①中华文化-研究 Ⅳ.
①K203

中国国家版本馆CIP数据核字（2023）第234845号

新时代中华优秀传统文化的"两创"研究

任金花　著

丛书策划	谭　鹏　武　斌
责任编辑	毕　磊
责任印制	孙马飞　马　芝
封面设计	博健文化
出版发行	中国书籍出版社
地　　址	北京市丰台区三路居路97号（邮编：100073）
电　　话	（010）52257143（总编室）　（010）52257140（发行部）
电子邮箱	eo@chinabp.com.cn
经　　销	全国新华书店
印　　厂	三河市德贤弘印务有限公司
开　　本	710毫米×1000毫米　1/16
字　　数	246千字
印　　张	15.5
版　　次	2024年5月第1版
印　　次	2024年5月第1次印刷
书　　号	ISBN 978-7-5068-9727-3
定　　价	86.00元

版权所有　翻印必究

目 录

第一章　中华优秀传统文化概述 …………………………… 1
 第一节　中华优秀传统文化的概念释义 ………………… 1
 第二节　中华优秀传统文化的价值意蕴 ………………… 9
 第三节　中华"优秀"传统文化的衡量标准 …………… 20
 第四节　中华优秀传统文化的内容精髓 ………………… 25

第二章　"两创"：创造性转化、创新性发展 …………… 33
 第一节　"两创"的内涵解读和辩证关系 ……………… 33
 第二节　推动中华优秀传统文化"两创"的必要性与必然性 … 38
 第三节　推动中华优秀传统文化"两创"的原则与内容 … 48
 第四节　推动中华优秀传统文化"两创"的多元化限度 … 69

第三章　新时代推动中华优秀传统文化"两创"的
   目标指向、基本任务及环境要素 ……………… 73
 第一节　推动中华优秀传统文化"两创"的目标指向 …… 73
 第二节　推动中华优秀传统文化"两创"的基本任务 …… 77
 第三节　推动中华优秀传统文化"两创"的环境要素 …… 83

第四章　新时代推动中华优秀传统文化创造性转化的践行路径 … 98
 第一节　坚持正确的文化发展理念 ……………………… 98
 第二节　多重教育引导的有机结合 ……………………… 105
 第三节　充分激活文化发展生命力 ……………………… 116
 第四节　抓好文艺创作的关键环节 ……………………… 121

第五章　新时代推动中华优秀传统文化创新性发展的践行路径 130
 第一节　协调创造性转化的主体融合 …………………… 130

第二节　整合创造性转化的文化资源……………………… 136
　　第三节　营造创造性转化的良好环境……………………… 139
　　第四节　实现创造性转化的载体创新……………………… 144

第六章　推动中华优秀传统文化"两创"的
　　　　代表——《典籍里的中国》……………………………… 150
　　第一节　《典籍里的中国》节目的整体概述 ……………… 150
　　第二节　《典籍里的中国》节目的主题文化意蕴 ………… 166
　　第三节　《典籍里的中国》对中华优秀传统文化
　　　　　　"两创"的探索 ……………………………………… 182

第七章　新时代推动中华优秀传统文化"两创"的保障机制 …… 190
　　第一节　推动中华优秀传统文化"两创"的思想保障机制 … 190
　　第二节　推动中华优秀传统文化"两创"的人才保障机制 … 198
　　第三节　推动中华优秀传统文化"两创"的体制保障机制 … 211
　　第四节　推动中华优秀传统文化"两创"的法治保障机制 … 219

第八章　中华优秀传统文化"两创"在新时代的发展趋势 ……… 228
　　第一节　在社会主义文化强国建设中日益扎牢历史根基…… 228
　　第二节　在中华民族伟大复兴进程中日益彰显文化底蕴…… 231
　　第三节　在世界文化之林中日益展现永久魅力和时代风采… 234

参考文献……………………………………………………………… 237

第一章 中华优秀传统文化概述

第一节 中华优秀传统文化的概念释义

一、何为"文化"？

文化，作为一个深厚的学术概念，可以根据其核心内涵从双重角度加以阐释。一方面，可以从其动词属性来阐述，该视角下的文化强调一个过程，其核心是对"化"的实践。其中，"文"被视为"化"的基石和手段，意味着通过"文"这一工具，实践者可以引导对象向期望的方向转变，这种理解下，文化不仅仅是一个名词，更是一个动态的过程，一个使对象发生变化的工具。《周易》是中国最古老的一部卜筮之书和哲学祖典，《贲卦》是《周易》中的一卦，最早使用"文化"一词，原文道："刚柔交错，天文也。文明以止，人文也。观乎天文，以察时变；关乎人文，以化成天下。"[1]《贲卦》的卦辞用"刚柔交错"来描述天文现象，即天地间的阴阳二气交互作用；用"文明以止"来描述人文现象，即人类社会的文明和秩序。由此可见，文化在此文中的解读是通过教化培养人们。随着时间的推进，"文"与"化"这两字结合得更加紧密。例如，西汉时期的刘向在其作品《说苑》中阐明："圣人之治天下，先文德而后武力。凡武之兴，为不服也，文化不改，然后加诛。"[2] 从这些文献看出，古人认为智者治理天下，先文德教化后武力征服，这也反映了当时社会对于治理天

---

[1] 姬昌.周易[M].东篱子译注.北京：北京时代华文书局，2014：91-93.
[2] 刘向.说苑(下)[M].萧祥剑注译.北京：团结出版社，2021：518-548.

下的理想和追求。在西方的语言体系中,文化用英文表述为"culture",此词转译为汉语后,主要涵盖了"文明、文化修养、栽培"等词义。因此,"culture"这一词汇在英文中不仅包含教化与文化涵养的概念,还融入了对文化个体的认识。马修·阿诺德(Matthew Arnold)是19世纪英国的重要文化评论家、诗人、教育家,他强烈主张文科教育的价值,认为文学和艺术是培养人们道德和社会责任的关键,这一观点在他的《文化与无政府状态：政治与社会批评》一书中表达得淋漓尽致,阿诺德对于"文化"的定义是历史上最经典的定义之一,他认为文化是"追求我们的整体完美"和"对知识的研究,用于完善我们的自然、消除我们生活中的粗鄙无知",此论述揭示了文化作为动词时的深远意义[①]。

另一方面,从文化的名词属性进行考量,其核心着重于"文",《辞海》(2020年版)对文化的名词性解读提供了广义与狭义两种解释维度。在宏观的层面上,文化被解读为人类创造的物质和精神两方面财富的集合,而在微观的维度中,更多地代表人类所产生的精神遗产,并为个体提供行为指引[②]。

在对广义文化的理解上,早在20世纪初,社会学家已经对其进行了深入的探讨,指出文化不仅是一个民族的社会传统遗产,也是该民族物质与精神财富的综合体现。具体而言,涵盖了一个民族创造的物质文明,如手工艺品、交易商品以及在其历史演变中累积的精神遗产,例如固有的行为模式、认知体系、价值观念、艺术创作与宗教信仰。除此之外,文化行为如教育,也为文化的构成提供了重要内容。文化可被理解为人类生活的多种表现形式及其创新的物质与精神产物,这种定义旨在从宏观的视角描述文化,强调其包含物质与精神两大方面,而且是在实践中形成的,与社会演进相辅相成。成中英(Cheng Chung-Ying)是一位美国夏威夷大学的教授,也是现代新儒家的代表人物之一,他精练地指出"文化是人类的生活、活动或活动所表现的形式。[③]"同样,周洪宇、程启灏、俞怀宁和熊建华在其论文《关于文化学研究的几个问题》中,也对文化做了广义的解读,进一步阐明了文化在不同领域中的多重作用,

---

① [英]马修·阿诺德.文化与无政府状态：政治与社会批评[M].韩敏中译.北京：生活·读书·新知三联书店,2008：36.
② 辞海[M].上海：上海辞书出版社,2020：1303.
③ [美]成中英.文化·伦理与管理——中国现代化的哲学省思[M].贵阳：贵州人民出版社,1991：6.

第一章　中华优秀传统文化概述

以及其可能诱导的多样文化现象[①]。另外,张岱年和程宜山在《中国文化与文化论争》中指出文化是人类在处理与世界的关系时所展现的精神与实践活动,以及这些活动所孕育出的物质与精神成果,体现了活动方式与成果之间的辩证关系[②]。

在对狭义文化的探讨中,学术界主要从三个维度进行阐述。

一是主要将文化定位为与物质对立的精神层面进行表述,强调文化涵盖人类创造的精神产品,包括有形的和无形的两种。美国学者爱德华·伯内特·泰勒(Edward Burnett Tylor)是19世纪的文化人类学家,通常被誉为现代文化人类学的创始人,是文化进化论的早期倡导者,他的主要作品是1871年出版的《Primitive Culture》。在这本书中,他介绍了对"文化"的定义,这一定义对后来的学者产生了深远的影响,他认为文化或文明乃是包括知识、信仰、艺术、道德、法律、习俗和任何人作为一名社会成员而获得的能力和习惯在内的复杂整体[③]。梁启超也持相似观点,说:"人类心能所开积出来之有价值的共业也。"并进一步强调:"文化在实质上是通过各种物质形态所表现出来的人类的精神"[④]。

二是主要从行为层面阐释文化,文化作为一种独特的表达形式,由多种行为模式构建而成。正如1952年,艾尔弗雷德克罗伯(A.L.Kroeber)和克莱德·克拉柯亨(Clyde Kluckhohn)在其《文化:概念和定义的批判性回顾》一书中经过深入分析西方流行的160种文化定义后指出:"文化由外显的和内隐的行为模式构成"[⑤]。英国现代人类学家马林诺夫斯基(Bronisław Malinowski)视之为:"文化是包括一套工具及一套风俗——人体的或心灵的习惯"[⑥]。同时,我国学者梁漱溟则精辟地指出,文化即某一民族的生活方式,"不过是那一民族生活的样法罢了"[⑦]。在国际层面,联合国教科文组织"世界文化项目"的主持人、加拿大学者谢弗(Sheaffer)将其定义为:"文化是指人类观察和感知世

[①] 周洪宇,程启灏,俞怀宁,等.关于文化学研究的几个问题[J].华中师范大学学报:人文社会科学版,1987(6):12.
[②] 张岱年,程宜山.中国文化论争[M].北京:中国人民大学出版社,2006:27.
[③] [英]泰勒.原始文化[M].蔡江浓编译.杭州:浙江人民出版社,1988:1.
[④] 梁启超.梁启超讲文化[M].冯志阳编.天津:天津古籍出版社,2005:133.
[⑤] Kroeber A L, Kluckohn C.Culture: A Critical Review of Concepts and Definitions[J].1952:47.
[⑥] [英]马林诺夫斯基.文化论[M].费孝通译.中国民间文艺出版社,1987:1.
[⑦] 梁漱溟.中国文化的命运[M].北京:中信出版社,2016:108.

界,把自己组织起来,处理自身事务,提高和丰富生活,以及把自己安置在世界上的那种方式"①。众多学者均在此领域有所研究,持有相似的观点。

三是主要是从民族精神的角度阐述文化,指出文化不仅是在内容中深藏的、由人类继承的精神内核,还表示着经历了社会波折和历史变革后仍然持久的、稳固的、深远的、抽象的要素。文化定位于哲学与一般意识形态的中间,可以视作"从基层意识中提取而未达到哲学层次的民族心智构造、思维习惯以及价值观。"总体来看,文化不仅象征人类创造的物质与精神产出,还涵盖了教化及人的塑造的意涵,在此教化的语境下,人类所创造的物质和精神遗产变为教育和塑造人的媒介,而是通过这种教育和塑造,使得先前的文化得以持续发展和进步。

二、何谓"传统文化"?

(一)何谓"传统"?

在我国古代,"传"和"统"在古代汉语中是两个不同的词汇。"传"的本义是传授,引申为传承、流传、传记、传奇等。在古代文献中,"传"常用来表示对经典、历史、礼仪等知识的解释和传承,如《论语传》《史记传》等。同时,"传"也指一种文体,如《左传》《水浒传》等。而"统"有承、接的含义,这在古代文献中经常出现。例如,《汉书》中的"自以为过尧舜统",就是指尧舜继承了以前的传统②。"传统"一词作为一个固定词汇,首见于《后汉书》:"自武帝灭朝鲜,使使招谕,而三十许国,自译其国名,遣使奉贡,世世传统"③。这里的"传统"已有代代相传、世世相继之意。

而在西方,"传统"这个词起源于希腊语,原始形式是"tradition",意思是对一代一代传承下来的信仰、习俗、价值观等的传授或传递。在古希腊和古罗马时期,"传统"主要指宗教信仰和神话传说,以及与之相

---

① [加]D.保罗·谢弗.文化引导未来[M].许春山,朱邦俊译.北京:社会科学文献出版社,2008:1.
② 班固.汉书[M].桂林:漓江出版社,2018:371.
③ 范晔.后汉书[M].北京:团结出版社,1996:822.

关的实践和仪式。在中世纪,教会和修道院在保存和传播传统知识方面扮演了重要角色,使得"传统"一词的含义逐渐扩大,涵盖了艺术、文学、科学和哲学等领域的知识和技能的传承。在这个时期,许多学者和艺术家在教会和修道院中工作,通过口传、手写和训练等方式,将这些知识技能一代一代地传承下去。例如,在艺术方面,中世纪的绘画、雕塑和建筑风格遵循着一套传统的技巧和风格,这些技巧和风格是通过师徒制的方式传承下来的;在文学方面,许多古代文学作品在中世纪被重新发掘和传抄,这些作品中的故事、诗歌和哲学思想成为传统的一部分;在科学方面,学者们在教会和修道院中研究天文学、地理学和医学等领域的知识,并将这些知识整理成书籍并传播出去。"传统"这个词汇在现代英语中的含义已经变得更加广泛,不再仅限于特定的文化、政治、社会或经济领域。现在,"传统"被用来描述任何经过长时间验证并被广泛接受的思想、行为或事物的传承,包括文化传统、艺术传统、习俗、信仰、价值观等。西方学者对"传统"一词的定义和认知可以追溯到社会学家埃米尔·涂尔干(Emile Durkheim)。涂尔干认为,社会事实是某种独立于个体意识的客观存在,只有通过对社会事实的客观观察和分析,才能获得对社会现象的真正理解。在此基础上,涂尔干提出了"双重实在性"的概念,即社会事实既是一种客观实在,也是一种象征实在。这一观点为理解"传统"提供了基础,即传统既是一种客观存在,又是一种象征性的意义系统[1]。传统是一个社会的文化遗产,是延续三代以上、继续影响当代人生活的、并被赋予当代价值和意义的文化。这个定义强调了传统的延续性和当下性。延续性意味着传统是从过去延传到现在的事物,而当下性则意味着传统不仅活在过去,而且活在当下,活在我们的血脉里、灵魂中。传统包含着三个构成部分:器物层面、行为层面和精神层面。器物层面指的是历史上沿传下来的典章制度、文化经籍、古迹文物等等;行为层面指的是历史上沿传至今的风俗习惯等等;精神层面指的是历史上延续至今的社会理想、生活信念、伦理道德观念、民族性格和心理特征等等。其中,精神层面是传统的核心,是传统得以延传的血脉和灵魂。

---

[1] [法]涂尔干.自杀论[M].冯韵文译.北京:商务印书馆,2020:155.

（二）何谓"传统文化"？

在探究"传统文化"与"文化传统"时，两者之间的比较和对照尤为重要。尽管在语言表述上两者看起来极为相似，但实际上代表的概念是有差异的。从语法构成的角度分析，当使用"传统"作为形容词修饰"文化"时，强调了文化的某一特定类别，所代表的是与其他种类文化所区分的"传统文化"，此时，文化的本质特征被强调。在此背景下，"传统文化"通常是与"现代文化"相对应的，涵盖了五四新文化运动之前中华民族历经时代积淀的丰富文化遗产与展现形式。

在对传统文化的深层解读中，其内核表现为历史进程中已确立、具有客观实质的文化成果，往往被形容为"已不再生机勃勃"的文化遗产。如同古人所描绘，此种文化好似往昔涌动不息，然而现今已沉寂如"冰封之河"。从研究的视角来看，传统文化作为历史的产物，其实质与形态不会因为现代人的评判或诠释而产生变化。值得强调的是，对于现代人，传统文化具有客观性定位。也就是说，并非所有历史上的文化现象均可归类为"传统文化"。尽管有些文化在历史长河中一度兴盛，但若它们已经消亡且难以为现代人所了解，那么则不被视为传统文化，只有那些历经岁月仍为人所传颂的文化，才真正被认为是传统文化。

从语法角度考察，当"文化"作为定语为"传统"提供修饰时，此时的"文化传统"主要是为了区分其他类型的传统，因此这里更多的是对"传统"这一概念的强调。而从深层含义上解读，"文化传统"代表了那些已经渗透到当代社会、整合于社会结构及人的心理结构中，对特定人群的思维和行为产生指导和约束的文化元素，是充满生命力的实体，这样的传统是无形的，更像是一条历经古今的文化血脉，持续流淌在民族文化的脉络中。基于此，部分学者提出："文化传统指的是传统文化背后的精神连接链"[①]。因此，并不是所有的传统文化都有能力发展成为文化传统。可以理解为，文化传统并非仅仅表现为传统社会的外在文化现象，而是更加深入地涉及这些现象背后的规则、观念、组织以及其所蕴含的信念体系。

在探讨文化传统与传统文化的互动关系时，普遍认为任何文化传统

---

① 贺敏．试论传统文化的精神内涵[J]．东京文学，2009（5）：50-51．

都是在传统文化的背景中塑造出来的。而在没有传统文化的背景下,文化传统的形成是不可能的。然而,这并不意味着每一种传统文化都能在时间的积累和传承中逐渐演化为文化传统。因此,"文化传统"的定义较为狭窄,而"传统文化"涵盖的领域更加广泛。更进一步地,文化的持续演进可以视作一个过程,即将固化的"传统文化"通过时代的重塑和融合,转化为鲜活的"文化传统"。如果缺乏这样的转化,某些文明的传统文化可能会逐渐凋零,或甚至完全消失。例如,汤因比在其著作《历史研究》中指出,古代叙利亚、米诺斯、古代苏末和古代巴比伦等文明,因未能有效地演化为"文化传统"而渐次消亡[①]。因此,必须明确"传统文化"与"文化传统"两者之间是相互关联且不可分割的,在"推进中华优秀传统文化的创新性转化及持续发展"这一议题中,不仅突显了"传统文化"的稳定性和持久性,同时暗示了"文化传统"的动态性与变迁性。转化和发展并不是简单地将过去的文化遗产加以改造,而是将其中包含的"现代性"激活,并使其在当代文化中继续施展其影响力,进一步在不断的演化、整合、聚合和合并中,促进中国文化的前进脉动。

三、何谓"中华传统文化"?

在讨论中华传统文化时,可以从广义和狭义两个角度来审视。广义上,是指中华民族在历史上创造和传承的一切文化的总和。而狭义的定义更为聚焦,主要关注于古代中国社会实践中形成的精神遗产,如文学、艺术、法制、道德准则及思维模式,其中不仅仅是表面的文化展现,更包含了被世代相传、深藏于文化背景下,并在人们行为中得以显现的民族精神,这种分类方式从时空维度对中华传统文化进行了明确的界定。

第一,从形成的时间来看,中华传统文化源自中国古代民众的智慧与实践。在讨论中华传统文化的时间定义时,学界主要存在两种观点。一方认为传统文化应局限于鸦片战争之前,其由古代民众在生活与生产实践中所塑造;另一方则视近代的反帝反封建文化也为传统文化的组成部分。在本研究看来,中华传统文化主要是鸦片战争前的产物。这一立场基于以下原因:鸦片战争后及随后的不平等条约签署导致中国逐

---

① [英]阿诺德·汤因比.历史研究(插图本上)[M].刘北成,郭小凌译.上海:上海人民出版社,2019:115.

渐转型为半殖民地半封建社会。在这期间,资本主义经济结构兴起,新的社会阶层浮现,整体的社会、经济、和政治状况发生显著转变。此外,随着西学东渐,近代西方文化对中国文化产生了深远的影响。这使得近代文化与古代文化展现出明显的差异。然而,古代文化与近代文化并非截然分离,两者之间存在继承与发展的关系。近代文化尽管是对当下社会经济及政治环境的反应,但并未完全割裂于古代文化,更多的是在吸纳古代文化基础上逐步形成,并对前者有所继承和发展。

第二,从形成的空间来看,中华传统文化主要起源于古代的中华领土。古代中国的地理环境独特,拥有广袤的土地面积。由于各地的自然生态和社会经济活动的多样性,各个民族在历史进程中的发展显现出了差异性,使得各民族在其文化形态上均展现出独特之处。例如,在节日文化中,受到生产活动、生活习惯和宗教信仰的影响,各民族创造了具有其独特风格的节日。诸如蒙古族的"那达慕节"、傣族的"泼水节"、彝族的"火把节"、傈僳族的"刀杆节"、白族的"三月节"、哈尼族的"扎勒特节"、藏族的"酥油花灯节"、苗族的"花山节"以及拉祜族的"月亮节"等,都是各自文化背景下的产物。然而,尽管每个民族都有其独特的文化标识,但它们在某些核心价值观上仍然存在共通性,如坚韧不拔、尊老敬亲等中华文明的传统美德。因此,在讨论中华传统文化时,不仅要考虑整体的中华文化特色,还要深入探讨各个民族的特定文化传统。

四、何谓"中华优秀传统文化"?

对于对中华优秀传统文化的定义,很多专家学者通过概念抽象或具体罗列等方式进行了比较全面的阐述。其中被广泛认可的一种阐述,即中华传统文化中的精华部分就是中华优秀传统文化。在中华文化的庞大体系中,这一形容词指的是"优秀的"或"杰出的"。因此,中华优秀传统文化可以理解为中华传统文化中的杰出和积极元素。而此"优秀"并非单纯的"好",是指向那些能够促进社会进步、和谐发展并适应时代变迁的文化精髓,如在治国理政的智慧中,《尚书》载:"民为邦本,本固邦宁",明确地指出人民是国家的基石,只有人民安宁,国家才能稳固[①]。

---

① 孔子.尚书[M].长春:吉林文史出版社,2017:34-38.

再如《道德经》中所述:"人法地,地法天,天法道,道法自然"[①]。这表明,古代的哲人强调人们的行为应与自然相协调,顺应客观规律,实现人与自然的和谐,体现了天人合一的哲学观点,为今日我国的生态文明和现代化建设指明了方向。并且在中华文明的漫长历史中,众多古代先贤凭其优秀的德行留下了令人敬仰的印迹,这些由传统文化所孕育的美德不仅在当时展现出其价值,而且在今天仍然散发着魅力与光彩。以岳飞为例,其"精忠报国"的崇高精神在国家面临危机之际,表现为英勇战斗,为国家立下了不朽的功绩。而匡衡因家境贫寒却志存高远,他"凿壁偷光"的故事,描述了他借邻家之光,致力学术,最终成为博学之者。这些文化传统不仅与时代进步的需求相契合,而且对于国家和社会的持续发展有着积极的促进作用,为我们在人际交往、国家治理等层面提供了宝贵的思考与启示。简言之中华优秀传统文化就是那些在历史长河中应时代需要产生,至今仍对现代社会发挥积极作用的文化遗产,在当下时代我们有责任继续推广和传承这些宝贵的文化资产。

第二节　中华优秀传统文化的价值意蕴

中华优秀传统文化的核心内容就是优秀的道德规范和价值体系,主要体现在以向善、仁爱、义利为核心的道德思想,以民本、仁政、大同为核心的政治思想,以"有教无类"、因材施教、尊师重道为核心的教育思想,这些思想对新时代社会主义核心价值观的养成和践行具有重要价值意蕴。

一、道德思想的价值

在中华优秀传统文化中,可以深挖其所孕育的深厚道德资源。例如,儒家学说强调的"向善"思想、仁爱思想、义利思想以及对修身思想的注重,都是中华优秀传统文化传承中的精髓所在。在历史长河中,优秀的

[①] 老子. 道德经[M]. 上海:上海古籍出版社,2023:96.

儒家伦理观念对中华民族的持续繁荣起到了不可或缺的作用,特别是在当下对于塑造社会主义核心价值观与引导主流思想,仍具有深远的意义与应用价值。

(一)向善思想的价值

自古以来,人性善与恶的问题在哲学领域中持续受到关注,这不仅是中外哲学的核心议题,也为伦理道德体系的构建提供了根本出发点。我国古籍《三字经》明确指出:"人之初,性本善",此言意人刚刚出生的时候,本性都是善良的,这一论点触及了关乎人性本质的深层次哲学探索[1]。究竟人的天性是趋向善还是趋向恶?在中华古代文化中,儒家是这一议题的开启者。孔子早先提及:"性相近也,习相远也"[2]。在孔子之后,孟子深化了这一观点,他强调:"恻隐之心,人皆有之;羞恶之心,人皆有之;恭敬之心,人皆有之;是非之心,人皆有之。恻隐之心,仁也;羞恶之心,义也;恭敬之心,礼也;是非之心,智也。仁义礼智非由外铄我也,我固有之也",这即孟子的性善论[3]。值得注意的是,尽管孟子坚信人具有先天的伦理概念,但他也强调了后天修养的重要性,并认为每个人都有向善的潜能,"人皆可以为尧舜"。

荀子深化了孔子关于"习相远"之思想,进而构建了人性恶的哲学论述。他论述,人类天生具有强烈的欲望驱使,这些欲望如果未得到适当的满足和引导,容易导致社会冲突和纷争。从这个角度出发,荀子认为人类天生有"好利"、有"疾恶"之性,"耳目之欲"也自然而然存在。如果仅仅按照人性的天然倾向和欲望来行事,"争夺"和"暴力"的行为模式必然会出现。荀子进一步阐述:"人之性恶,其善者伪也",真正的善和有价值的品质是后天通过不懈努力和培养所形成的。荀子引用:"尧舜与桀跖,君子与小人,其天性是相同的",这进一步强调了后天培育和修炼的关键性。《三字经》中也有提及:"苟不教,性乃迁",后天的教育和环境在塑造和重塑人性上起到了决定性的角色[4]。荀子强调,"其礼义,制法度",意味着通过人的努力可以修正其天生的"恶"性。如此,"涂

---

[1] 王应麟.三字经[M].福州:福建少年儿童出版社,2012:2.
[2] 孔子.论语[M].景菲编译.西安:三秦出版社,2018:131.
[3] 孟子.孟子[M].哈尔滨:北方文艺出版社,2019:216.
[4] 王应麟.三字经[M].福州:福建少年儿童出版社,2012:2.

之人亦可能成为禹"①。在此基础上不难看出,孟子与荀子的思考在某种程度上是相似的,二者皆注重内心的修炼,主张惩恶扬善,持续地完善自己。

孟子与荀子就人性论探讨时,各自形成了一套相对完备的哲学理论构架。后世的思想家们在此基础上继续对人性的善与恶进行深入的辨析。例如,韩愈将人性划分为上、中、下三层次;而李翱则主张性之为善、情之为恶。这些思想家都为探究人性的善恶提供了深入的洞见。当李翱提出其"复性"论述之后,大众对于人性的本善观点形成了共鸣,李翱的"复性"理念强调人的天性是向善的,但普罗大众经常因情欲而使其本善之性受到干扰,相对地,圣贤之人能免于情欲的束缚,从而保持其原始的本善。为此,普罗大众应努力摒弃情欲,追寻"弗思弗虑"的心态,以达到"至诚"的高度。随后,在宋代,儒家对人性的理论进行了进一步的完善,提出了"天理至善""存天理,灭人欲"以及"天命之性纯善无恶"等观点,进一步强化了人性本善的理念。

儒家思想强调"性本善"的观念,对中华民族精神和道德伦理建构具有深远影响。从儒家的价值观出发,向善的观点可以概括为三大核心要素:第一,认为人的本性向善为其做出善良选择提供了哲学基础;第二,利益的诱因与鼓舞为实现向善提供了积极因素;第三,对于不良行为的惩戒和对外部评价的敬重则构成了向善的制约机制。孟子曾言:"君子莫大乎与人为善"②;荀子亦有"积善成德,而神明自得,圣心备焉"的观点③;而诸葛亮则提出:"勿以恶小而为之,勿以善小而不为"④……这些经典的论述为我们揭示了善的深刻内涵,并对连续数千年的华人形成善行为常态产生了深远影响。儒家思想早已渗透至中华民族文化的深层,使得向善之德成为中华传统的美德之一。

(二)仁爱思想的价值

在中华优秀传统文化中,"仁爱"一词不仅具有深厚的历史背景,而且代表着一个核心的价值观念。孔子为中华文明确立了充满人文精神

---

① 荀子.荀子[M].曹芳编译,沈阳:万卷出版有限责任公司,2020:25.
② 孟子.孟子[M].哈尔滨:北方文艺出版社,2019:52.
③ 荀子.荀子[M].曹芳编译,沈阳:万卷出版有限责任公司,2020:31.
④ 陈寿.三国志[M].北京:团结出版社,2017:173.

的"仁"学体系,将"仁"视为道德的最高境界、标准和原则。从孔子的"泛爱众而亲仁"到孟子的"仁者爱人",进一步展现了仁者从"爱亲"到"爱民"的儒学发展趋势,突显了博爱的核心思想。古籍《礼记》中庸篇中有云:"仁者人也,亲亲为大。"① 而在《孟子》尽心下篇,更是明确指出:"仁也者,人也。"② 这些经典著作中的论述,解读了"仁"的深意,即人与人之间的深厚情感与关怀。而董仲舒在《春秋繁露》之仁义法第二十九中进一步明确了"仁"的道德定位:"仁之为言人也……仁之法,在爱人。"由此,可以理解,"仁爱"不仅仅是一种道德观念,更是一种对他人的关心、宽容和同情的情感表达③。

在儒家思想中,"仁爱"被誉为核心理念。《论语》这本反映孔子及其学生言行并深入阐述孔子思想的经典著作,对"仁"一词进行了109次的论述,"仁"一字在文中出现了110次,足以证明"仁"的概念是孔子的价值观中不可或缺的部分。进一步探究孔子对"仁"的定义,发现其核心思想和基础理念均指向"爱"的概念。孔子是首位明确将"仁爱"视为礼乐文明的精髓,并进一步将"仁"的含义解释为"爱人"的思想家。他曾告诫樊迟:"樊迟问仁,子曰:'爱人'。"此外,孔子还提出了"汎(即泛)爱众而亲仁"的理论。综合孔子的各种观点,明确的是,要真正实现"仁"的德性,关键在于实践中的"爱"。

在儒家思想中,"仁爱"被赋予了至高无上的地位,它起始于每个人对于亲情的真挚情感,具体表现为对父母的孝敬和对长辈的尊重,这种情感不仅仅停留在家族关系的界限内,而是扩展至更广阔的社会领域,从关爱身边之人逐渐延伸至对所有人的关怀,乃至对大自然、山水、动植物的深厚情感。孟子曾经深刻地指出:"老吾老以及人之老,幼吾幼以及人之幼",以及"亲亲而仁民,仁民而爱物",这些观念凸显了仁爱之于儒家的核心地位。随着历代的传承和深化,儒家对"仁"的理解也日益丰富。在广义上,融合了"五常":仁、义、礼、智、信,而狭义上的"仁"仅为五常中的一环。此外,"仁爱"的精神也融入了"孝悌忠信,礼义廉耻"的四维八德基本原则中。

在汉至唐的历史时期,"仁"与博爱作为封建治理的基石,为统治者所推崇。受儒家博爱济世思想的影响,传统的中国医德以仁爱为其核

---

① 戴圣.礼记[M].张博编译,沈阳:万卷出版有限责任公司,2019:295.
② 孟子.孟子[M].哈尔滨:北方文艺出版社,2019:280.
③ 董仲舒.春秋繁露[M].呼和浩特:远方出版社,2005:70.

心理念,并坚持"医乃仁术,无德不立"的原则。而在当代,仁爱已成为我国社会主义道德规范体系中的核心元素,并蕴含着深厚的价值内涵。把"仁爱"视为道德的高尚目标,对于社会的进步具有至关重要的推动作用。秉持并传承这一"仁爱"的优良传统,能够更好地实践社会主义核心价值观,进而塑造和谐的社会环境。与此同时"仁爱"的传统不仅与社会主义核心价值观高度吻合,还能促进公民培育文明和谐的社会氛围。此外,为了应对现代设计思想道德领域内的一系列挑战,弘扬并实践仁爱的思想显得尤为重要。通过这种价值观的推广,可以为公众设立一个明确的价值取向,帮助他们建立合理的道德评判准则,并增强其道德实践能力,特别是自主实践的能力,从而塑造一个倾向仁爱和善良的精神文化环境。

(三)义利思想的价值

在探讨义利观念的深层次内涵时,可以定义其为"对于义与利的根本性理解以及对其关系的态度"。在先秦儒家思想中,其关于义利的观点主要强调了"重义轻利"的原则,呼吁人们看到义与利在一定条件下的辩证统一性。如经典文献中所提:"义者,宜也。尊贤为大",此语从侧面反映了儒家视"义"为适当和合理的行为,即代表了符合道德和公正的意义。在儒家思想体系中,将"义"与"仁、礼、智、信"并列,共同构成了儒家君子所应遵循的五常,也是儒家道德观和人格典范的基石。另一方面,"利"在儒家的思想体系中同样占有一席之地,通常被视为满足人们的需求和利益。此外,儒家对"利"的解读也颇为深入,将其解释为人类的需求和利益,在儒学中对"利"有细致的划分,如将其区分为正当与不正当的利益,或是天下的公共利益与个人的私利等。

在儒家思想体系中,义利之间的关系成为重要论题。朱熹明确表述:"义利之说,乃儒者第一义。"其中,"义"被视为理想的人格准则,是形塑优质个人品性的核心元素。儒家主张坚决反对因利忘义的行为。孔子曾提出:"君子喻于义,小人喻于利",而孟子也强调:"王何必曰利,亦有仁义而已矣。"此外,孟子的经典论断"鱼与熊掌不可得兼"揭示了在某些情境中,义与利之间的冲突,儒家更偏向于重视道义而非纯利益。基于此,许多研究者对儒家义利思想的解读为"重义轻利"。然而,观察儒家思想的整体构架,其实强调了义利之辩证关系。例如,孔子亦指出:"富与贵,是人之所欲也,不以其道得之,不处也;贫与贱,是人之所恶也,不以其道得之,不去也。"① 这一观点可解读为"君子爱财,取之有道"。荀子进一步论述:"义与利者,人之所两有也",暗示道义和利益皆为人之所需。他进一步补充:"好利而恶害,是人之所生而有也",意味着追求利益和回避伤害是人之常情。这些观点均强调了儒家视义与利为和谐统一的两面②。随着儒学的不断发展,其对于义利统一性的看法也得到了丰富与演进。董仲舒明确提出:"天之生人也,使之生义与利",强调二者在宇宙客观法则中的同等重要性③。在此基础上,叶适、黄宗羲等后代儒者沿袭了先秦儒家"义利兼顾"的理念,更为深入地探讨了义利的和谐共存。

在中华民族上千年的道德观念与价值观的形成过程中,儒家的义利思想展现了其深远的影响。面对当前市场经济的发展环境,必须准确把握义与利的辩证统一性。基于儒学视角,要坚定地遵循"义以为上"理念,并在实践中践行"见利思义"。儒家对于义利的独到理解,为后世抵御拜金主义、利己主义及享乐主义的浸润提供了有力的盾牌。同时,为社会在合理、合法框架内追求利益提供了引导,有助于维系社会的和谐稳定,确保公民的合法权益得到保障。

二、政治思想的价值

儒家政治思想展现了深厚的学术内涵,涵盖了如民本思想、仁政思想、廉政思想及大同思想等关键议题。在这套思想框架中,"民"被视为基石,"仁"则被赋予中心地位,所追求的理想目标是"大同"与"大一统"。儒家政治哲学不仅将伦理、法律、教育与政治融为一体,而且在政治实践中坚持民本原则,倡导仁政与德治,并强调于治国策略中礼的重要性。

(一)民本思想的价值

在中华传统文化的发展史上,民本思想自国家初创便已存在,起源

---

① 孔子.论语[M].福州:海峡文艺出版社,2012:7.
② 荀况.荀子[M].南昌:二十一世纪出版社,2015:293.
③ 董仲舒.春秋繁露[M].呼和浩特:远方出版社,2005:34.

于商周时期,历经漫长的岁月,它始终融入于国家的政治进程与制度变迁中,起到了至关重要的作用。该思想在儒家教义中被赋予了深厚的内涵,它不仅体现了"民惟邦本"的理念,更传递出尊崇生命、人文主义的精神传统。孔子将民本思想深嵌在"仁"的定义中,认为"仁"的真谛即"爱人",而这里的"人"特指广大的百姓。翻阅儒家古籍,便能察觉民本思想的光辉。例如,孔子在《论语·雍也》中倡导"博施于民而能济众"[①],在《论语·颜渊》中提及"足食"[②],在《论语·子路》中强调"富民"[③];孟子在《孟子·梁惠王上》提出"制民之产"[④],在《孟子·尽心上》中阐述"亲亲而仁民,仁民而爱物"[⑤];而荀子在《荀子·富国》中指出"下富则上富",在《荀子·大略》中主张"不富无以养民情"[⑥]。后续世代的儒学思想家与政治家均高度关注民生问题,认为它是实现善治和国家长治久安的基石。这一儒学理念,在历史长河中的政治哲学与实践中产生了深远的影响,无论是维持社会稳定、推进国家经济还是优化君臣关系,其都有着显著的效益,而对于现代中国特色社会主义建设,此思想依旧具有深刻的启示意义。

第一,民本思想是中国共产党执政的思想资源。深入挖掘和阐发中华优秀传统文化讲仁爱、重民本、守诚信、崇正义、尚和合、求大同的时代价值,使中华优秀传统文化成为涵养社会主义核心价值观的重要源泉。在这六大文化理念中,特别是"民本",凸显了国家与人民之间深厚的责任关系,民本思想强调以人为核心的原则,不仅为中国的治理理念提供了思想支撑,而且也为中国共产党的群众路线和"以人民为中心"的发展观念奠定了文化基础。中国共产党的"以人民为中心"的战略方针,是对古老的民本思想的继承、深化与创新,这一策略鲜明地展现了中国共产党始终坚持的基本立场——全心全意为人民服务。

第二,民本思想为我国制定方针政策提供了思想启示。儒学所提倡的民本思想渗透于政治治理、经济策略及生态建设等多方面,其所表述的"重民""利民"和"富民"为国家决策、调和政府与公众关系以及促进民生提质供给了深刻的哲学启示。目前,我国在政治治理、经济构筑

---

① 孔子.论语[M].福州:海峡文艺出版社,2012:54.
② 孔子.论语[M].福州:海峡文艺出版社,2012:125.
③ 孔子.论语[M].福州:海峡文艺出版社,2012:133.
④ 孟子.孟子[M].哈尔滨:北方文艺出版社,2019:21.
⑤ 孟子.孟子[M].哈尔滨:北方文艺出版社,2019:268.
⑥ 荀况.荀子[M].南昌:二十一世纪出版社,2015:303.

及文化繁荣等领域均展现出全面的发展势头,采纳的重视民意、肯定人民主体性的策略和操作准则,均印证了民本思想在当下社会中的实际意义。

(二)仁政思想的价值

在儒家政治思想体系中,"仁"的理念始终居于核心位置,其在政治行为中的表现被称为"仁政"。孔子倡导"为政以德",主张统治者应持有仁爱之心治理国家,以此达到对民众的道德教化。孟子不仅继续弘扬了孔子对"仁"的理解,更进一步将这一思想延伸至政治、经济和文化等领域,形成了一套更为完整的仁政学说。他将人性本善的论点作为其政治理论的基础,主张通过实施体现同情与怜悯的策略来管理国家。孟子提出:"以不忍人之心,行不忍人之政,治天下可运之掌上",明确指出应当推行对民众持同情与怜悯态度的政策,也即所谓的"不忍人之政"[1]。

在儒家政治思想体系中,"仁"与"礼"形成了核心与外延的关系。其中,"仁"为基础,而"礼"则是其具体的表现形式。如果缺乏"仁"的内核,那么"礼"的外壳很快就会瓦解;而在没有"礼"的指导下,"仁"的实现变得极为困难。因此,要想实现仁政,两者需要相互补充,共同作用。孔子在他的思想中强调,为了达到政治的道德化,需要依赖于礼的规范和实践,从而主张"为国以礼"。孟子进一步指出:"而或以无礼节用之,则必有贪利纠谲之名,而且有空虚穷乏之实矣。"[2]这清晰地揭示了礼的重要性。孔子与孟子虽有各自的哲学侧重,但他们的思想都致力于重塑社会的伦理秩序。在政治实践层面,儒家主张仁政的实现必须通过礼的具体化,进而强调"为国以礼"的重要性。当每个人都能够恪守礼义,国家能够真正地实施仁政,那么民众将会更加富裕,国家也将更加强大。此外,礼法不仅是对民众的教育和管理手段,同时是对官员的行为准则。

第一,儒家所主张的仁政思想,对于我国现代的政治建设和社会治理具有重要的参考价值。仁政思想为当下中国关于"依法治国"与"以德治国"策略的整合提供了理论基础。传统的儒家思想高度重视道德

---

[1] 孟子.孟子[M].哈尔滨:北方文艺出版社,2019:55.
[2] 孟子.孟子[M].哈尔滨:北方文艺出版社,2019:67.

政策和道德教育,尊崇道德对个体和社会的引导力,从而为"以德治国"策略赋予了核心动力。另外,仁政在儒家思想中与"礼"是相辅相成的,确保了完整的礼仪制度,使民众得以遵循法规,生活井然有序,为"依法治国"的实施建立了坚实的理论框架。在当今多元文化与多种价值观共存的社会背景下,法治与德治两者都应得到平等重视,使二者相互补充、相辅相成。

第二,仁政思想为当代领导干部提供了可资借鉴的为官之道。领导干部应当秉持正确的权力观,始终将人民的根本利益视为行动指南,应该全心全意为人民服务,权力应用于造福人民,而非私利。更为关键的是,领导干部应深切关心人民的需求和困境,始终保持与人民的紧密联系,倾听他们的声音,切实解决他们的实际问题,并确保社会的持续稳定和健康发展。

(三)大同思想的价值

儒家哲学中的大同思想被视为中华优秀传统文化中的核心思想。在《礼记》中,孔子对于理想化的大同世界进行了深度的阐述:"大道之行也,天下为公。选贤与能,讲信修睦,故人不独亲其亲,不独子其子,使老有所终,壮有所用,幼有所长,矜寡孤独废疾者,皆有所养。男有分,女有归。货,恶其弃于地也,不必藏于己;力,恶其不出于身也,不必为己。是故,谋闭而不兴,盗窃乱贼而不作,故外户而不闭,是谓大同。"[①]该段中,"天下为公"明确指向生产资料在经济结构中的公有性,"选贤与能"展现了在政治架构中对才干与贤能的公正选拔,"讲信修睦"则代表了社交领域中人与人之间的和谐相处。这一描绘的大同社会景象,不仅展现了一个和谐、理想的社会蓝图,更体现了儒家追寻和平与安定社会的核心价值与期许。

尽管儒家的大同思想在某种程度上受制于其历史背景,但它对于现代社会和谐建构及人类命运共同体的构想提供了深刻的启示。大同思想为人类命运共同体设计奠定了坚实的理论基石。在这一思想的熏陶下,中华民族始终强调"天下一家",持续推崇和平,并主张"民胞物与"和"协和万邦",追求一个"大道之行,天下为公"的理想世界。该思想

---

① 戴圣.礼记[M].张博编译,沈阳:万卷出版有限责任公司,2019:179.

不仅在社会主义道德建设与实践中起到了关键的启示作用,对于社会主义核心价值观的践行亦有深远影响,同时助推了全球的和平与进步。基于"协和万邦"与"天下大同"的原则,中国在"一带一路"框架中为构建人类命运共同体提供了理论支撑和历史参考。代表中华文明的儒家思想,凭借深厚的文化自信,为全球提供中国的解决方案,分享中国的智慧,对世界和平与繁荣产生了积极的影响。

三、教育思想的价值

在儒家思想中,教育、教化天下被视为治理国家的核心要素。作为中华历史上最杰出的教育思想家,孔子始终强调人口、财富与教育三者对于国家的建设意义,并将其中的教育元素视为"立国"之根本。孟子进一步阐释道:"善政不如善教之得民也。善政,民畏之。善教,民爱之。善政得民财,善教得民心。"揭示了在治理策略中,教育被认为是赢得人民心意的关键手段。总的来说,儒家教育观点涵盖三个方面,即"有教无类""因材施教"以及"尊师重道"等核心思想。

(一)"有教无类"思想的价值

《论语·卫灵公》中的"有教无类"深刻地反映了孔子的教育思想。在孔子的时代,社会正在经历从奴隶制向封建制的转型[1]。在这个历史节点,奴隶制的影子仍然盘旋,教育依然是"学在官府,民间无学"的模式,只有社会上层的贵族有权接受教育。随着时间的推移,社会生产工具和经济结构的变革导致井田制度的瓦解,王权和奴隶主贵族的势力随之衰退。孔子察觉到这一变革,提出"有教无类"的思想,意在通过扩大教育接受者的范围,来缓解社会矛盾并稳定治理格局。在此教育观念下,教育的受益者不再受到种姓、贫富或地域的限制,只要有学习的愿望,均可享有受教育的机会。

"有教无类"的教育哲学在现代教育改革中仍然具有深远的意义。自改革开放以来,中国的教育事业迅速发展,实施了九年义务教育制度,大大减少了文盲率,同时,中高等教育也取得了显著进展,并在教育

---

[1] 孔子.论语[M].福州:海峡文艺出版社,2012:166.

资金方面持续增加投入。尽管如此,在教育的普及与公平性方面,仍有许多待完善之处。因此,"有教无类"的理念不仅在理论上为确保我国教育公平提供了有力支撑,也在实践中对促进社会主义核心价值观的传播和深化具有不可替代的作用。它鼓励我们更坚定地推动义务教育的全面实施,合理分配教育资源,拓展办学路径,从而确保更多的人享有平等的教育机会。

(二)因材施教思想的价值

孔子主张"因材施教",意指针对不同的学生特性采用相应的教育策略。如《论语》中所记,子路询问:"闻斯行诸?"孔子回答:"有父兄在,如之何其闻斯行之?"冉有同样提问,孔子答:"闻斯行之。"公西华进一步提出:"由也提出'闻斯行诸'的问题,子贵称'有父兄在';而求也提问'闻斯行诸',子贵答'闻斯行之'。此处所引起的疑惑,敢问何解?"孔子解释称:"冉有因其谦逊之性格而退缩,因此应鼓励之;仲由因其胜过于人之性,所以应适当地制衡。"由此,孔子的"求也退,故进之;由也兼人,故退之"揭示了其因学生性格差异而施教的理念。[1] 在教育实践中,这种个性化的教育策略承认了学生的独特性和差异性。当代教育特别是在弹性学习制度的构建中,应重视"因材施教"的理念,不仅有助于满足个体与社会的发展需求,还为教育改革提供了理论支撑。

(三)尊师重道思想的价值

儒家的核心思想中,尊师重道占据了至关重要的地位。孔子深知学术的海阔天空,主张"学无常师",并尊崇那些拥有深厚学识和崇高道德的人们。他的经典言辞"圣人无常师。孔子师郯子、苌弘、师襄、老聃。郯子之徒,其贤不及孔子。孔子曰:三人行,则必有我师。是故弟子不必不如师,师不必贤于弟子,闻道有先后,术业有专攻,如是而已。"表达了他的学习观点与尊师思想。孔子持有的"三人行必有我师"的教学哲学,不仅为教育职业确立了崇高的标准,而且在历史长河中获得了广泛的认同与赞誉。此外,儒家对于尊师重道的倡导对后代产生了深远的影响,为我国的科教兴国战略和建设教育强国提供了宝贵的思想指引。

---

[1] 孔子.论语[M].福州:海峡文艺出版社,2012:107-111.

第三节　中华"优秀"传统文化的衡量标准

在中华民族历史上形成并长期存在的文化,并不都是优秀的文化。有的文化在产生之初可能具有进步意义,但随着社会的发展和时代的进步,就失去了进步意义和现实价值;而有的文化则相反,即使社会环境和条件发生了变化,仍然具有积极的现实价值。那么,如何判断中华传统文化中哪些是积极的、进步的文化,哪些是消极的、落后的文化,这就涉及中华传统文化"优秀"的衡量标准问题。

一、理论维度标准

(一)开放性

理论开放性指的是该理论对研究者而言并非僵化的结构,其能够在一定程度上为参与者提供了广泛的思考和想象空间,当实践与理论的有机结合往往能够为创新和发展提供更大的潜力和范围。中华优秀传统文化以其独特的吸引力,引起了众多国际学者和公众的广泛关注,其固有的开放性和与现代社会实践的整合,这促使其在国际上的影响力持续增强。以儒家文化为代表的孔子学院遍布全球,并赢得了广泛的认同,背后的核心驱动因素便是其固有的开放性。同时,道家和法家的哲学也逐渐获得国际的重视,这些中华优秀传统文化的国际影响力增强,不是简单的偶然事件,而是有其内在的逻辑和必然性。例如,战国时期的百家争鸣产生的思想至今仍受到研究和尊重。另外,中国在接纳和融合外来文化方面也有着积累的经验,例如佛教的传播以及马克思主义的本土化过程,也显示出中华优秀传统文化的开放性和适应性,正是因为这些特点确保了中华优秀传统文化能够持续创新、发展并融入社会实践,使其始终保持生命力。

(二)包容性

中华优秀传统文化由于其产生发展所处的独特地理环境、长期高水平发展、领先于世界,以及中国古代形成的天下大同理念,具有突出的包容性特征。中华优秀传统文化也由于其兼收并蓄的包容性,对中华文明的发展和人类文明的进步都具有重要意义。这种包容性决定了中华民族交往交流交融的历史取向,决定了中华文化对世界文明兼收并蓄的开放胸怀。有了这种文化的主体性和文化自信,包容性成为中华优秀传统文化的突出特性。也正由于其包容性,更加有助于各国文化之间的交流互鉴、民心相通,有助于构架起人与人、国与国之间情感沟通的桥梁,使国与国之间加深理解和信任,使中华文明紧跟时代发展,助推中华民族文化复兴,为人类文明贡献中华文化宝藏。

(三)继承性

中国传统文化中优秀的文化要素均具有继承性特点,时间作为评估这些优秀文化要素的重要标准,凸显了优秀传统文化的稳定性与传承性。在历经数千年的朝代变迁中,中华优秀传统文化仍保持其核心特质的稳定性,同时它的内涵与表达手法会随时间而得到补充与完善。在当代背景下,虽然中华优秀传统文化的精神核心依旧稳固,但其表达和内容都已适应了现代人的认知和接纳方式。在对中华优秀传统文化进行创新与扩展的过程中,一个关键原则是挑选有益的元素并舍去那些不再适用的部分。中华优秀传统文化中适应社会演进的部分会被广大民众积极采纳和传递,而与社会进步不符的部分则会被逐渐淘汰。不仅如此,中华优秀传统文化在如今依然被赞誉与歌颂,这可以从传统习俗、建筑风格、文艺作品以及各种哲学家的思想中体现。如此强烈的继承性,使得传统文化在当代社会中仍具有其不可替代的独特地位与价值。

（四）创新性

在探讨中华优秀传统文化的持续性与其对社会的影响力时，不得不提及其核心要素——"创新性"。创新性是指基于求异思维揭示既往未知的规律与策略，使事物在新的语境和形态下展现。该特质是事物长期存在并持续发挥影响的核心。实际上随着事物的演变，中华优秀传统文化之所以能够繁荣不衰，唯有不断的创新才可保证其长久生存和发展，同样，传统文化若想维系其影响力，也需要嵌入创新因子。以中国戏曲为例，这一中华传统艺术形式历经千年，其生命力在于丰富的内容、高尚的艺术价值和多种表现手法，这为其带来广阔的创新空间。近年来，戏曲在内容创新上大胆融合现代音乐风格，并利用新媒体技术加强其宣传和影响，因此得以在现代社会占据不可替代的地位。若缺乏创新性，某一文化即使历史悠久，也可能难以适应社会变迁，最终被淘汰。因此可以断定，一个传统文化是否"优秀"其实在很大程度上取决于其创新性能力。总结而言，传统文化的生命力与其创新性密不可分，创新性正是传统文化中最为重要的特质之一。

二、实践维度标准

实践是检验真理的唯一标准，在评估何种传统文化可以归类为中华优秀传统文化时，其是否满足社会主义现代化进程与发展的要求成为首要标准，也进一步印证了实践性的评价标准。中华优秀传统文化的魅力之一便是其经世致用的能力，经世致用并非囿于历史的回望，也非对未来的空想，基于现实社会的立场，为国家治理与社会进步提供理论支撑和策略方向，为民众的日常生活注入精神动力。因此，实践性是中华优秀传统文化所必备的。衡量中国传统文化是否优秀，其在当代的现实意义与价值无疑是关键参照，这为我们进一步的探讨提供了基准。

（一）适应时代发展的需求

中华优秀传统文化不仅具有鲜明的时代特征，更在历史长河中强调其实用性，但是这种实用性并不仅仅关乎对远古历史的回望，也并非对虚无的未来的设想。相反,其核心是强调立足当前,为社会建设输送思想与文化的资源,以此为当代社会的持续进步奠定坚实的基础,更进一步地为广大民众带来丰厚的精神财富。"经世致用"的理念代表了这一思潮的核心。经历了几千年的积淀和发展,中华优秀传统文化之所以能延续至今,正是因为其与时俱进地满足了各个历史时期的社会需求。在这漫长的历史进程中,一些能够满足当地、当时社会实际需要的文化要素得以传承和保留;而那些不适应时代的部分,则逐渐被淘汰,未能为现代人所熟知。对于当下的社会建设而言,应当深入挖掘这一宝贵的文化遗产,借鉴其中的知识与智慧,以引导和推动中国社会的持续进步,以更好地满足现代时代的发展需求。中华优秀传统文化被认为是我国众多文化遗产中最为精华的部分,需要不断地经受时代的严格考验,此种考验并非仅指当下的时间考察,更应涵盖历史和未来的考量。简而言之,只有那些历经时代沧桑仍旧发光的文化元素,同时又能顺应当前与未来社会实践的,才称得上是真正的中华优秀传统文化。从历史的角度审视,一些自古传世并寄托人心的伦理观念,如"仁、义、礼、智、信",在中国古代曾发挥过核心的价值聚合力。至今,它们依然对现代社会形成价值共识,促进文化共鸣,对当代中国社会的繁荣发展仍具关键作用。在当代社会建设中,我们有机会以创新思维为导向,对"仁、义、礼、智、信"等传统文化进行现代诠释,进而改革与创新,使其更契合现代社会需求,成为解决时下问题和驱动社会进步的坚实基石。从这个角度分析,仅当优秀的传统文化展现出对时代变迁的适应性,以满足不断变化的社会需求时,才能持续地焕发活力与生机。而对于思想文化中的某些要素,例如"三纲五常",其实是封建统治者为了维护其统治及权益而构建的,并不真正与广大民众的利益和期望相契合。这一部分的文化元素,在现代社会的演进中,可能会构成障碍,难以满足时代的要求,因此有可能遭受公众的批判,最终被边缘化。现今,无论面对传统文化选择何种立场,无论是传承还是创新,都应对其进行实践的严格检验,确保其适应时代的进步与要求。从中华文化的演进史可知,一个思想或文化体系的生存和繁荣,都须与时代脉搏同步。历史经验告诉我们,只有不断地创新并适应时代的转变,传统文化才能保持其活力和生命力,否则它将被历史潮流淘汰。简而言之,适应时代需求是衡量传统文化是否优秀的核心指标。

（二）推动社会现实问题的解决

对于中华优秀传统文化的深入分析与整合,核心目标在于探讨其对解决当下社会问题的作用及其在促进社会发展中的价值。文化如果仅停留在理论与抽象层面,而未能与当下现实相结合,很可能会变得孤立无援,其学术研究意义亦会大打折扣。故而,只有当传统文化经过调整与改革,以满足时下需求时,方可获得广大民众的认同与继续传播。近期,随着中国经济的迅速崛起和社会结构的演变,民众的生活和工作方式也在逐渐改变,但同时,诸如腐败、功利和拜金主义等社会问题亦随之浮现,对社会的健康和稳定发展带来了挑战,亟须寻求解决方法。历经时间考验的中华优秀传统文化提供了诸多解决社会矛盾与问题的方案,这些文化蕴含了实践性的思维方式,鼓励将其与具体的社会实践相结合,目的在于实际问题解决。例如,儒家和墨家的学说深含了丰富的实践性智慧。如何更高效地将这些传统文化与现代社会相结合,从而充分释放其潜在价值,并推动其在真正意义上的创新发展,成为所面临的关键议题。中华文化丰富多彩、博大精深,只有那些能够适应社会变革,协助解决实际问题的文化,才能具备持续创新和发展的动力。这些文化可以为社会主义现代化和中华民族的伟大复兴注入活力。因此,无论是在对传统文化的改革还是创新中,都需要强调其实践性,使中华优秀传统文化向着能够解决当代问题和助力社会进步的方向发展。

（三）助力培育时代精神

时代精神可以被定义为一个特定时代内,人民在文明建设与日常生活中所显现的主流思想、情感和内在品德,不仅是民族精神力量的坚实支柱,而且影响社会各领域的建构。这一精神风貌不仅起到了在社会各种活动中的思想指导与心灵支撑作用,成为确保社会健全运作的核心,更是推进社会向前发展的关键动力。伴随着我国社会和经济的快速进步,社会主要矛盾亦随之转型,这导致了对人才的需求也发生了变革。在此背景下,对于中华优秀传统文化的评价,不仅需要看其与当前时代精神的一致性,更应关注其在培育新一代人时的指导性价值。传统文化中的"天人合一"与"变革"等观念与当下提倡的和平与创新理念在精神上是相通的。实践经验揭示,我们能够从丰富的传统文化中汲取智慧以塑造和加强现代的时代精神,而时代精神作为全民的共同信仰和追求,恰恰反映了社会发展的根本动向,创新地传承并发展传统文化,无疑有助于进一步深化和弘扬这一精神,并增强集体的精神纽带。总而言之,要在培养新一代的过程中,充分利用和参考传统文化的精髓,从而确保其与时代精神的高度契合。此外,还应该深入挖掘和学习传统文化的方法和经验,以期在实践中更好地为培养新一代贡献力量。

第四节 中华优秀传统文化的内容精髓

一、源远流长的语言文字

文字与语言在人类文化中占据关键地位,它们不仅为文化提供了一个传递和继承的媒介,而且是文化的核心要素。汉字与中华文化之间的关系特别紧密,其对中华文化的继承、弘扬和进一步发展都作出了显著贡献。作为多民族国家中国的官方语言,汉语拥有着深厚的历史底蕴。与其他语言相似,汉语在其发展轨迹中,词汇、语音、语法等关键要素,都在时间长河中展现了其阶段性的变革与发展。一般的观点认为,一个文明的语言主要由语音和文字这两个符号系统组成。然而,由于汉语包含了众多方言,跨越了不同地理区域,这使得文字难以简单地代表某一种语音符号。尽管如此,汉字的形态在面对语音的演变、方言的差异或语言结构的变革时,仍保持其相对稳定性。正因为此,只要一个人接受了充分的文字教育,无论其使用哪种方言,都能够对文义有一个清晰的解读。从这一角度分析,可以得出结论:"文字是汉语真正的实体。"汉语的出现象征着中华文化的诞生,而汉字的产生则标志着中国文化从"史前时期"迈向"有史时期"。汉字不仅是中华民族智慧的产物,更是中华文明众多象征中的瑰宝,其独特而优雅的形态中,融入了中华民族深沉的历史、璀璨的哲思和丰饶的情怀。

（一）汉字凝结着厚重历史和光辉思想

汉字的起源可溯至公元前 6000 年的新石器时代,甚至更早。众所周知,商代时期,甲骨文已是一个成熟的文字体系。《尚书·多士》中的记载："惟殷先人有册有典：殷革夏命。"证实在商代灭夏之时,已经利用文字在典籍中记录历史,展示了文字所具备的深刻意义。[1] 在中国文化中,人们经常提到"人言为信",意指人们在交往中应恪守承诺。字母"信"的构造——左为"人"与右为"言"——恰当揭示了"言行不符,何以为人？"的理念,这展现了汉字在表达中的独特魅力。又如,"仁"这一字,作为儒家哲学的关键概念,它呼吁人们应行"仁爱"之德。该字由"人"与"二"组成,简洁地强调人与人之间的基石是"仁"。因此,《孟子·离娄章句下》中所云："爱人者,人恒爱之。"从中可以看出,汉字不仅是沟通的纽带,还深深地承载了中华优秀传统文化的思想[2]。

（二）汉字饱含丰富的情感

今见成体系的成熟汉字,始于甲骨文的 4000 余字形态,历经或会意或指事或形声或转注或假借等造字用字方式,如今已蜕变为数万字的庞大体系。在漫长的历史长河中,中国的文人学士为其赋予的情感深厚而真挚。以《长歌行》为例："青青园中葵,朝露待日晞。阳春布德泽,万物生光辉。"春,为四季之始；晨,表示一日之端头；朝阳,代表着生命的涵源。此诗以"青青"作为主调,展现了生命的旺盛。考察字源,"青"的原型源于"生",甲骨文中的"生"是草木繁茂的形态,这进一步印证了"青"与生命的紧密关联。《楚辞·大招》载："青春受谢,白日昭只。"[3] 此外,如杜甫的诗篇："白日放歌须纵酒,青春作伴好还乡。"[4] 和李大钊的言论："一生最好是少年,一年最好是青春。"[5] 均展现了"青春"意指

---

[1] 孔子.尚书[M].长春：吉林文史出版社,2017：165-175.
[2] 孟子.孟子[M].哈尔滨：北方文艺出版社,2019：130-132.
[3] 严可均编.全上古三代秦汉三国六朝文.第一册：上古至前汉[M].石家庄：河北教育出版社,1997：137.
[4] 刘兰英.中国古代文学词典（第5卷）[M].南宁：广西教育出版社,1989：181.
[5] 李大钊.李大钊散文[M].上海：上海科学技术文献出版社,2013：104.

人生最充满活力的时期。因此,"青"不仅代表着生命、东方、春天等深沉的文化象征,更是人类对永恒生命的美好追求。

(三)汉字有着优雅的形体

汉字的构形之魅力,部分得益于其流动的线条特质。这种特性,使其能在简洁的笔触中展现丰富的物象,相较于古埃及的象形文字,更显其独特的表现能力。北京奥运会的图标代表"篆书之美",正是对汉字这一构形特点的深入挖掘与呈现。在篆书的历史脉络中,大篆主要出现于春秋战国时的秦国,而小篆则是秦始皇统一六国后,推广"书同文"政策所采用的文字形式。图标系列"篆书之美"巧妙地利用篆书文字的均衡与齐整性,展现出简约而纯粹的美感,充分融合了古典的优雅韵味与现代的律动氛围,为观者带来丰富的审美体验。(详如图1-1跳水的图标)

图1-1 跳水图标

从图1-1不难看出,该图标构思细腻且有层次,其结构由上下两部分组成:上半部分描绘了一个即将入水、双腿抱起的跳水者,而下半部分则以符号象征水元素。在篆书书法中,"水"即为水的象征。该跳水符号通过两条简洁的线条巧妙地捕捉了水波的律动,展示了生动且充满动力的效果。与此相似,其他如游泳、足球和田径等图标,也皆从篆书中汲取灵感,无不展现了汉字艺术的魅力。

二、开近代文明先河的科学技术

在天文学、地学、数学、生物学及医学等领域,古代中国科学技术均达到了世界领先的成就。无论是独步世界的历法体系,或是率先诞生的十进制记数法;无论是早于西方1700年的地动仪,还是集结了中医智慧的《本草纲目》,均昭示了中华民族优秀的创新能力。历史上的文化交流总是双向的,然而,在公元前200年之后的大约2000年期间,中国向西方贡献的远远超过了从西方获得的。特别是被赋予非凡智慧标志的"四大发明"——指南针、造纸技艺、火药与活字印刷技术的西渐,对近代文明产生了革命性的推动,让曾处于"黑暗时代"的欧洲看到了突破无知、驱散愚昧的希望之光。

在公元105年,蔡伦在继承和完善先前纸张制作技术的基础上,运用树皮、废布与麻头作为主要原料,创造出成本较低且质感上乘的轻质纸张。此种纸张标志着其为全球首份以植物纤维为主的纸质制品。其创新不仅让纸张逐渐替代了传统的竹简与帛书,而且更因蔡伦被封为龙亭侯,人们尊称此纸为"蔡侯纸"。至公元6世纪,这一制纸技术开始传入朝鲜、越南及日本;随后,在公元751年,经由撒马尔罕拓展至阿拉伯地区;到了公元1109年,此技术途经北非抵达意大利。1575年,墨西哥建立了其首座纸厂,而在其后的1868年,墨尔本也相继发展了造纸业。经过近两千年的漫长传承,"蔡侯纸"技术已经遍布全球。造纸术对全球文明进程起到了不可估量的作用,特别是对欧洲文明。考虑到在引入造纸术之前,中世纪欧洲制作一本《圣经》需消耗逾三百张羊皮,因此可以明显感受到纸的普及对欧洲在教育、文化和商业领域的显著推进。

在公元7世纪,中国创造了雕版印刷术,并且进入11世纪中叶,基于对前代雕版印刷技术的深入研究,毕昇成功创新并发明了胶泥活字印刷术,这项划时代的技术在13世纪传至欧洲,并在14至15世纪间逐步被广泛采纳。可以认为,中国印刷技术在欧洲的应用与传承,为西方近代文明的崛起和发展提供了重要动力。恩格斯曾经明确指出,印刷术的广泛推广导致了在中世纪掌握文化与思想的僧侣群体"逐渐失去了他们的重要性",印刷术在欧洲的应用与发展预示着以教会为中心的封建统治阶级的不可避免的衰落,而且标志着随着印刷术的普及,文化与知识呈现出了更为活跃和有力的发展态势。在这样的背景下,与新兴资产阶级相结合的知识分子群体逐渐崭露头角,为资产阶级时代的曙光做了铺垫。

火药的早期历史可以追溯到中国的古代,最早的火药制作方法被认为出现在公元9世纪的唐代,早期的火药被用于医学和炼丹术,其配方包括硫磺、炭和硝石(硝酸盐),这些成分被混合并点燃,产生爆炸性反应,随着时间的推移,火药被用于军事用途,例如制造火箭、炮弹和火药武器。在唐代的文献资料中,已经提及火药在攻城战中的应用。而到了宋代,火药技术进一步发展,诸如霹雳炮和铁火炮这样的强大军械应运而生,使火药在军事领域中的应用日益广泛。到了13世纪,蒙古帝国建立,其势力范围扩展到了亚洲和欧洲的大片土地,在他们的征服过程中,将火药通过丝绸之路传播到阿拉伯帝国。针对火药在人类历史发展中的核心地位,恩格斯曾进行过深入的探讨。他认为,当火药在14世纪初期通过阿拉伯人传入欧洲,传统的战争策略随之发生了根本性的变革。这一变革不仅导致骑士社会的下滑,而且间接加速了整个贵族在军事上的衰退,为资产阶级的崛起奠定了基石。恩格斯进一步明确指出,随着火器的广泛应用,对于那种已然落后的欧洲封建制度,其衰落的钟声已然敲响。不可否认,火药成为标志欧洲封建社会结束的"警告",并且是资产阶级社会即将到来的"先驱"。

在战国时代,中国人觉察到天然磁石的南北指示特性,并据此创制了原始的指南针——"司南"。在《梦溪笔谈》一书中,沈括对于偏磁效应有详细的描述,这表明中国对此现象的认识早于欧洲人约400年。到了北宋时期,这项技术被广泛应用于航海领域[1]。随后,在12世纪左右,阿拉伯商贾掌握了这一技术,并在"十字军"东征期间引入欧洲。如果说火药在资产阶级取胜封建势力中扮演了关键角色,而指南针的广泛应用则助力他们探索并征服了众多土地。由于新航线的探寻,新兴的资产阶级国家在世界各地确立了大量的殖民领土,实现了资本的原始积累,为近代文明开辟了新的通道。

中国古代的技术成就,以"四大发明"为核心,为全球进步奠定了坚实基石。马克思对此曾有深入的分析,认为火药、指南针、印刷术——这是预告资本主义社会到来的三大发明。火药重塑了骑士阶层的格局,指南针为世界市场与殖民地的构建铺设了道路,印刷术不仅成为新教的推广途径,而且催生了科学复兴,成为精神进步的强大媒介。从这种宏观视角出发,可以认为,中国的古代科技发明在推进人类历史的脉络中,发挥了引领近代文明的关键性作用。

---

[1] 沈括.梦溪笔谈[M].成都:四川美术出版社,2018:26-31.

三、丰富多彩的文学艺术

在五千年的中华历史文化中,传统文学艺术展现了独特的魅力与价值,如同中华优秀传统文化高原中的一座巍峨之峰。衡量一个民族取得的文学艺术成果,可以以其是否丰富、多彩,以及是否具备变革的特性为准绳,基于这一标准,中华民族在长达数千年的时间里,在文学艺术领域所获得的辉煌成就,无疑令世界各国和其他民族为之赞叹。然而,古代中国在艺术领域的各个分支并不是同等的。具体评价其重要性,本研究认为诗文居于首位,随后是绘画与书法,其后是建筑和雕塑等。以下将对中国传统艺术的关键领域进行简要的探讨。

(一)文学

根据史籍资料,中国的传统文学已有逾3000年的发展历程。观其演进,可以明确地划分为四个主要时代:文学的初创时期、诗歌的繁盛时代、理论文的兴起阶段以及诗歌与理论文齐头并进的时代。每个时代,中国的传统文学都呈现出"一代胜于一代"的特色。在这漫长的历史中,从先秦的《诗经》和《楚辞》,到诸子的散文,以及汉代的赋、魏晋的诗篇、唐代的诗歌、宋代的词、元代的曲艺、明清时期的小说,各式文学形态逐一显现,相继独领文坛,共同织成了一部令人震撼的文学历史长卷。值得注重的是,在众多文学样式中,诗歌始终被视为最早兴起且最为繁荣的,它一直被视为中国传统文学的核心。

(二)书法

在众多艺术形式中,书法最能代表中国的独特韵味。在中华文化背景下,书法不仅反映了个体的美学追求,更是宇宙美的体现。根据字体的不同,中国书法可被划分为篆、隶、楷、草、行五种主要风格。其中,篆书继承了古代象形文字的形态,并进一步细分为大篆和小篆;隶书的特点是稍显宽扁,展现出一种庄严的气质;楷书因其结构方正和笔画整齐而受到尊重;草书以其简洁的结构和流畅的笔触,呈现出自由奔放的特性;行书则既具有实用价值,又有审美意趣。书法不仅仅是墨迹留于纸上的艺术,它与书写者的心灵流动、情感传达都息息相关。书法与中华的文化"道"有着不可分割的联系,都源于对"自然"的观察与领悟。所有万物在"致虚极"之后都能够"并作",进而形成动与静的平衡。能够历久弥新的书法佳作,如《兰亭集序》与《祭侄文稿》,都是书法大家在深入领悟中华文化"道"的基础上完成的。

（三）绘画

中国的绘画艺术,同书法起源于古代的象形文字相仿,可追溯至上古的彩陶及青铜纹饰。鉴于书画均以线条为核心,它们彼此之间有着紧密的关联,因此有学者认为绘画可视为书法的一种延伸。经过历史的长河洗礼,中国绘画形成了宫廷、文人、宗教、市民和民间五大流派,这些流派在其核心上都秉承了共同的美学理念。首先,它们采纳了散点透视的观察法,被称为"游目",即摒弃固定的观察视点,转向"仰观俯察、远近往还"的多角度观察,如顾闳中的《韩熙载夜宴图》、张择端的《清明上河图》、夏圭的《长江万里图》等均为此法之代表。其次,他们追求"遗貌取神",意在通过形与神的完美结合,使作品既超越了物象的形态又能捕捉到其内在神韵。最后,游目式的笔法、色调与墨色相辅相成,通过线条、色彩和水墨的有机结合,构建了富有动态和空间感的视觉平面。

（四）建筑

相较于西方以石材为主的建筑风格,古代中国的建筑结构大多基于木材。关于这一选择背后的原因,学界尚无确切共识。从《诗经》中的"如翚斯飞"与"作庙翼翼"可推断,早期的木结构建筑不仅规模宏大,而且强烈地体现了审美价值。这种建筑在设计初期便注重整体布局,目的是实现建筑群的有机整合,而不仅是单一建筑的构建。此类建筑准则在明清时期仍然被遵循。美学家李泽厚认为,中国古建筑之所以能展现出"结构方正、透迤交错、气势雄浑"的特质,是由于中华民族的实践理性思维方式。虽然这只是个人观点,但不可否认的是,古代中国建筑确实融入了中华民族独特的文化气质和哲学内涵,这使得其与希腊神庙、伊斯兰建筑和哥特式教堂存在明显的差异。

（五）雕塑

在中国古代文化历史中，雕塑艺术虽然被纳入建筑范畴并未独立成形，但其内涵的深厚历史与文化价值绝不能被忽视。从河姆渡文化的遗迹中发掘的陶制猪形象，至夏商周时期青铜器上那精致的纹饰，逐渐过渡到昭示权力的秦始皇兵马俑，以及唐代昭陵的六骏雕像，乃至各式宗教塑像和民间工艺，均是中华古文明的明亮瑰宝。中国的雕塑艺术可概分为陵墓、宗教、建筑装饰及手工艺品四大类别，每一种均有其特色与重点，尤其是宗教造像，以佛教雕塑最为显著。无论是气势宏伟的龙门石窟中的卢舍那大佛，还是被称誉为"东方维纳斯"的敦煌莫高窟第45窟内的唐代彩塑观音，这些在艺术领域的瑰宝已超越了其宗教属性，展现了中华民族独特的艺术才华与非凡成就。

（六）音乐

在古代中国文化中，礼乐文化占有举足轻重的地位，它所彰显的正是中华文化的核心价值观——和谐。孟子在《孟子·离娄上》中说："不以六律，不能正五音。"[1]这里的"六律"指的是周朝官学中的"礼、乐、射、御、书、数"之中的"乐"；而"五音"则指的是中国自有的五声音阶体系，即"宫、商、角、徵、羽"。《史记·孔子世家》记述孔子在齐国的时候，"与齐太师语乐，闻《韶》音，学之，三月不知肉味"[2]。这展现了孔子对乐的热爱和深度研究。《论语·八佾》中，孔子对《韶》的评价为："尽美矣，又尽善也。"[3]对《武》的评价则为："尽美矣，未尽善也。"总体上，礼和乐在古代中国文化中的互动和融合，不仅仅是文化的表现，更是中华文化和谐价值观的具体体现。

---

[1] 孟子.孟子[M].哈尔滨：北方文艺出版社,2019：146.
[2] 司马迁.史记[M].北京：煤炭工业出版社,2019：77-79.
[3] 孔丘.论语[M].成都：四川天地出版社,2020：25-27.

第二章 "两创":创造性转化、创新性发展

第一节 "两创"的内涵解读和辩证关系

一、"两创"的内涵解读

(一)何谓"创造性转化"?

在讨论"创造性转化"时,首先需要明确其含义。创造性转化以"创造性"的本质为中心,目标是"转化"。与"创造"(即生产或制造新事物的活动)不同,"创造性"强调的是个体对于创造新颖且有社会价值事物的内在能力和特性。"创造性"并不是单纯关注行为的过程和结果,而是强调其内在属性。在文化传承的语境下,"创造性转化"并不意味着在空白处创作全新内容,而是从已有的文化内容和传统表达方式中,筛选出仍具有时代价值的元素,并进行创新性的改造,以恢复其活力。对于传统文化的"创造性转化",其与"转化"的关系可以从以下几个方面加以解读。

首先,对传统文化的转化应采用创造性思维,而非单一、线性的思维。要求在传承和发展传统文化的大背景下,应用发散性思维进行全面、多角度和多层次的探索,确保那些具有当代价值和永恒性的文化要素与形式得以成功转化为当代文化。相对而言,缺乏创造性的思维方式往往没有追求创新的动力,导致对传统文化的简单嫁接或组合,这并不代表真正意义上的创新。因此,强调"创新"不仅仅是为了新颖,而是基

于现实需求进行的理性创新。

其次,对传统文化的转化应该是创造性的,而非常规的。普通的转化是基于普遍规律和原则来实现文化的更新,其重点在于"共性"的更新。而创造性转化则是在文化发展的过程中,考虑到时代特色和社会需求的"特殊性",将古文化形式转变为适应现代生活方式的新形式。

最后,我们应当追求的是对传统文化的"创造性转化",而非简单的"转变"。此处的"转化"更多地涉及一个类似化学反应的连续过程,而"转变"则主要描述从一种状态或形式转到另一种的结果。从文化角度看,"转化"代表着文化性质的深度变革,即经由创造性的解读和改造,将古代的传统文化变为适应现代社会的当代文化,这在哲学上被称为质的变化。

(二)创新性发展

在对"创新性发展"的探讨中应明确其内涵,这一概念以"创新性"作为其特征标志,旨在实现"发展"。需要注意的是,"创新性"与"创新"并不是同一个概念。在多个学科如哲学、社会学、经济学和心理学中,"创新"被视为一个复杂的概念,每个学科都有其独特的定义。例如,在哲学领域,"创新"意指人类对物质世界及精神资源的再创造和利用,从而形成新的矛盾关系和塑造新的物质和精神形态。相较之下,"创新性"(innovativeness)更多地强调人类在活动中展现出来的物质和精神创新及创造的能力与特质。可以这么理解,"创新"与"创新性"的关系,犹如"创造"与"创造性"之间的关系,它们之间的主要区别在于实践的过程、具体的行动与其属性与性质,前者能够独立存在,而后者则在某种"关系"中得以体现。"发展"在其核心意义上,超越了简单的"运动"和"变化",不仅是一个变动的过程,而且是蕴含着某种价值预设,并根据这种预设朝着明确的价值方向进行变化与积累。关于"发展",其最为关键的特征是它始终朝向更高的阶段、更深的层次和更先进的水平前进。在文化传承与发展的范畴中,"创新性发展"具有深远的意义,其目标指向的是传统文化向新的文化形态和样式的演变与进化,旨在通过创新实现文化的再生和延续,这种发展理念在内部深刻地反对文化复古主义,因为它不仅是回溯过去,而是在继承的基础上进行改造与创新。此外,"创新性发展"在文化传承中,也明确表明其基于马克思主义的历史唯

第二章 "两创"：创造性转化、创新性发展

物主义观点,强调文化发展的动力是物质条件和社会关系的变革,不单是文化内部的逻辑或线性进程,坚决反对简化的线性文化进化论,认为文化的发展是一个多维、复杂且受多种因素影响的过程。

二、"两创"的辩证关系

"创造性转化"与"创新性发展"构成了一个统一却又具有差异性的体系,虽然两者紧密相连并形成一个不可分割的完整结构,但每个概念都有其独特的重点和特征。

一是就时间关系而言,如果说"创造性转化"主要集中于对历史的回望,而"创新性发展"则着重于对未来的展望。具体分析,"创造性转化"注重"继往",旨在系统梳理并筛选中华优秀传统文化的精髓,进而对这些优秀的传统文化元素进行现代化的解读和适时的转化,其核心目标是将传统社会的思想文化基石,转变为中国特色社会主义思想文化的源泉,过程中需要运用历史唯物主义与辩证唯物主义的方法论,对传统文化资源进行客观的、辩证的评析,从而达到"剔除囿于封建时代的元素,释放那些超越时代限制的精神价值"。相对应地,"创新性发展"的重心在于"开来",即在已经完成的创造性转化基础之上,将具有当代价值的文化意涵和表现方式在实践中不断优化与进化。尽管经过文化的创造性转化后已实现了与当代文化和现代社会的"双重适应",但仍需进一步推进。由于历史的前行,理论的探索和发展同样不能止步。在当代文化体系中,对传统文化资源进行创新性发展的重要性不容忽视。创新性发展其核心并不仅局限于在传统文化资源上进行理论上的创新,从而实现"发前人之未发"的目标,更为关键的是在文化的传播和实践中,赋予这一新的文化形态丰富的内涵,从而助力传统文化的创新和进步。如冯友兰所描述,在前辈文化思想的"照着讲"的基础上,进行深度的"转化",随后进一步"接着讲"以实现文化的"发展"[①]。然而,需要强调的是,"照着讲"并不等同于"照抄"或"照搬",它更多地要求在尊重原文的基础上进行深入的注释、解释、阐述和译介。在这个过程中,创造性的"转化"只能被视为一个中间环节或工具,而真正的目的是创新性的"发展"。为此,"创新性发展"的策略应该是基于当前的实际,展望未

---

① 冯友兰.冯友兰哲思录[M].北京:新世界出版社,2022:117.

来,并重点关注"新时代"的"新进展"与"新进步"。结合这一视角,我们需反思传统文化体系的结构和理念,检视其存在的不足和弱点,并超越历史和时空的界限,为中华文化这一整体系统的未来发展制定战略。

二是就空间关系而言,可以从梁启超先生的三重论述,即:"中国之中国""亚洲之中国"以及"世界之中国"来理解传统文化在不同范畴下的转化与创新。具体来说,"创造性转化"在概念上主要围绕"中国之中国"的范畴来展开,需要通过对中华文化典籍及民间传统的深入解读,来理解"中国何以为之中国"和"中国人何以为之中国人"这两大核心问题。基于此,能够进一步针对"当代中国"及"当代中国人"的构建问题,在与当下实际情境的对话中进行探讨。简而言之,"创造性转化"意在强化中华优秀传统文化的内部凝聚力,以"传承"的核心价值为导向。相对于此,"创新性发展"更多地强调的是"世界之中国"的框架,需要在本土文化的基础上广泛观照全球视野,尤其是将中国的进步路径视为人类文明发展的一个关键坐标,需要在全球多元文化背景下定位中国文化,并对"世界的未来趋势"以及"人类未来如何选择命运"这类宏大议题进行深入反思,从而深入探寻中华文化与全球多元文明的交互关系,并明确中华文化在全球文化架构中的价值与地位。从另一个角度看,可以认为"创造性转化"主要关注的是增强中华优秀传统文化的内聚力——即如何将它"继续传递"。而"创新性发展"则更侧重于强化中华文化的全球影响力,即如何使它"向外传播"。

三是就侧重点而言,"创造性转化"的核心要求主要在于理论维度的"转变"。这一转化主要指向对传统文化的根基、古代经典、文言文文本进行深入挖掘,其核心目标在于筛选和解读那些在现今仍具备价值的文化资源。通过对其语义内容的深入解析以及上下文的调整,将这些资料改造为满足当代实践需求的文化内涵,并进一步调整其形式,以满足当代人的文化审美习惯。于是,此过程中大量涉及的是考证、考据、训诂以及文本解释的学术方法。在传统的中国学术术语中,这种研究侧重点主要在汉学和小学的研究领域。

而对于"创新性发展",其核心要求更多的是在实践层面的"前进"。经过创造性转化后的优秀传统文化,其实仍然是一种主要在思想和理念层面上的资源形态。这些精神财富需要与当代生活和中国宏大的社会实践产生互动,需要与现代中国人的内心世界建立联系,还需要与全球多元文化进行交流和比较。在这种多方的互动、交流和碰撞中,进一步

第二章 "两创"：创造性转化、创新性发展

提炼理论,充实思想,回应时代的挑战,并助力构建和丰富当代中国的新文化体系。具体而言,中华优秀传统文化的创新性发展应在活化和转化传统文化资源的基础上,深入探寻"新时代"的真正内涵,并对"中国的未来方向"与"中国文化的前景"等议题进行持续的思考和反思,同时审视中华文化的长处与不足,思索其未来发展路径及人文精神的传承方式。这一进程更注重利用理论构建和思想创新的工作,来形成具有中国特色的学术结构和话语体系。从中国传统的学术角度来看,这样的工作更偏重于宋学和义理的研究。

四是从主体角度而言,"创造性转化"与"创新性发展"具有重要的意义,两者在主体性上既有区分性又有关联性。简要概括,"创造性转化"和"创新性发展"都是以当代中国的广大人民群众为核心,这也反映了马克思主义关于群众观念在文化语境中的体现。"创造性转化"主体更多地集中在拥有相关专业知识和技能的人文学者与专家身上。对于这些学者来说,对中华文化的转型及其在当代的转化形成了一种深入的、主动的理解。中华优秀传统文化的创造性转化即是一种高度的自觉行为。当然,即便在某些情境下,广大人民在实践中可能并不完全意识到他们正在推动传统文化的转型,但要真正达到传统文化在当代的转化,仍需依赖文化学者,特别是专注于传统文化的研究者,他们对于这些行为进行理论梳理和思想提炼。另一方面,"创新性发展"的主体性更为宽泛,它涵盖了广大的人民群众,当然也包括前述的知识分子。在当前的中国语境中,此类承担主体特别指向坚守马克思主义立场的学者与思想家。与此相对应的,则是一些非马克思主义的文化主体。中华优秀传统文化的创新性发展并不仅仅是某一团体或个体的主观愿望,而是一个基于创造性转化、随着历史进程和社会实践不断发展的客观过程。尽管人民群众在文化创新中的自觉性是中华优秀传统文化创新性发展的重要动力,但单一个体的学术贡献,无论其深度和广度,都难以真正促成传统文化的整体创新性发展。最终的评价准则还需要回归到实践本身。例如,如果缺少中国在过去四十多年里的飞速发展,没有经历这四十多年的深刻的物质实践、制度实践和思想实践更新,以及在全球化背景下与国际文化的接触、交融与共鸣,我们很难想象中华优秀传统文化能够如此深入地创新和发展。

在学术领域,"两创"的提出代表着"首倡",而在政治层面,它象征着一种"出现"。两者背后的共同点在于中华优秀传统文化的命运。但

两者的情境呈现出不同的特色：当"两创"在学术上首次被提出时，中国的综合实力尚未足够强大，致使我们追求的理想似乎缺乏深厚的根基和坚定的信念。但在政治舞台上，"两创"的呈现便与此有所区别。经过四十年的改革开放，中国实现了经济的长期稳健增长与社会的持续和谐稳定，这两者被视为"两大历史性奇迹"。正因如此，中国民众对于文化的自觉意识得以提升，文化自信也随之逐渐增强，"两创"的出现便具有了其时代的意义和逻辑。

"两创"思想作为一个完整体系，构建了全新的文化传承范式。此范式不仅深入体现了马克思主义的核心理念，也与马克思主义的根基立场紧密交融。它代表了当代中国马克思主义以及21世纪马克思主义的前沿理论探索。为了更深入、更系统地解读和掌握"两创"思想，并将其纳入马克思主义的理论框架，我们必须进一步研究其背后所依托的马克思主义哲学根基。

第二节 推动中华优秀传统文化"两创"的必要性与必然性

一、推动中华优秀传统文化"两创"的必要性

（一）坚定文化自信的必然要求

在中国的革命、建设以及改革过程中，深入挖掘时代发展的独特性质，并在坚守社会主义道路、制度与理论的"三个自信"框架下，提出了充满创新的文化自信概念。这种文化自信深受社会根基的滋养，与社会主义的现代化建设实践紧密相连，同时与中华民族逾五千年的辉煌历史有着不可割舍的联系。在推进社会主义现代化的过程中，确立坚定的文化自信至关重要。有了这种自信，我们能够有效应对各种社会发展挑战，满怀信心地迎接任何任务，为国家的未来打下坚实的基础。

在当今时代背景下，若要从根本上实现社会主义的现代化建设，必须对建立文化自信和推动建设文化强国给予高度重视。但是文化自信

第二章 "两创"：创造性转化、创新性发展

不应被理解为脱离现实的自大，而是要在遵循中华民族历史发展轨迹的基础上，深深扎根于中华优秀传统文化之中，这种深沉的自信恰恰是务实之中的坚定信念。中华优秀传统文化的哲学思维、传统德性和人文精神等，在历史进程中都起到了不可估量的作用，并且其核心价值得到了一代代人的传承和颂赞。为了实现真正的文化自信，"两创"成为不可或缺的方向。不可否认，由于中华优秀传统文化起源于农业时代，这些文化成果也反映了那一时期社会民众的生活与生产，它们既有宝贵的启示，为现代化提供参考，同时存在某些与当今社会发展步伐不太匹配的元素。因此，我们需要从现代社会的角度出发，对这些文化元素进行筛选和取舍，确保其与现代社会的发展步伐相一致。中国特色的社会主义先进文化并非空中楼阁，实际上它是在党的历史进程中，特别是在革命、建国和改革的特定历史背景下逐渐形成的。中华优秀传统文化作为中华民族几千年的文化沉淀，赋予独特的文化认同，要深入了解并提炼其内在的宝贵教诲，这正是深沉的文化自信之源。党中央高度重视文化自信，并强调其在国家和社会发展中的关键地位。此外，文化自信不仅是对中华大地的热爱，更是对民族文化的继承和发展。在对待传统文化的过程中，我们需要进行筛选、转化并结合当代社会特点进行创新，使其充满活力和影响力。

在当前时代背景下，坚定文化自信对中国而言显得尤为关键。在明清之前的历史阶段，中国已经跻身于全球经济与文化的领军者，无论是春秋战国时期的诸子百家之争鸣，还是两汉与盛唐的辉煌景象，乃至两宋的文化繁荣，均在世界文化史上独树一帜。这些代表中华民族骄傲的文化传统，对全球产生了深远的影响，并对周边国家逐步辐射，催生了东亚的儒家文化传统。在那一时代，中国的文化自信可谓是举世公认的。但从晚清时期开始，中国在经济和社会的发展上逐步受到西方国家的压迫，其文化地位亦相应减退。中华民族历来遵循"和而不同"的哲学，坚持融会贯通，汲取外部的先进文化元素。自2012年开始，国家对文化发展与投资注入了更多关注，努力促进中华文化的国际化步伐，同时积极地引进外国的先进文化思维，例如"一带一路"策略，它不仅是经济上的合作，更体现了文化间的深度交流与融合。随着中国特色社会主义步入新的历史阶段，当下正是我们迎来中华民族伟大复兴的黄金时期。深化文化自信，增强中华优秀传统文化的竞争力，将是推动民族复兴的重要动力。

(二)弘扬社会主义核心价值观的必然要求

在现代背景下,为保障社会主义核心价值观的持久生命力及影响,必须深刻吸纳中华优秀传统文化的精髓与底蕴,若非如此,其真正的活力与影响将会受限。中华优秀传统文化不仅为社会主义核心价值观注入永恒的色彩,更为其提供了宝贵的启示。因此,为确保社会主义核心价值观在现代社会中的持续传承与发展,有必要结合当今社会的发展趋势,深度解读中华优秀传统文化中的治国哲学、伦理正义以及道德准则,并依照新时代特征和标准施行创新性的"两创"策略。

中华优秀传统文化为社会主义核心价值观提供了深厚的历史根基。所有事物的演进与成长都源于其内部规律,而价值观的塑造与确立,皆需在原有的文化背景与精神遗产上进行,并与时代同步前进。在中华优秀传统文化中,可以找到如"富国强兵""先富后教""民为邦本""民贵君轻"的理念,它还弘扬了"文明以止"、化成天下、追寻"天人合一"与"和而不同"的哲学,持有"道法自然""民胞物与""天下为公""天下兴亡,匹夫有责"及"业广惟勤"的观念,并倡导"言必行,行必果"与"出入相友,守望相助"等道德准则,这些思想精髓,都体现了中华民族文化的骄傲,具有持续的历史意义,有助于从国家、社会和个人三个维度深化社会主义核心价值观的内核。对社会主义核心价值观的三重维度的精练诠释,实际上是对中华优秀传统文化的一次再度提炼与升华。中华优秀传统文化是华夏大地上各个民族共同的创造成果,展现了在特定历史背景下人民的集体智慧和创新精神,而社会主义核心价值观,就是对这种集体智慧的传播与进一步拓展。在社会主义的现代化进程中,中华优秀传统文化的"两创"活动实际上是对社会主义核心价值观的深化实践。共同的价值追求满足了人类当下的真实需求。从实践的视角来审视,社会主义核心价值观并非仅仅是思维的纯理论,而是深植于传统之中,并在现代社会主义建设的过程中得到体现,它是活跃的思想与实际应用的融合。充当时代象征的文化已经转化为推动时代进步的持久力量。时代精神体现了特定历史时期与其实际情境的逻辑,这种逻辑进一步被某些特定的思想、精神和价值所显现。在各个历史时段,有些核心思想和价值观,如"已所不欲勿施于人""仁者爱人"及"天下大同"均展现出了其持久的时代意义。传统的观念、哲思和情操随着社会的发

第二章 "两创":创造性转化、创新性发展

展被重新解读和体现,例如社会主义核心价值观中的爱国、敬业、诚信、友善等价值,它们实际上是对传统文化中的仁、义、礼、智、信、忠、孝、廉等进行的创新性诠释与时代性转化。

(三)建成社会主义文化强国的必然要求

1. 建成社会主义文化强国要立足中华优秀传统文化

历史如同一面反映古今的镜子,辅助我们洞察时代的变迁。特别是自新中国成立至今,我国在文化领域已取得了卓越的进展,进一步强调了文化建设与国家命运之间的紧密联系。文化反映了国家命运的转变,尤其在关键的历史时刻。而自近代以后,中国的历史不只是启示人们的经验,更是展现中华民族向着伟大复兴迈进的脚步。在新的历史篇章开启时,审视未来的国家发展蓝图,仍需继续在现代化道路上奋斗。因此,必须始终将焦点聚焦于经济建设,持续提升国家的经济与科技力量,方可实现卓越之业,在世界民族大家庭中傲然挺立。鉴于当下的世界情势和正在深度重塑的国际战略版图,宏大的愿景已经铺设,此时正是努力奋进的关键时刻。我们不容许自己产生任何的自满情绪或是片刻的放松,应当继续推进具有中国特色的社会主义现代化事业。在全球环境中,任何国家想要真正崛起,不仅要吸纳全球的文化精华,更须依托本国深厚的传统文化。这不仅为社会主义文化强国建设注入了强大的精神支撑,同时是实现文化大国的核心基石。

2. 建成社会主义文化强国要坚持文化传承

中华优秀传统文化深植于五千年历史长河中,不仅是中华民族的精神支柱和文化基石,对中华民族伟大复兴的进程持续起到了关键的支撑作用。自中国共产党成立之日起,便肩负起了推动民族自立和国家繁荣昌盛的历史使命。中华优秀传统文化不仅是一个深邃的思想框架,同时是一个文化的有机整体,体现了民族的独特性、时代的特征以及阶级的特色。若过于简化或抽象地去诠释这一文化,那无疑是片面和唯心的。在历史发展过程中,我们在对待传统文化时存在误区,由于某些传统文

化中的落后或陈旧元素而对其进行全面否定,而这忽略了其所蕴含的真正价值。在全球经济文化的交融之下,一些误导性的思潮如"历史虚无主义""文化虚无主义"及"文化保守主义"在国内抬头,这些误导性思潮有损于文化建设,曲解甚至贬损社会主义价值,必须采取科学的方法予以批判。在中华优秀传统文化传承问题上,需结合时代的变革,明确哪些是中华优秀传统文化的真正精髓,并作出决策。在马克思主义的指引下,应当依据文化的内在发展逻辑进行"两创",强调从历史连续性和文化传承的角度理解中华优秀传统文化的价值与位置,深入挖掘其在当前时代的含义与价值。在建设社会主义文化强国的过程中,只有推动中华优秀传统文化创造性转化、创新性发展,才能使中华民族现代文明更具中国特色和民族标识。

二、推动中华优秀传统文化"两创"的必然性

(一)中华文化"因时而兴、乘势而变、随时代而行"的必然要求

其一,中华文化自身发展的要求。在探讨中华优秀传统文化时,不得不关注其"传统"与"现代性"两个维度。"传统"揭示了文化历程中的沿革和持续性,而"现代性"则呈现出文化在特定时代下的表现和特征。每一个历史阶段,中华优秀传统文化均展现出与时俱进的特性,应变社会的演进,与之融合、与之适应。这种灵活性和适应性为传统文化注入了旺盛的活力,使其在各个时代都保持着巨大的生命力,并为其在各个时期的转型提供了强大推动力。例如,《周易》深蕴了丰富的易学思想,其中关于变革的理论,被视为核心理念。这种观点在中国的历史进程中产生了深远的影响,成为社会改革的理论基石。古往今来,如王安石的创新改革观念和康有为对"穷则变、变则通"观念的深化应用,均是此思想的生动体现。

在对先秦时期儒家思想的演变过程进行全方位的回顾后,可以明确地观察到,从春秋至战国期间,经过荀子和孟子的整理与创新,儒家思想逐渐丰富并完善。到了两汉时期,董仲舒将阴阳五行、黄老学说和法家思想与儒学融合,确立了儒家在统治思想中的核心地位,成为统治者的主导意识形态。到了魏晋时期,儒、释、道三家思想交融,孕育出了魏

第二章 "两创"：创造性转化、创新性发展

晋玄学。隋、唐和宋朝时期，佛教进入中国，为了满足社会的发展需求，儒、佛、道三教开始相互交流与整合。而宋、明两代则诞生了新的儒学体系，即宋明理学。中华优秀传统文化在历史的长河中，一直处于适应与变革中，从而孕育出了多种多样的文化形态，这种转变不仅体现了文化传承的内在活力，展现了其对传统的超越与质变，更映照了其应对时代与社会发展的新挑战与新需求。中华优秀传统文化内涵丰富，除了它的适应性思维，还深植多种经世致用的哲思，例如：尚和合、强调民本、诚信为本、倡导正义、追求大同等思想观念。在社会主义现代化进程中，这些观念仍具备深远意义，为新时代的治理提供了宝贵的思考与借鉴。因此，中华文化的演进逻辑与当代社会主义文化的先进性是相辅相成的，两者之间存在着融合与互补的关系，共同推进时代的发展。

其二，中华文化与新时代中国特色社会主义实践相结合。实践是认识的源泉，而中华优秀传统文化正是中华民族在漫长的生产实践历程中孕育而来。文化的演变与进步需依托于实践作为其坚实基石，这是因为文化与实践之间存在深厚的联系，它们相互激励，共同推动文化和实践的创新与发展，构成了一个有机的整体。为确保中华文化在新时代持续展现其活力和影响，必须将其与新时代的中国特色社会主义实践融为一体，确保在推进社会主义先进文化建设的过程中，充分挖掘和展现中华优秀传统文化的深厚价值，为构建文化大国提供不竭的精神滋润。从根本上讲，社会生活全都基于实践。那些将理论导向神秘主义的观点，皆可在实践及对实践的深入解读中找到合适的答案。在此背景下，实践被视为人的基本特质。中华优秀传统文化的时代转型应满足社会主义文化建设的要求，既要满足广大人民的切实需求，同时要与新时代的社会实践紧密结合。随着中国特色社会主义步入新的时代，人民对生活的期待不仅仅局限于物质层面的提升，更对高质量的文化生活表达出强烈的需求。在当代社会，探索如何将优质传统文化的深层含义与现代社会主义和谐社会的建设相融合，进而深化"和实生物""和为贵"与"和而不同"等理念的当代意义，是中国特色社会主义建设过程中所面临的命题。中华民族精神，作为中华文化核心价值的集中表现，充分展示了中华文化的生命力、创新力和凝聚力。在中国特色社会主义的框架下追求和谐社会，不仅是广大人民的期盼，也是新时代中国共产党的核心任务。值得注意的是，在中国特色社会主义文化的建设过程中，我们确实汲取了传统文化的核心精华并结合现代人的价值取向，但必须明确，传统文化

起源于传统的农业文明,其中某些观点与当今的现代化进程可能存在不匹配之处。因此,应当立足于中国特色社会主义的实际情境,对传统文化进行创新性的转化与发展,确保中华优秀传统文化随着时代的演进持续繁荣,并为新时代的社会主义现代化建设注入持续动力。

其三,新时代社会主义现代化建设的现实需要。现代化建设并非易行之路,更像是一次布满挑战的漫长征程。为了实现社会主义的现代化,确立这一目标是党及全体人民的历史责任,根据国家的实际情况推进中华优秀传统文化的"两创"已成为现代化强国战略的必要部分。随着中国特色社会主义步入新纪元,现代化的建设不仅要追求经济、科技和国防的硬实力现代化,还需强调文化软实力的现代性。这也意味着,文化现代化的要求更为严格。中华优秀传统文化凝聚了积极向前的努力态度与基于诚信的价值观,这可以为现代化建设注入源源不断的内部活力,并为社会主义市场经济发展奠定道德伦理基础。然而,在推进现代化的过程中,必须警惕某些传统文化元素,如过度强调人文伦理而忽视自然科学的倾向,可能成为制约现代化的障碍,如何平衡传统文化与现代化需求的关系,成为现代化进程中的核心议题。无疑,社会主义的现代化一定要承载中华文化的独特印记。在这一进程中,文化传统是不可或缺的元素。历史与实践均已证明,一个遗弃或背离其历史文化的民族,不仅发展受阻,还可能重演历史的悲剧。社会主义现代化的推进需要文化的先进性作为支柱,而中华优秀传统文化的"两创"将在这一文化建设中扮演更为关键的角色。此外,它也能成为中华优秀传统文化与时俱进、与势变迁、与代相随的持续驱动力,构建与新时代中国特色社会主义现代化相协调的文化结构。

(二)中华民族"不忘本来、吸收外来、面向未来"的必然要求

1. 不忘本来:立足优秀传统文化不断铸就中华文化新辉煌

关于"本来"这一问题,需深入探析其含义。首先,"本来"可以被理解为对源起的执念与认知,即意识到自身的起源并且秉承、尊崇及延续本民族的传统文化。对于传统文化,我们需要展现坚定的态度与信念。中华文化中的"本来"蕴含其特有的思想、智慧、风范与气质,可在

第二章 "两创"：创造性转化、创新性发展

诗经、楚辞、汉赋、唐诗、宋词、元曲、明清小说等众多文学作品中寻得，反映了爱国主义这一民族精神的核心。其次，这个"本来"不仅融合了党在领导人民伟大的革命斗争中所形成的革命文化，还包括了在建设与改革进程中孕育的社会主义文化。这一理念既是中华民族的灵魂，也构成了我们的动力之源，是中华民族历史中经受考验后的精神象征，也是支撑中华民族前行的精神动力。

在整个未来文化竞逐中，中华民族若失去其深厚的传统文化基石，将会削弱其凝聚力。未能继续弘扬并传承优秀传统文化，意味着我们失去了维系中华民族精神家园的重要纽带。坚守文化根基与"不忘本来"息息相关，这需要我们坚持文化的底线，并对中华杰出的传统文化、革命性文化及社会主义前沿文化保持深厚的认同感，同时要主动维护和实践其理念。绵延五千年的中华文明，蕴涵了丰富的哲学思维、人文理念、价值体系和道德标准，它对世界文明的塑造与进步起到了决定性的作用，展现出永恒的历史贡献与当代价值。在当下世界文化的多样背景下，孔子学院、汉语的普及以及"中国节"的庆祝活动均体现出中华优秀传统文化的魅力和影响力在持续扩张。

在中华优秀传统文化的研究与传承过程中，目标并非仅将历史遗迹与古董视为展览品，仅供欣赏。反之，其更深远的意图在于将这些文化精髓融入国家的教育体系、道德框架以及日常生活中，确保在时代演变中持续进行创新和改革，以更好地促进经济和社会进步。中华文化中所弘扬的诸如"仁爱、守诚信、崇正义、尚和合、求大同"等核心理念，为新时代的治理策略提供了宝贵的智慧，并成为社会主义核心价值观的基石。尽管当前我国的主导思想文化逐渐正向，积极态势明显，但仍有部分过时与误导的思想不时浮现。五千年的中华文化沉淀，再结合我国在革命、建设与改革中所形成的革命文化及社会主义前沿文化，构成了中华民族持续进步的核心动力。只有深深植根于这片养育了我们的土地，坚定地维护中华文化的核心价值，并秉持创新与创造的理念，我们才能够持续推进中华文化的现代发展与繁荣。

2. 吸收外来：为不断铸就中华文化新辉煌提供丰富的养料和动力

对外来文化的定义是什么？外来文化可以被理解为起源于外部的文化元素。为了增强自身文化的凝聚力与影响，我们需对全球各民族之

外的优质文化和文明成果进行学习、吸纳和借鉴,进而将其完全融入并消化。每个国家与民族基于各自的历史背景和条件,都积累了独特的文化基石。文化的演进和发展,无疑要经历一个"两创"的历程。

对于中华文化传统,其核心价值在于其长久以来所扮演的精神支柱角色。要想维持和推进这一优秀传统,不仅需要保持对其的尊重和传承,还要主动寻求与其他文化的交流与结合。外部文化资源和文明成果可以为社会主义现代化进程带来有益的启示,进而促进中国特色社会主义文化在新时代的建设与繁荣。回顾世界文化发展历程,历史上那些在某一阶段实现文化繁荣的民族或文化,往往是在开放、交互和共融的环境中茁壮成长的。这种模式不仅满足文化发展的固有需求,也符合其发展的普遍规律。文明的多样性催生了文化的交流,交流则引发了彼此之间的互鉴和借鉴,从而驱动文化的进步和发展。历史给我们提供了明确的启示:仅当一个国家或民族的文化能够广泛吸纳全球文明和文化成果,它的文化体系才能展现出更深入和丰富的内涵,从而保持其持续的生命力和全球竞争力。反观那些过于自负或在文化上过于封闭的民族和国家,它们往往因为不愿变革和创新而逐渐衰退,最终在世界历史舞台上渐行渐远。当今世界,随着经济的全球化、文化的多元化和信息技术的快速进步,各国和各民族之间的文化交流更加紧密。在这种背景下,中华优秀传统文化正面临着一个共同推动全球文化交流与进步的历史机遇。正如费孝通先生所言,各美其美是基石,但更高的目标是实现美人之美,美美与共,天下大同。"各美其美"和"美美与共"相辅相成。既要善于发现本民族文化的美,又要学会发现和欣赏他民族文化的的美,通过文明的互鉴实现共同的进步。只有文化在不断地自我更新和与其他文化互动中取得养分,它才能真正释放出无限的发展潜能。

在探索文明的交融中,必须主动探索和吸纳其他国家与民族的文化杰出成果,需要超越狭隘的观念,开放思维,并在全球视野中重视各国和各民族文化的独特价值。尽管我们在文化交流中积极汲取,但也应维持对本土文化的坚定自信。在接纳外部文化时,首先需要确保本民族的文化处于核心地位,利用马克思主义的理念、观点和策略,应有选择地吸收外部文明的优势,避免盲从或一味追随,更不应完全采纳西方的观念。在中国特色社会主义文化背景下,应筛选和提炼,持续推动外部文化精华的转化和创新,以确保它们在社会主义现代化的进程中充分发挥其潜在价值,进一步增强中华文化的活力。

第二章 "两创":创造性转化、创新性发展

3. 铸就新时代社会主义文化新辉煌的必然要求

在全球视野下,应捕捉近百年来世界格局的历史性转变,站在历史的新起点,结合时代脉搏进行深入的思考与创新。创新不仅是文化进步的核心,更是评估文化价值的关键手段。对于优秀的中华传统文化,需要具备深厚的民族自豪感,更需展现面对未来的决心与勇气。此外,应当"贵在独辟蹊径,不拘一格",使中华文化在世界舞台上独树一帜。文化深度不仅是基石,更为政治、经济和社会发展提供了坚实的思维支撑与价值导向。在习近平新时代中国特色社会主义思想的照耀下,中国共产党的首要任务是引领人民实现中华民族的伟大复兴。展望未来,必须珍视历史,并强化对中华优秀传统文化的"两创"策略,确保这些文化基因与现代社会建设和文化发展相辅相成,释放其潜在的创新能量,还应不断推动中国特色社会主义文化的充实与发展,致力于打造文化大国,从而为中华民族伟大复兴的中国梦注入强劲动力。

在人类社会的历史长河中,文化的兴盛与一个国家的现代化发展紧密相连,正如文化兴则国运兴,文化强则民族强。面对前景,我们的目标应当是围绕实现中华民族伟大复兴的宏伟蓝图,使得中华优秀的传统文化持续繁荣并走向未来。只有这样中国特色社会主义文化才能够展现其深厚的感召力,这不仅是中国文化的自信体现,也是建立社会主义文化强国的关键路径。

随着信息技术的高速进步,全球各国在思想、文化上的交流与互鉴变得越来越频密,使得价值观、意识形态以及文化影响力的竞争日益加剧。在这样的全球背景下,持有坚定的文化自信,将中华文化推向国际舞台是至关重要的。我们需确保以科学的方法论为中华文化的进一步发展提供理论支撑。在当代社会,我们应始终遵循习近平新时代中国特色社会主义思想为纲领,坚定地站在中华文化的立场,不懈努力加强马克思主义在意识形态领域中的主导地位,以此确保党与人民为共同的理想而努力的思想根基始终坚固。

在展望未来时,我们应致力于促进中华文化的持续繁荣。中华优秀传统文化的"两创"为此提供了有利的契机。事物的发展总是处于一个不停地演进和变革中。过去的昌盛并不代表现今的辉煌,而当下的辉煌亦不意味着永久的荣光。当思想文化能够满足大众需求并与时代并进

时,其定会孕育新的成果,并为时代潮流指明方向。为此,需要在现实社会发展的背景下,发挥社会主义先进文化的指导和启示功能,恪守马克思主义的辩证分析方法,并持续地创新与转型。在吸纳外来文化时,我们既要采取学习、借鉴、转化和创新的策略,又要精于消化和融合,从而不断为中华文化引入新的元素,塑造出具有独特魅力的新文化形态。

第三节 推动中华优秀传统文化"两创"的原则与内容

一、推动中华优秀传统文化"两创"的原则

（一）批判性与继承性相结合

中华优秀传统文化经历数千年的沉淀与传承,已经孕育了大量的知识、道德规范、艺术形式和哲学思想。其中,有一些是民族的精神纽带,有一些可能已经与时代的进步发生了脱节。对文化内容进行创新性发展和创造性转化时,批判性与继承性的原则变得尤为重要。

1. 批判性与继承性的内涵

批判性是对传统文化中的某些元素进行批判性地审视,对其是否与现代社会的价值观和需求相符进行评估,这是一个主动的过程,要求对传统文化的内容和形式进行深入的、全面的反思。过去的某些文化实践或观念,可能在其形成的历史背景下是合理的,但在现代社会中可能不再适用甚至有害。例如,一些过时的礼教和陈规陋习,例如笼罩于性别、阶级、种族之上的偏见和歧视,这些在现代社会已经不再适用,甚至可能带来消极的社会效应,对这些内容,批判性的态度要求人们对其进行质疑,不再盲目遵循。

继承性,是对那些历经时间考验、仍然具有生命力的传统文化的尊重和传承。中华优秀传统文化中有很多深入人心的哲学思想、道德规范、艺术形式等,它们代表了中华民族的精神追求和价值观念,对现代

社会仍然具有重要的指导意义。例如,儒家倡导的"仁爱"思想、道教的"天人合一"哲学、佛教的因果观念等,都是中华优秀传统文化中的核心元素,对现代人的精神追求和道德建设仍有着重要的指导作用。继承性原则强调的是对这些核心价值的传承和发扬,确保它们在新时代得到更好的传播和实践。

2. 做到批判与继承相结合

在探讨社会与文化的关系中,必须认识到它们之间的有机联系与系统性内涵。从历史的视角出发,人类社会的进步历程既是对前人智慧的继承,也是对过去错误的批判。在这种背景下,中华优秀传统文化不仅为社会主义先进文化的构建提供了丰富的源泉,而且是强化民族同一性的关键要素。对待传统文化遗产,单纯的批判或过于偏执的视角都可能导致其价值的流失。事实上,当我们谈及对中华优秀传统文化的"两创"理念时,我们实际上是在强调批判与继承之间的辩证关系。这种关系要求我们在批判中发现可继承的价值,而在继承过程中也不避免对其进行必要的批判。明确地说,批判不应是无脑的全盘否定,而应是分析与判断的有益融合。继承,不应是无原则的复制,而应是基于时代背景和社会需要的选择性接纳。这种选择性意味着,对于中华优秀传统文化,我们不能机械地照搬。因为文化本身是具有历史性和局部性的,是某一特定时期社会进步的反映。因此,在继承过程中应保持清醒,根据当前社会的价值导向,筛选其中的精华并与现代元素相结合,同时剔除其中的过时成分。特别需要指出的是,在批判与继承的过程中,存在某些误区。其中,一些是对传统文化的盲目否定,这样可能导致丢失民族精神文化遗产;另一些则是为追求经济效益,过度商业化、丑化,甚至篡改传统文化。这些做法都与文化的真正价值背道而驰,对此,我们应持警惕态度。从更大的视角看,为了更好地支持我国的社会主义现代化建设,我们应该巧妙地结合中华优秀传统文化的批判性与继承性。这意味着,我们应该鉴别并传承那些与现代社会价值观相符的传统文化精华,如人文精神、道德规范、价值观念等,同时对那些已经不适应现代社会,如封建思想和其他过时观念,进行必要的批判和排除。总而言之,只有真正将批判性与继承性完美结合,才能充分挖掘中华优秀传统文化的潜力,为中国特色社会主义文化建设注入新的活力,确保中华优秀传统文化在新的历史时期持续繁荣。

(二)传统性与时代性相结合

中华文化作为世界上持续时间最长、内涵极为丰富的文化之一,历经数千年的发展,孕育出深厚的传统性,其传统性不仅体现在艺术、文学、哲学等领域,更渗透到了民众的生活习俗、思维方式及价值观念中。然而,面对现代社会快速的发展,特别是科技进步和全球化的浪潮,如何确保这种传统性不被淹没,而是得到更好的传承与发展,成了一个重要的课题。

时代性是中华文化在新时代背景下必须面对的挑战和机遇,意味着在保持文化传统的同时,必须对这些传统进行创新,使其与现代社会的发展节奏和需求相适应。时代性并不是简单地抛弃或忽视传统,而是在尊重传统的基础上,结合现代社会的实际情况,进行必要的更新和升级。将传统性与时代性相结合,意味着要在对中华文化进行传承与发展时,实现这两者之间的平衡。传统性为文化提供了深厚的底蕴和连续性,而时代性则为其注入了活力和创新性。这种结合有助于确保中华文化在新时代中不仅能够存续,而且能够蓬勃发展。

在这一原则的指导下,可以看到许多成功的实践。例如,中医学作为中华文化的重要组成部分,历经数千年的演变,拥有独特的医学体系和理论体系。然而,随着现代医学的快速发展,中医学面临着与其相结合的需求和挑战。在古代中医主要依靠望、闻、问、切四诊来进行疾病的诊断,而现代医学拥有先进的医疗设备,如MRI、CT、超声波等,可以更为直观和精确地了解患者的病情,使得中医的诊断更为准确和科学。在许多疾病的治疗中,中医与西医进行了有机的结合。如在肿瘤治疗中,西医的手术、放疗、化疗等方法与中医的调和阴阳、疏通经络的理疗和药物治疗相结合,使得患者得到了更为全面和有效的治疗。中医教育也进行了现代化改革,传统的师徒制逐渐被现代的医学教育体系所取代,而中医学院也引入了现代医学的课程和教学方法,培养出了既懂中医又懂现代医学的复合型医生。

再如,京剧与国乐是中华民族文化的两大瑰宝,历史悠久、风格独特,代表了中华民族戏剧与音乐的精髓。京剧,作为中华戏曲的代表,以其独特的唱腔、表演和面谱而著称。但随着影视等现代媒体的崛起,京剧面临着观众流失的问题,为了扭转这一局面,在伴奏中,除了传统的梆子、锣鼓、二胡等,有的团体开始尝试加入现代乐器如电子琴、小提琴和萨克斯等,使得乐曲更为丰富多彩。并且传统京剧舞台的灯光相对单一,因此现代京剧在舞台设计上加入了现代灯光效果,如追光、色彩变换等,不仅为表演增加了视觉效果,也为演员创造了多样的舞台情境,增强了戏剧张力。而国乐传统上主要是由古老的民族乐器组成,如琵琶、二胡、古筝等。为了增加乐队的音色层次和表现力,有的乐团开始加入钢琴、小提琴、长号等西洋乐器。部分乐团甚至尝试将电子音乐与国乐结合,打破了传统与现代的界限,创造出全新的音乐风格。

此外,传统的文学、哲学和艺术,在与现代社会的交流中,也产生了许多新的创作和思考。这些创作不仅保持了传统的风格和特色,还吸收了现代的元素和观念,展现了中华文化的包容性和创新性。然而,传统性与时代性的结合并不是一件简单的事,需要对传统文化有深入的了解和研究,更需要对现代社会的需求和发展趋势有敏锐的洞察力,只有这样才能确保这种结合既不失真,又能满足现代社会的需求。

(三)理论性与实践性相结合

1. 理论根基:具有科学性和真理性的马克思主义理论

马克思主义从诞生之日起,就被视为一种富有洞察力的哲学和社会科学,对于社会发展和历史变革提供了独特的分析视角。在讨论中华优秀传统文化的创造性转化和创新性发展时,依托马克思主义的真理性理论根基是十分必要的。马克思主义理论的真理性,首先表现在其对于社会和历史发展规律的深入洞察。这种理论提供了一种框架,允许文化研究者从更高的角度审视传统文化,识别其中的时代特征和社会意义。利用这种视角,研究者能够更加明确地看到中华优秀传统文化中的核心价值和历史地位,从而为其在新时代的传承和发展提供指导。而且,马克思主义注重物质生产力与生产关系、经济基础与上层建筑之间的相互关系,为研究传统文化与经济、政治和社会的关系提供了有力的理论工具。中华优秀传统文化作为历史长河中的重要组成部分,其形成与发展都与当时的生产关系和上层建筑有着密切的联系。通过马克思主义的分析,可以更加清晰地认识到这种联系,从而更好地理解传统文化的本质特征和历史变迁。

马克思主义对于文化现象的分析不仅限于经济和社会结构,还涉及意识形态和文化传播。在这一框架下,中华优秀传统文化可以被看作是一种意识形态,反映了古代中国社会的核心价值和世界观,在历史的长河中,这种意识形态不断与各种社会现象互动,形成了复杂的传播网络,而通过对这一网络的研究,可以更好地理解传统文化的传播路径和影响力,为其在现代社会的传承和发展提供有力的支撑。此外,马克思主义强调历史的进步性和发展的连续性。这为研究中华优秀传统文化的历史地位和未来走向提供了明确的方向。传统文化并不是一个静止的、固定的东西,而是在历史的长河中不断发展和变革的。依据马克思主义的分析,可以更好地认识到这一点,从而为传统文化的创造性转化和创新性发展提供科学的理论依据。

2. 实践底气:中国特色社会主义现代化建设的伟大实践

中国特色社会主义现代化是新时代中国发展的宏伟蓝图和根本任务。在此背景下,中华优秀传统文化如何创造性转化和创新性发展,与这一现代化建设进程有着密不可分的关系,对于文化传承与发展而言,真正的力量和活力往往源于实践的深厚土壤。

中国特色社会主义现代化建设的实践,为中华优秀传统文化提供了丰富的发展空间和机遇,不仅涉及国家的政治、经济、文化和社会建设,还包括人们的日常生活、思维方式、价值观和生活习惯的变迁,这些变化与传统文化的创造性转化和创新性发展有着千丝万缕的联系。具体而言,现代化建设中的各项任务和目标,都与中华优秀传统文化的核心价值观和精神内涵有着直接或间接的关系。例如,新型城镇化建设中的人文关怀、乡村振兴战略中的乡土情怀、生态文明建设中的天人合一思想,都与传统文化的某些方面相吻合。新型城镇化不仅仅是对城市的物质扩张,更注重的是人的因素和人文关怀。在传统文化中,有"人以团圆为贵""邻里和睦"的观念,这种强调人与人之间情感纽带的文化观念,在新型城镇化建设中得到了体现。例如,城市公共空间的设计更加注重满足居民的交往、休闲和文化需求,保留老社区,强调历史文化街区的保护与复兴,都是人文关怀的体现。中国的传统文化中,对于乡土、家园

第二章 "两创":创造性转化、创新性发展

的情感非常深厚。诗词歌赋中常常表现对故乡的眷恋和思念,如"烟笼寒水月笼沙,夜泊秦淮近酒家"。乡村振兴战略正是依托这种深厚的乡土情怀,强调对传统村落、历史文化、传统手工艺的保护和传承。"天人合一"是中国古代哲学中的重要观念,强调人与自然的和谐共生。在现代社会,随着环境污染和生态危机的加剧,人们更加认识到与自然和谐相处的重要性。生态文明建设正是基于这种思想,提出绿色、低碳、可持续的发展模式,保护生态环境,保障人与自然的和谐共生。在此过程中,古代的"天人合一"思想为现代生态文明建设提供了文化底蕴和哲学指导。

在社会主义,现代化建设的实践过程中,不少传统文化元素得到了新的生命和发展。例如,传统医药,特别是中医药,有着几千年的历史。在全球化背景下,针灸、拔罐、中医按摩等治疗方式,被越来越多的西方国家采纳为替代医疗或互补医疗的一部分,且随着健康观念的变化,预防医学和整体健康理念在现代社会中越来越受到重视,而这与中医的"治未病"和"调和阴阳"理念不谋而合;中国的传统工艺,如陶瓷、刺绣、漆器、玉雕等,都具有深厚的文化底蕴和精湛的技艺。在现代设计中,传统工艺被赋予了新的生命。例如,现代家居设计中,经常可以看到与传统陶瓷或漆器结合的元素,使得产品既具有现代感,又不失传统韵味,还有许多设计师和工匠还在尝试将传统工艺与现代技术相结合,如使用3D打印技术制作陶瓷,或者利用数字技术对刺绣图案进行创新设计;传统音乐和舞蹈,如京剧、昆曲、太平歌舞、民族舞蹈等,都是中华文化的重要组成部分,许多现代舞蹈团体和音乐家,都尝试将传统元素与现代舞蹈、音乐技巧相结合,创作出既有传统韵味,又具有现代创意的作品。例如,经典的京剧旋律与现代交响乐的结合,或是民族舞蹈与现代舞的融合,都使观众得以在现代艺术舞台上重新体验传统文化的魅力。

此外,现代化建设也为传统文化提供了新的传播方式和途径。随着现代化建设的推进,一系列的技术如数字技术、网络平台、现代交通和通信手段方面,使得传统文化能够更快速、更广泛地传播到世界各地。例如,原本受到时间和空间限制的珍贵文献、书籍或艺术作品,现在都可以数字化,保存在云端或电子设备上,供全世界的人们随时访问;通过如微博、抖音等平台,人们可以分享关于传统文化的内容,如古典音乐、舞蹈、书法、绘画等,迅速触及千万用户;借助网络平台,许多文化课程和讲座可以在线进行,吸引了更多年轻一代的关注;国际艺术节、展

览、演出等,都得益于现代交通的便捷,使得不同地区、国家的传统文化得以在全球范围内展现和交流;很多关于传统文化的移动应用供用户下载,如虚拟博物馆、古典音乐 app 等。

然而,在现代化建设的实践过程中,也存在一些与传统文化冲突或矛盾的地方。这需要文化工作者和社会各界人士密切关注,采取积极措施,确保传统文化在现代化建设中既能保持其原有的魅力和价值,又能与时代发展相适应。

（四）人文性与科技性相结合

1. 人文性与科技性的内涵

（1）人文性的内涵

"人文"这一词汇在古代中文文献中有所体现。最早,它与"仁""文"有关,都与"人"的本性、教养和文明相关。在封建社会的背景下,重视人的教养、道德和文明成为社会的重要价值观。因此,"人文"初步代表了对个人和群体的文明程度和教养的评价。

在古代文献中,例如《左传》《诗经》中,文化、教养和道德常常被称为"文",这是"人文"的早期含义之一。随着时间的推移,"人文"的含义逐渐丰富和扩展。尤其是在明清时期,随着书院教育和私人学塾的兴盛,"人文"开始与教育、学术研究等更加紧密相关。到了近代,随着西方人文主义思潮的引入,人文学科开始在中国得到更为广泛的关注。这时的"人文"不再仅仅代表文明或教养,它涵盖了哲学、文学、历史、艺术等多个学科领域,与现代的"人文学科"含义相近。在现代中文中,"人文"多指与人的文化、历史、艺术和思维方式相关的领域。例如,人文学科、人文关怀、人文环境等都与此相关。这一含义与西方的"humanities"相近,都代表对人的精神、文化和历史的研究和关怀。

在中华优秀传统文化中,人文性表现为对和谐、尊重、亲情、仁爱、义气等价值的追求。这些价值观在历史长河中形成,并在文学、艺术、音乐、戏剧和哲学等领域得到体现。例如,孔子的"仁爱"思想、道家的"无为而治"、佛教的"因果报应"等,都是人文性在中华优秀传统文化中的具体体现。

(2)科学性的内涵

"科技"这个词是由"科学"与"技术"两个词汇组合而成的简称。它现在主要指代科学研究与技术应用之间的融合与交互,涵盖了科学原理、研究方法、技术手段、工程应用等内容。科学一词来源于拉丁词"scientia",意为"知识"或"技能"。在中文中,"科学"用于描述系统化、有组织的知识,特别是那些关于自然界的知识。随着近代的发展,科学逐渐与宗教、哲学等其他形式的知识和信仰区分开来,更加注重实证、实验和逻辑推理。技术起源于古希腊词"τέχνη"(techne),意为"艺术"或"技能"。它最初指的是特定的工艺或技巧。而在中文中,技术指的是应用科学原理进行实际操作或制造的方法和手段。"科技"这个词在中国大约是在20世纪初被广泛采纳和使用,特别是在新文化运动时期。在那个时期,中国正经历着从传统社会向现代社会的转型,西方的科学和技术被引入并被视为现代化和发展的关键。这导致了对于科学和技术的巨大关注,因此有必要为这种科学与技术的交融创造一个新词汇。于是,"科技"这个词就出现了。与此同时,20世纪中期开始,随着科学技术的快速发展,科技开始与日常生活、经济、文化等多个领域紧密结合,使其含义更加丰富。

科技性代表现代社会的发展与进步,体现在对科学知识、技术创新和实证研究的追求,依赖于逻辑、数据、实验和技术手段,旨在解决实际问题,提高生活质量。在中华优秀传统文化的传承与发展中,科技性可以为其提供新的传播手段、研究方法和再创作途径。例如,数字技术可以用于古籍的数字化、保存和传播;虚拟现实技术可以为古代建筑和文化遗址提供新的体验方式;人工智能可以为古代音乐和舞蹈的再创作提供技术支持。

2.人文性与科技性相结合

中华优秀传统文化深沉而厚重,蕴藏着数千年的智慧与情感,主要体现在人文性上,而科技性则为其提供了新的传播和实践平台。当两者相结合,传统与现代交融,文化的传播和影响力被放大,创造出更为丰富和多样的文化形态。在深入解读人文性与科技性的结合之前,需要明确二者在文化传承中的位置与作用。人文性负责维护文化的内核,保持其真实、纯粹和具有代表性,而科技性则确保文化与时代同步,不断地更新和进化。现代科技为传统文化提供了更为广阔的舞台。例如,通过数字化技术,使古代的书画、文献、音乐等都得以保存和传播。古籍被扫描成电子版,不仅防止了老化损坏,还可供世界各地的学者研究。同样,古代音乐和戏剧,通过数字修复,重获新生,再次被人们欣赏。而在这些技术的背后,人文性的深入研究和解读不可或缺。只有真正理解了文化的内涵,才能更好地利用科技进行传播与实践。在对古籍进行数字化的过程中,文字、图片、音乐等的背后都有其特定的文化和历史背景。在传播过程中,如何展现这些背景,使受众能够更好地理解与感受,就需要深入的人文研究。以下是两个相关的例子。

(1)敦煌石窟与5G技术结合进行文化遗产保护

敦煌石窟作为世界文化遗产,蕴藏了丰富的佛教艺术和壁画。但由于时间的流逝和外部环境的影响,这些珍贵的艺术品面临着褪色和损坏的风险。近年来,敦煌研究院与科技公司合作,利用5G技术,进行了石窟的高清数字化扫描,不仅为石窟的长期保存提供了技术保障,这使得全球观众可以通过虚拟现实技术,进行线上参观,体验敦煌的魅力,而不对实体产生伤害。5G的高速传输和低延迟特性使得数字化扫描的精度和效率大大提高,为文化遗产的传承和保护提供了新的途径。

(2)延庆长城数字化保护项目

长城,作为中国的象征,经过数百年的风雨侵蚀,部分区段已经破败不堪。2019年,延庆区启动了长城数字化保护项目,目的是对长城进行三维扫描和数字化建模。通过使用无人机和激光扫描技术,工作人员能够对长城的每一寸进行高精度测量,为其修复和保护提供数据支持。此外,通过数字化技术,可以建立长城的三维模型,供研究者和公众在线上进行访问和学习,既满足了公众的参观需求,又避免了过多的游客对长城产生的实际损害。

这两个例子都体现了人文性与科技性相结合的力量。在科技的助力下,传统文化得以更好地保护和传承,同时使得更多的人能够接触和了解这些文化遗产,增强了公众对传统文化的认同和尊重。

(五)民族性与世界性相结合

在中华优秀传统文化的创造性转化和创新性发展过程中,民族性与世界性相结合原则是关键。中华文化的民族性是其深厚的文化根基和

第二章 "两创"：创造性转化、创新性发展

独特的文化特色，它包括了中华文化的历史、哲学、艺术、伦理、价值观和社会制度等多个方面，为中华文化提供了鲜明的身份特征，使其在世界各种文化中独树一帜。中华文化的民族性是其生命力的源泉，是其得以延续和发展的基础，不仅是中华民族的共同记忆和情感纽带，这是其在现代社会中进行创新和发展的指导思想和价值取向。世界性是中华文化在全球化背景下的发展方向，中华文化需要与世界各种文化进行交流和互动，取长补短，丰富和拓展自己的文化内涵和形态。中华文化的世界性不仅是其在国际舞台上的影响力和吸引力，还是其与其他文化的交流和合作的平台。通过与其他文化的对话和融合，中华文化可以得到更为广泛和深入的认知和理解，使其在全球文化版图中占据更为重要的地位。

民族性与世界性的有机结合原则关注如何在维护民族文化核心和独特性的同时，实现其与全球文化的交融与共鸣，此原则突出了平衡、互鉴与融合、共鸣的关键性。

1. 平衡：不偏废，共同进步

一方面，该原则强调在推进文化发展过程中，要平衡民族性和世界性的表现。这不仅仅是在数量上的平衡，更重要的是在质量上，确保文化的核心价值不被稀释。另一方面，不能过度强调世界性，以致失去了民族文化的原始性和独特性。

2. 互鉴：取其长，补其短

在民族性与世界性结合的过程中，不同文化应相互学习、相互启发。这一原则鼓励中华文化从其他文化中汲取有益的元素，同时分享其自身的优势和特点，不仅可以促进文化的丰富多彩，还可以提高文化的创新力和竞争力。

3. 融合：创新中生，交汇中繁

在保持自己独特性的基础上，文化应积极与其他文化进行融合，这种融合不是简单的叠加或拼接，而是要在深入了解和尊重的基础上进行

有机结合,创造出既有民族特色又具有国际影响力的新文化形式。

4. 共鸣:跨文化的情感链接

民族性与世界性的有机结合还需要建立一种跨文化的情感链接。这不仅是文化内容的交流,更重要的是情感、价值观和认知方式的交流,可以促进不同文化背景的人们之间的理解和互信,建立更为深厚的友谊和合作关系。

二、推动中华优秀传统文化"两创"的内容

(一)器物文化的"两创"

作为中华文明中不可或缺的部分,器物文化深深蕴藏着中华优秀传统文化元素。这些文化元素不仅仅是物质实体,更是一个民族智慧的结晶,反映了先人对于自然、宇宙、人生的观念与解读。在现代社会的背景下,怎样对这些器物文化进行挖掘、保护、研究和开发,是每个热爱文化的人需要思考的问题。

1. 器物文化蕴含着丰富的中华优秀传统文化元素

中华文明深厚且古老,其中的器物文化作为这一文明的有形载体,为世人展现了这一伟大文明的风貌。诸如青铜器、瓷器、绘画、书法、木雕、刺绣、陶瓷、鼎、玉器等,它们不只是实物,更是一种文化和精神的体现,是中华民族历史的直观见证。在古代,青铜器是权力和地位的象征,青铜器的制作技艺复杂,需经过铸造、锻打、雕刻等多道工序。从它们的纹饰和造型,人们可以窥见古人的生活方式、宗教信仰以及审美取向。例如,商代的"司母戊鼎"就是权力象征的代表,同时是工艺美术的巅峰。被誉为"白色黄金"的瓷器,不仅展现了中华民族的卓越工艺,还展示了古代生活的日常。比如宋代的哥窑、青瓷、定窑等,每一种都有其特色的釉色和纹饰,反映了当时的审美和生活哲学。中华绘画以其独特的意境和技法,展现了人与自然、人与社会的和谐关系。无论是山水、

第二章 "两创"：创造性转化、创新性发展

花鸟、人物，都有其深层的文化和哲学内涵，为人们提供了审美和启迪。书法不仅是文字的艺术，更是心灵的写照。从篆、隶、楷、行、草，每一种字体都有其独特的韵律和节奏，反映了书写者的性格、情感和修养。木雕是古代宫殿、庙宇和民居的重要装饰，木雕艺术的题材广泛，有神话传说、花鸟鱼虫、日常生活等，为人们提供了丰富的视觉和文化享受。刺绣是中华文明中的一颗璀璨明珠，从苏绣、湘绣、蜀绣到粤绣，每一种都有其独特的技法和风格。作为瓷器的前身，陶瓷同样拥有深厚的文化内涵，早在新石器时代，人们就已经开始制作各种用途的陶器，如彩陶、黑陶等，它们不仅是实用品，更是艺术品。鼎在古代是烹饪和祭祀的重要器物，造型庄重、纹饰精美，反映了古代社会的等级制度和宗教信仰。玉器不仅是身份的象征，更是美德的代表，从玉佩、玉璧到玉琮，每一件都蕴含着深厚的文化和哲学。上述这些器物文化，都是中华民族智慧和才华的结晶，它们向世人展现了一个博大精深的文化体系。在现代生活中，这些文化和技艺依然有其不可替代的价值和意义。

再如，中国的万里长城，如同巨龙，蜿蜒穿越中国的山川大地，是中华文明的象征与见证。被誉为"世界上最伟大的建筑奇迹之一"，长城不仅仅是石头和泥土的结构，它背后所蕴藏的历史、文化、工艺和哲学，都值得深入探讨。从公元前 7 世纪，长城开始在不同的朝代不断扩建和修缮，它首先作为军事防御工事，用以抵御北方游牧民族的入侵。但随着时代的变迁，长城的角色也逐渐转变。它不仅是军事防线，更是政权的稳定、经济的繁荣、文化的交流和民族的融合的见证。在技术和工艺上，长城的建设展现了古代中国人民的智慧和创造力。面对崎岖的山川和复杂的地形，建筑师们采用了各种工艺和材料，如石头、砖块、泥土和木材，以适应不同的地理环境。特别是在陡峭的山区，长城如同蛟龙穿越，技巧与智慧的结合，让人叹为观止。文化上，长城更是中华民族的骄傲，不仅是物质建筑，更是中华文明的一部分，代表着团结、坚韧和毅力。长城沿线还有许多古代的遗迹、碑刻和艺术品，如壁画、雕塑和碑文，它们都是古代中国人民生活、信仰和艺术的反映。哲学上，长城也有其深远的意义，不仅是一个物理的边界，更是一个精神的界线，见证了中华民族在历史长河中的发展、变迁和融合，同时象征着对和平与稳定的追求。

长城这座跨越数个朝代，绵延数千里的伟大工程，不仅见证了中华文明的持久与辉煌，更蕴藏了无数的历史故事和技艺智慧。然而，如何

在当下时代,让这座古老的建筑持续地发挥其文化价值,并与现代社会相结合,成为当代研究和思考的关键话题。面对现代社会,传统的宣讲和解说方式可能难以吸引年轻一代。为此,可以考虑引入更为现代化、互动化的传播形式。例如,运用 VR 和 AR 技术,为游客提供身临其境的历史体验,可以在长城某一段,通过 VR 眼镜,游客可以看到古代兵士在此驻守、战斗的情景,深刻体会到长城作为军事防线的历史背景。挖掘长城背后的故事,将其制作成影片、音频或图文,并结合现场展示,为游客提供更为丰富的文化体验。长城作为旅游热点,面临着大量游客的涌入,如何确保其可持续性,成为一大难题。对此,可以通过安装传感器和监控设备,实时掌握长城的访客流量,以及各部分的磨损程度,从而制定合理的开放和维修策略,在长城周边开展生态旅游活动,如徒步、骑行等,既能够减轻长城本身的游客压力,又能为游客提供更为健康、绿色的旅游体验。除此之外,长城作为中国的文化象征,具有巨大的商业价值。将长城与现代产业相结合,可以为长城带来更为广泛的社会影响,同时可以为长城的保护与维护带来更多的资金支持。例如,可以与影视、游戏、文创产品等产业进行合作,推出以长城为题材的各类产品和服务。此外,长城不仅是一个旅游景点,更是中华民族历史的见证。为了更好地传承和研究长城的文化和历史,可以建立专门的研究机构和教育机构,吸引国内外的学者和研究者来进行深入的研究。

2. 做到挖掘与保护有机结合,传承中华优秀传统文化

(1)挖掘与保护

文化遗产的挖掘与保护是一个既复杂又细致的过程,涉及的工作内容广泛,旨在实现对中华优秀传统文化的有效传承。若要达到这一目标,需做到以下几点。

一是做好器物文化遗产的普查工作,精准把握文化遗产数量。器物文化遗产的普查工作是挖掘与保护的基础,通过全面的普查可以清晰地了解文化遗产的分布、种类、数量和现状,还可以及时发现被遗忘或未被重视的文化遗产,确保每一件遗产都得到应有的关注。具体来说,可以启动一个全国性的文化遗产普查项目,组建专门的调查团队,团队应包括文物考古学家、历史学家、文化研究者和数据分析师等。调查团队利用现代技术,无人机航拍、三维建模、地理信息系统(GIS)等对各地的

第二章 "两创"：创造性转化、创新性发展

文化遗产进行系统的调查和记录，重点关注遗产的类别、分布、数量及其保存状态。在进行普查时，除了对遗产的类别、分布、数量进行统计外，还需要对遗产的物理状态、所面临的自然和人为威胁、所在地的社会经济环境等进行详细的记录。完成普查后，整理分析所得到的数据并转化为实际可行的策略。此外，普查结果还可以作为公众教育的材料，让更多的人了解并参与到文化遗产的保护工作中。

二是挖掘保护文化遗产需要大量的资金支持，确保文化遗产保护落到实处。无论是文物的修复、博物馆的建设、还是专家的研究，都需要充足的经费支持。国家作为文化遗产的最大拥有者，财政拨款应当成为文化遗产保护基金的主要来源，国家应根据经济状况，每年为文化遗产保护基金拨付一定比例的预算。但在某些特定的项目中，私人资本可以与公共部门形成合作，共同筹资。例如，某些有历史价值但同时有商业价值的文化遗产，可以通过合作方式，使私人资本参与其中，分享风险与收益。为了确保资金的专项使用和效率，建议成立一个独立的管理机构来负责文化遗产保护基金的日常运作，该机构应由文化、财政等相关部门的代表组成，并聘请专家学者参与。与此同时，文化遗产保护基金的使用范围应明确，主要用于文化遗产的普查、维护、修复和挖掘工作，不允许用于与文化遗产无关的其他用途。另外，为了避免不正之风和浪费，文化遗产保护基金的筹集、管理和使用都应公开透明，可以通过公开发布年度报告、定期接受社会监督等方式，确保基金的正当使用。文化遗产的保护是一个长期的任务，除了固定的年度拨款，还可以通过吸引社会捐赠、设立遗产基金等方式，确保基金的持续运作。

三是积极申报世界文化遗产，提高中华优秀传统文化的知名度。世界文化遗产的认定是对人类非物质文化遗产价值的一种国际公认。得此殊荣的文化遗产不仅受到国际关注，更能得到全球的尊重和保护。为此，对具有重大历史、艺术和文化价值的器物文化遗产，进行世界文化遗产申报，显得尤为重要。申报工作涉及多方面的内容，要保证每一个环节都细致到位，确保申报成功。以下是申报的关键流程和策略：第一，遴选代表性器物文化遗产。在众多的器物文化遗产中，必须筛选出具有明显代表性且在历史、文化、艺术等方面都有突出贡献的遗产。这一步骤需要广泛地征集公众和专家的意见，确保所选文化遗产不仅有历史价值，而且具有较高的公众认同度。第二，组建专家团队。建立由学者、历史学家、考古学家等构成的专家团队，对所选文化遗产进行深入研究，

明确其在全球文化史上的地位和价值。第三,编制申报材料。根据世界文化遗产的申报标准和要求,编制详尽的申报材料,要详细描述遗产的历史背景和文化价值,还要包括其现状、保护措施以及未来的保护和利用规划。第四,与相关国际组织建立联系。与世界文化遗产中心、联合国教科文组织等相关组织建立联系,了解申报流程、时间节点等,确保申报工作的顺利进行。

（2）研究与开发

一是科学合理阐释器物文化遗产所蕴含的优秀传统文化内容。在开始任何研究工作之前,首先要进行充分的数据采集与资料整理。对器物文化遗产进行拍照、录像、测量,收集其外部和内部的所有可见特征,查阅与之相关的历史文献、资料和研究,构建一个完整的文献资料库。阐释器物文化遗产的内容并非仅是单一学科的工作,需要考古学、历史学、美学、材料科学、工艺学等多个学科的知识。因此,建议组建跨学科的研究团队,确保每一个方面都能得到深入而细致的研究。对于某些器物文化遗产,为了更好地理解其背后的文化内容,实地考察其产生、使用的环境是非常必要的,如深入考古发掘现场,达到其曾经使用或存放的场所,甚至与之相关的社群或族群。现代技术,如无损检测、三维扫描、元素分析等,可以为器物文化遗产的研究提供强大的支持。例如,通过对器物的无损检测,可以探明其制作工艺,甚至可能发现一些被遗忘的古老技艺。最后的研究成果需要以适当的方式呈现出来,如论文、报告、展览、讲座等,考虑到不同受众的需求,可以制作不同形式的内容,如图书、视频、互动应用等,确保研究成果能够得到广泛的传播和应用。

二是对蕴含在器物文化遗产中的优秀传统文化内涵要结合现代文化建设需要进行科学阐释。在探讨文化遗产的时候,要深入了解每件文物背后的文化、历史和社会背景。不同的文物背后都有其独特的故事和背景,只有深入了解这些背景,才能更准确地解读文物的内涵和意义。在解读过程中,可以运用多媒体手段,如影像、音频、数字技术等展示文物的内涵和背景,不仅可以吸引现代人的注意,还可以帮助他们更直观地理解和感受文物的魅力。例如,可以制作数字化的 3D 模型,通过 VR 技术让观众亲身体验文物的制作过程和使用场景。另外,在解读文物的时候,要思考其在现代文化中的位置和作用,如何与现代文化相结合,如何在现代文化中发挥其价值。例如,可以探讨文物的设计理念与现代设计的关系,或者文物的制作技术与现代工艺的联系。在展示和推广文

第二章 "两创"：创造性转化、创新性发展

物的时候,除了传统的博物馆和展览,还可以考虑运用数字平台,如社交媒体、数字博物馆、线上展览等,来展示和解读文物,可以吸引更多的现代人参与,也可以让文物与现代文化更加紧密地结合。而在与公众互动的时候,可以鼓励公众参与到文物的解读和展示中来,组织工作坊、讲座、研讨会等活动,让公众深入了解文物,也可以听取他们的意见和建议,使文物的解读更加丰富和多元。

三是研究与开发器物文化遗产中包含的传统工艺技术精髓,为现代工艺技术发展提供有益借鉴。这是一项涉及文化、技术、经济和社会等多方面的工作,要实现这一目标,必须进行深入的实地调查、系统的技术分析、多方位的实验研究以及广泛的交流合作。在实地调查中,要深入到各个工艺传承的基地,与手艺人面对面交流,了解传统工艺的制作流程、使用的材料、工具和技巧,以及背后的文化意义和历史背景,也要关注那些在现代生活中已经被遗忘或边缘化的传统工艺,挖掘其独特的价值和潜在的应用可能性。在技术分析中,要运用现代的科技手段,如显微镜、光谱分析等,对传统工艺中使用的材料和制品进行细致的测试和分析,揭示其物理、化学和结构上的特点,帮助理解传统工艺的技术原理,还可以为现代工艺的改进和创新提供科学依据。在实验研究中,要结合现代的技术条件和市场需求,对传统工艺进行适当的调整和创新。例如,可以尝试用新的材料替代传统的材料,或用现代的机械和自动化技术代替传统的手工技术,以提高工艺的效率和质量。但在这一过程中,要始终坚守传统工艺的精髓和特色,确保其在现代社会中仍然具有独特的价值和魅力。在交流合作中,要积极参与国内外的工艺学术会议和展览,与各方专家、学者、企业家和消费者建立广泛的联系和合作关系,共同探讨和推动传统工艺与现代工艺的结合与发展。

总体上,对中华优秀传统文化的挖掘与保护不仅是为了保留历史和文化的记忆,更是为了在现代社会中发挥其独特的价值和作用。为此,需要整合各种资源,进行系统、深入的研究和开发,确保每一处文化遗产都能在新的时代中焕发出新的生命力。

(二)道德行为的"两创"

1.道德行为是文化的一种外在表达方式

文化作为一个社会的灵魂和基石,深刻地影响着每个人的生活方式、思维模式和价值观。而道德行为则是文化深层次的外在体现,是对文化的实践和执行,在日常生活中塑造着个体的社交互动、决策判断,甚至对于复杂社会问题的态度和解决方式。

道德行为不仅是规范和指导,更是文化的体现与传承,在各个文化中,道德行为都有其独特的特点和内涵。而在全球化的背景下,这种文化特定性的道德行为又与其他文化产生交汇,形成了一种多元、复杂但又和谐的道德网络。为何说道德行为是文化的外在表达呢?因为道德行为在实践中往往与文化价值观相互呼应。比如,某一文化中高度重视家族和尊重长辈,那么在这个文化背景下的道德行为,自然也会强调在日常生活中对长辈的尊重和关心。同样,某一文化可能非常重视个人主义和自由,那么在这样的文化中,尊重个人选择、维护个人权益就可能成为一种普遍接受的道德行为。但是,文化并不是一成不变的,会随着时间、环境和社会的变化而变化。因此,道德行为也必然会随之发生相应的变革,这也是为何现代社会强调道德行为的"两创"的原因,即在传统道德行为的基础上,如何进行创新性发展和创造性转化。另外,道德行为作为文化的外在表达,也具有其普遍性和特定性。尽管每个文化有其独特的道德观念和行为模式,但在全球化的背景下,也存在一些普遍接受的道德原则,比如公平、正义、真实和诚信,为不同文化之间的交流和合作提供了基础。然而,在不同的文化背景下,相同的行为可能会有不同的道德评价,这种差异性要求人们在跨文化交往中,具备文化敏感性和尊重性,避免由于文化差异而产生的误解和冲突。

道德行为是文化的重要组成部分,既是文化的实践,也是文化的传承。在快速发展和变革的现代社会中,如何确保道德行为与文化价值观的和谐统一,是每个社会都需要思考的问题。

第二章 "两创"：创造性转化、创新性发展

2. "旧瓶新酒"与"新瓶旧酒"

（1）"旧瓶新酒"道德行为文化的"两创"

"旧瓶新酒"是一个形象的比喻，描述的是在传统的框架或结构中注入新的内容、新的价值观或新的思考方式。对于道德行为文化而言，意味着在传统的道德行为规范中，融入新的、更符合现代社会发展的价值观和行为指南。在传统文化中，道德行为被视为稳定的、不变的基石，行为规范为个体在社会中的交往提供了指导，也为社会的和谐稳定作出了贡献。但是，随着时代的变迁，某些传统的道德行为规范可能已经不再适应现代社会的需求，需要进行更新和创新。

以"爱国"为例，其内涵在不同的时代背景下存在显著差异。在古代社会，"爱国"往往与对国家的忠诚和对统治者的绝对服从紧密相连，国家和统治者在这一时期往往是同一概念，统治者的意志被视为国家的意志，因此，为国家服务，即为统治者服务；而背叛统治者则被视为背叛国家。古代的"爱国"观念还强调为国捐躯的勇气。在战争频繁的年代，为国家捐躯、捐出财产甚至牺牲家族，被视为最高的爱国行为，这种观念在很大程度上是由于国家的存亡直接关系到人民的生死，国家的繁荣昌盛与人民的福祉息息相关。

而在新时代，随着社会结构的变化和全球化的进程，现代的"爱国"观念不再仅仅局限于对统治者的忠诚，更多地体现为对国家的建设和社会公共事务的参与。当下的"爱国"不再只是一个纯粹的情感表达，涉及对国家政策的积极参与，对社会不公的批判和反思，以及对国家未来发展方向的关注，鼓励每一个公民都能在自己的岗位上为国家的建设作出贡献，无论是在经济、文化、科技还是其他任何领域。与此同时，在一个开放和多元的社会中，对不合理现象的批判和改进，实际上也是对国家的关爱，因为任何社会都不可能完美无瑕，正是这种持续的反思和改进，推动了国家和社会的进步。

"旧瓶新酒"道德行为文化的"两创"是一个动态的过程，既继承了传统，又注入了新的元素，旨在为现代社会提供更加实用、更加前沿的道德行为指导。

（2）"新瓶旧酒"道德行为文化的"两创"

"新瓶旧酒"指的是在新的社会背景和文化环境中，如何继续保留、

传承和展现传统的道德价值观和行为规范。随着全球化、技术进步和社会变革,现代社会的背景和环境发生了翻天覆地的变化。但在这种新的环境中,如何确保传统的道德行为得以恰当的传承和展现,成为一个值得深入探讨的话题。

以"孝道"为例,市场经济的浪潮并未摧毁中华传统美德,反而在某种程度上加深了人们对其的理解和体验,这种文化观念的持续性在每年春节的大规模人口返乡现象中得到了验证,无数的年轻人从城市返回家乡,表达对家庭的关爱和孝顺。然而,现代生活的快节奏和变革使得人们对"孝道"的理解发生了微妙的变化。"孝道"一词虽古老,但其背后所代表的文化价值却是经久不衰的,传统的"二十四孝"体现了古代社会环境和家庭关系的复杂性,涉及了许多与家族荣誉、家庭责任和个人牺牲有关的行为准则。传统"二十四孝"中有一个故事是卖身葬父,讲的是董永为了替父还债而卖身到一富家为奴。后来又遇到一位美丽的女子(七仙女),两人结为夫妻并生了一个儿子。后来女子的身份被暴露后与董永分别并带走了他们的儿子。董永后来找到了那个女子并跟随她去她的天上相聚……当然故事结局的彩蛋才是关键:董永最后卖身卖给了一个富家富人,得到了满满的钱物金银财宝无数! 所以后来才有了董父金银财宝满天飞、万世无穷的传说! 这个故事历代传颂,被誉为孝道的具体体现,也被视为中国传统文化中的珍宝。

新的"二十四孝"更加注重时代性和实际性,不仅关注家庭关系,还关注人与人之间的相互尊重和理解。例如,新的"孝道"强调了与父母的沟通和交流,而不仅仅是物质上的供养;对父母的关心和照顾也不再仅限于传统的方式,而是涉及了更多现代生活中的细节,如关心父母的身体健康、生活品质和精神世界;帮助家人了解和掌握新技术,使他们不落伍;在家人遭遇困境或低落时,提供必要的情感支持和建议;定期组织家庭聚会,增强家族凝聚力;提前为家人规划财务和遗产事宜,确保他们的未来安全……这些不仅是子女对父母应尽的道德责任,也是社会和家庭所认可的行为规范。

从传统的"二十四孝"到现代的新"二十四孝",这一文化价值观经历了既继承又发展的过程,既保留了传统的精髓,又融入了现代的特点,体现了中华文化在新时代下的持续发展和繁荣。

第二章 "两创":创造性转化、创新性发展

(三)人文精神文化的"两创"

1. 人文精神具有较强的稳固性与持久性

民族的文化内涵包含其独特的人文精神,位于文化的核心。这一人文精神是由深厚的文化底蕴组成的,塑造了特定民族的文化特质。中华古典文化所倡导的人文理念构成了中华民族文化的骨髓。相较于社会政治观念和文化制度,这种人文精神既具有浓厚的民族色彩,同时显示出强烈的持续性和稳定性。长期的实践塑造了人文精神,且这种精神为实践提供了理论导向。各民族因其所处的地理环境、生产发展阶段以及生活习惯的差异,塑造出各异的人文精神。例如,中原地带的农耕文化让民众追求稳定;而高山和森林中的游牧或渔猎民族则多有冒险的精神;广阔草原上的民族,则更显流动性。中华大地幅员辽阔,地域差异显著,如贵州的"十里不同天"便是明证。这种地理差异导致了各种文化的形成,而这些文化都有其固定性和持久性。尽管现代社会科技飞速发展,人们的生活和生产方式已经发生了巨变,但民族的核心精神得以延续和进化。正是这样的民族精神,使得中华民族在历史上多次面临外敌入侵时都能展现出团结、坚韧和无畏的品质,成功抵御外敌。这种中华民族的韧性,如今仍在激励着社会前行,推动民族在新的历史阶段走向复兴。

经历多个历史时期的沉淀,中华优秀传统文化呈现出独特的人文精神,这正是多个社会历史阶段文化积淀的体现。随着时代的推进,需谨慎地融合传统的人文核心与当前的社会变革,使其科学地融入中国特色社会主义的现代化征程,并孕育出当代的文化思潮。为了创新和转化中华的杰出文化传统,"两创"的核心目标是融合民族与当代的精神元素,从而加强社会主义的文化建设。

2. 借用与发展:人文精神文化的"两创"

借用,就是从传统文化中抽取某一方面的意义,与现代社会发展的需要结合,来转化或重新阐释其新的文化寓意,不仅可以发挥中华优秀

传统文化的作用,还能有效地解决或缓解当前社会发展所面临的问题。

例如,传统文化中的"仁、爱、信、义"等核心价值观,自古以来已深深植入中华文明的精神脉络中。当这些传统的核心价值观与现代社会的需求相结合时,得以转化为现代的思想导向和行为规范,为现代社会的和谐、公正和进步提供了有力的思想支撑。"仁"是中华文化中的一个核心观念,代表了对他人的关心、理解和尊重,在古代社会,它主要涉及对家人和朋友的关心与支持。而在现代社会中,"仁"的意义得到了扩展,是对个人的关心,更是对所有人的尊重和理解,无论其背景、性别、种族或信仰如何;"爱"在古代往往指的是对家族和国家的忠诚和献身。但在现代语境中,是关于对弱势群体的关心、对社区的贡献和对公共福利的支持;"信"在古代文化中意味着诚实和可靠,在现代社会中,这一观念被扩展到了对事实的真实性、对信息的透明性以及对公众的诚信。"义"在古代文化中是指对正义的追求和对道德的坚守,而在现代语境中,随着环境问题日益严重,"义"的含义被扩展为对环境的关心和对未来的责任。传统的"义"观念为现代社会提供了对环境的关心和保护的思想基础。

发展,意味着在"两创"过程中,基于传统词语的寓意,赋予其新的、具有时代特点的新意,并通过现代的表达手法,展现出其新的特色。

"和为贵"是中华文化中一个深入人心的理念,原始的含义指向的是和谐、和平与和睦,强调的是社会关系中的平衡与融洽。在传统社会中,这一观念多被应用于人与人之间的相处。但随着时代变迁和文化的交融,这一古老的哲学理念在现代社会中得到了更深刻、更广泛的解读。

一是国家与国家之间的和谐共处。在全球化的背景下,各国之间的关系日益紧密,各种资源、信息、技术的交流使得国家与国家之间的界限变得模糊。在这种情境下,"和为贵"的思想为国与国之间提供了一种相互尊重、公平交往的原则,鼓励各国放下历史恩怨,寻求共同利益,共同应对全球性挑战,如气候变化、疾病流行等。二是文化与文化之间的交流与合作。文化交流是现代社会的一个重要特征,不同的文化拥有各自的价值观、习惯和历史,可能存在冲突和误解。但"和为贵"的思想在这里扮演了桥梁的角色。鼓励各个文化在交流中寻求共通之处,尊重差异,避免冲突,从而达到真正的融合与合作,不仅有助于各个文化的传承与发展,也为人类文明的进步提供了可能。三是全球化背景下的文化交流指导。随着交通、通信技术的进步,世界变得更加紧密。各国、各文化的交流、合作和冲突都在加剧,在这样的大背景下,"和为贵"不仅仅是一种道德观念,更是一种对全球化进程的哲学思考和指导原则,鼓励各国、各文化放下成见,以开放的态度寻求合作,面对差异,追求共赢。

第四节 推动中华优秀传统文化"两创"的多元化限度

一、推动中华优秀传统文化"两创"的社会限度

社会是一个以共同物质生产为核心,以生产关系构建的社会关系网络为基础的复杂体系。这种体系中,所有文化的起源与演化均与物质生产基础上的社会经济条件和由此产生的整体社会环境紧密相连。因此,对于优秀传统文化的创新性转型与发展,其意义已不仅仅局限于某一分支学问,而是转化为了一项涉及深入的社会性议题,它应在更广泛的社会进程中进行探讨。社会的物质生产模式不仅塑造了社会、政治及精神生活的轨迹,而且决定了人们的社会地位和认知。这明确提出了一个观点:非人类的认知决定其存在,而是其社会地位塑造了其认知。此观点有力地驳斥了过于强调的"文化决定论"。尽管文化对社会进程产生反馈,但它仍受到经济、政治和社会其他要素的制约。为了在现代背景下对中华优秀传统文化进行创新和转型,我们必须从历史唯物主义的视角出发,结合当前时代的特色。随着中国特色社会主义步入新纪元,我们正站在国家新的历史交汇点上。因此,全面分析新时代社会环境的变革,并在这一新时代社会实践的基础上,有助于进一步推进中华优秀传统文化的创造性转化与创新性发展。

经济发展为各学科如政治、法律、哲学、宗教、文艺及艺术的进步提供了坚实基础。所有这些领域与经济结构在社会中构建了一个相互联系、相互影响的系统整体。首先,经济框架确实决定了文化的演进,而经济关系这一核心组成部分,为传统文化的创造性转变和革新设置了基本条件。随着新时代的到来,中国经济呈现持续的中高速增长,经济的效益与质量得到了显著提升,升格为全球第二大经济体,这对传统文化的进一步转型和升华设定了更为明确的标准。在这样的经济背景下,传

统文化需要在新时代经济框架中进行有创意的转变和创新,利用"经济杠杆"来适应新的经济情况。如果无法做到,传统文化的变革就可能成为"无根之水,无本之木",最终可能偏离正确方向。其次,在新时代,人们对精神和文化的需求不断增长,与文化发展的不平衡现象成为一个矛盾,这要求我们的传统文化采取现代的方法来满足现代人的精神文化需求,坚定地使文化为人民服务。再者,文化体制和机构的改革对传统文化的传承与继承产生了深远的影响。这种改革不仅为传统文化的现代转型提供了必要的保障,有助于完善其传承与创新机制,而且也在一定程度上规定了其发展路径。不过,一些过时的制度可能会阻碍传统文化的创新,成为其创新进程中的"桎梏"。经济关系是核心,伴随政治、社会等多重因素的复杂结合,共同构建了影响传统文化创新与转型的社会条件,从而确定或限定了其广度与深度。

二、推动中华优秀传统文化"两创"的历史限度

历史是主观与客观因素的交织产物,它是多个世代对"过去"进行反思和记录的结果。该过程呈现出历史的动态、活泼的一面,其中,"过去"与"现在"的沟通与相互作用使历史拥有了不朽的生命力。考察"中华优秀传统文化"的问题,需深入理解其在特定历史背景中的形成、变迁和成长。这种问题结构与其形成时的历史环境有着不可分割的联系。即使在今天,我们探讨这一问题时,也必须对这种深层次的历史背景给予充分的考量。

中华优秀传统文化,源于封建社会,并因其特有的理解和掌控世界的方法而与众不同。这种文化具备特定的制度框架、价值观和行为准则,这些都揭示了当时特定社会的文化思维和价值观。特点如:以自给自足为经济特色、皇权专制为政治核心、以嫡长子继承为社会组织中心,加上以儒家思想为核心的意识形态,共同塑造了传统文化的基本格局。需要指出的是,这种格局与社会主义社会下的文化格局存在明显的差异。这种文化差异性,反映了优秀传统文化在社会主义背景下创造性转型和创新性发展的历史挑战。

当中国特色社会主义步入新纪元,这一历史转折意味着我国在经济、政治、文化和社会等多个领域经历了前所未有的重大变革。这些变革标志着文化所依托的社会基础发生了历史性的变迁。历史从本质上

第二章 "两创"：创造性转化、创新性发展

看,是追求个人目标的群体活动。在封建社会背景下诞生的传统文化,尽管满足了封建社会的需求,但其中不乏与现代社会格格不入的元素,这些元素与我们当前欲推广和发扬的社会主义意识形态存在冲突。时代背景为思考提供了丰富的土壤,而实践则是思考的根基。在新时代,要将传统文化进行创造性的转化和创新性的发展,我们必须深刻理解这些历史和文化差异,并以现代中国社会的实际情况为出发点。结合建设社会主义文化大国的目标,我们应致力于满足人民日益增长的精神文化需求,改革传统文化的内容和形式,使其焕发出新的生命力,从而更有力地推进新时代中国特色社会主义文化建设。

三、推动中华优秀传统文化"两创"的价值限度

价值,即客体的存在、作用以及它们的变迁对于一定主体的需求、发展具有某种适合、接受或一致的影响。在中华优秀传统文化中,涵盖众多优秀元素,对当代社会发展产生着重要的积极价值,为中国特色社会主义事业提供着不可或缺的助力。然而,正如"利之所在,弊亦趋之"的哲理所示,传统文化中所蕴含的文化糟粕以及这些糟粕对现代社会所带来的负面影响,为传统文化的创新性转化与发展设置了明显的价值边界。

传统文化的价值限度在两个方面显现：首先,优秀传统文化自身的价值是有限的。我们不应该盲目地高估其价值,也不能无限度地扩展其应用范围。那种认为传统文化具有普遍的解决问题的能力的观念是错误的。相反,我们应该基于对传统文化价值有限性的充分认识,谨慎地运用它,发挥其积极作用。

其次,传统文化中负面价值所带来的消极影响依然根深蒂固。传统文化源远流长,其中的许多思想观念已经远远滞后于现代社会的发展,这些观念已经沦为文化的不良糟粕,成为优秀传统文化传承与发展的阻碍。举例而言,中国社会以人情社会为显著特点,办事情常常需要依赖关系,而这种行为似乎已经成为一种默契的潜规则,它在一定程度上助长了腐败的滋生,挑战了法律和规章制度的公平和尊严。此外,传统的男尊女卑观念至今仍然存在,特定地区依然存在着严重的性别不平等现象。孝道是中华民族的传统美德,但是过分强调这一美德可能导致毫无原则的"中国式愚孝",这往往是一些家庭不幸的根源,甚至导致了一

些可悲的事件。还有一些传统文化中的劣势遗产,如东莞"女德班"提倡的"打不还手,骂不还口,逆来顺受,绝不离婚"的观念,以及六安街头"埋儿奉母"的公益广告等,这些观念与文化发展的现代规律相悖,与新时代社会发展实践脱节,与中国特色社会主义伟大事业背道而驰,甚至可能削弱优秀传统文化的神圣性和权威性,不同程度地阻碍了传统文化的创新性演化和发展。

第三章 新时代推动中华优秀传统文化"两创"的目标指向、基本任务及环境要素

第一节 推动中华优秀传统文化"两创"的目标指向

一、实现中华优秀传统文化的现代转型

从中华文化历史的演进角度来审视,推动中华优秀传统文化的富有创造性的演绎和创新发展,旨在唤醒这一文化瑰宝的生机,确保其在当今时代中的传承与光大,同时实现其现代化转型。唯有通过实现中华优秀传统文化的现代化改革,方能使其在适应并融入现代社会并发挥其时代价值的同时,也才能为更高层面的价值追求铺平道路,具有深刻的意义。

中华优秀传统文化的现代转型是本时代对其进一步发展的要求。四十年的改革开放展示了中国特色社会主义的科学逻辑与持续活力,此种模式正在全球范围内逐渐受到认知,为多个国家提供了解决发展困境的新路径。中国在构建社会主义市场经济过程中获得的成功,为"中国模式"在国际舞台上的认知奠定了坚实基础。在没有经济崛起和经济大国地位的支撑下,这一模式是难以得到国际的广泛认同的。要知道,中国的经济增长并非脱胎于空白,而是深植于一定的社会文化背景之中。这样的经济增长不仅构成了当代中华文化的基石,而且是其引导与塑造下的产物。中华优秀传统文化应既为经济增长提供切实的土壤,同

时又为中国的经济理念提供理论支撑,助推其由物质繁荣向精神富强的跨越。此种跨越要求我们在文化层面对经济的发展模式、手段与效益进行系统的总结、价值的炼化以及精神的提炼,从而对社会的物质现状提出符合规律与价值的解读,赋予其历史的合理性及时代的超越性。为了达到民族的全面复兴,关键在于达成"文化的复苏"与"精神的崛起",而这二者的基石便是推进中华优秀传统文化的现代转型。

为确保中华优秀传统文化在现代背景下的有效转化,必须确保其在内容与形式两方面均能与时俱进。从内容维度探究,中华优秀传统文化在现代转型过程中,不仅应维系其原有的核心价值,更应结合现代社会背景,引入现代因素,使之充满新时代的文化深意,并满足新时代的文化建构之需。而在形式层面,传统文化的转型亦须摒除过时且不再适用的表达手法,借助现代技术手段与考虑当下受众的偏好,进行形式上的革新和创意展现,使得中华优秀传统文化能够以更为现代的方式传达。内容与形式的现代化转化可以视作中华优秀传统文化现代转型的双重纬度,且这两者相互纠缠、互补。内容的革新常常意味着形式的适应与更新,因为某些新的思想观念和文化价值可能需要借助全新的手段进行呈现。反之,形式上的有效变革也可能为内容上的创新带来广泛的可能性,多元化与创新的展现手法可以激发新的思想与价值观念。综上,应综合考量并推进中华优秀传统文化在内容与形式两方面的现代转化,确保其在现代社会中的持续与蓬勃发展。

为了实现中华优秀传统文化的创新性发展,其现代转型不仅是基本的追求,而且也是推动其创造性转化的核心目标。只有当这一传统文化完成其自身的现代化转型,并在此过程中提升其现实价值和扩大全球影响时,我们才能看到它真正超越并发挥其独特的作用与意义。

二、发挥中华优秀传统文化的现实价值

从中国特色社会主义的现代化建设过程出发,强化中华优秀传统文化在当代的影响力和吸引力,是为了使其成为现代中国社会发展的关键动力。目标在于促进中华优秀传统文化与现代文化的紧密结合,并使其与当代社会的需求高度契合,从而更有效地为社会服务。一个脱离实际需求的文化转型很难取得成功,忽视实际发展的需要则会导致其失去应有的价值。因此,中华优秀传统文化的创新性转化和发展,首先要确立

第三章 新时代推动中华优秀传统文化"两创"的目标指向、基本任务及环境要素

在当代实际情境之上。与此同时,推动现代社会进步与发展,恰恰是中华优秀传统文化创造性转化和创新性发展的核心目标。

中华优秀传统文化承载了深远的价值观念,在现代社会中具有不可忽视的实际意义。从文化的角度分析,中华优秀传统文化被认为是当代中国前沿文化发展的宝贵资本。首先,当考察该文化的文化价值时,会发现中华优秀传统文化为我国先进的文化建设提供了有力的支撑。与马克思主义进行对话和交流,不仅可以加速马克思主义在我国的土壤中的融合与演化,还能确保马克思主义继续在思想领域占据核心地位,使社会主义文化建设的航向始终明确。并且中华优秀传统文化的深度培植有助于进一步普及和深化社会主义核心价值观,这在提高整个社会的思想道德层面上具有深远意义。中华优秀传统文化不仅在思想意识形态层面具有卓越贡献,也是我国文化事业与文化产业发展的宝贵资源,这一文化的深厚内涵可以转化为经济价值和社会效益,进而有助于增强我国的文化软实力、提高民族的文化自信,并为构建现代化的文化大国提供有力支持。其次,从实践的层面来看,中华优秀传统文化在现代化建设特别是现代化大国目标的制定与推动中,起到了不可或缺的作用,实际上,现代化大国的战略目标和中华优秀传统文化是相辅相成的。该文化所承载的价值观念代表了中华民族及其后代的理想和追求,为国家发展战略的制定提供了重要的参考。在实践中,传统文化所包含的政策智慧和民族精神为治国和现代化建设提供了宝贵的借鉴。与此同时,随着中华文化的复兴,中华民族伟大复兴的目标也正逐渐变为现实。此外,从人文关怀的视角看,中华优秀传统文化也对提升公民素质、塑造新时代的人才具有至关重要的作用。中华优秀传统文化包含了丰富的人文智慧,为人们提供了处理人与人、人与社会,以及人与自然之间关系的指导原则。在复杂多变的现代社会环境下,这些古老的智慧为人们提供了心灵的避风港,帮助他们在生活中寻求平和、修炼内心、追求真正的自我,成为人们的重要心灵导师。

在推进中华优秀传统文化的创造性转化和创新性发展过程中,关键目标是挖掘其内在的现实价值。此价值的实现是为了使中华优秀传统文化更加契合现代社会需求。若忽略这一现实价值,中华优秀传统文化的持续发展将面临动力匮乏的风险。时代对中华优秀传统文化的呼唤,实际上是对其现实意义的追求,为中华优秀传统文化的发展转型提供了根本理由和方向。在这种背景下,必须持续研究和探索,确保这一文化

遗产能在现代社会中焕发新的活力。

三、提升中华优秀传统文化的世界影响

为提升中华优秀传统文化在世界的影响力,致力于其创造性转化与创新性进步是至关重要的目标,这种追求源于中华优秀传统文化本身所蕴含的深厚价值和其对社会的积极影响。并且考虑到整个民族和国家的长远发展,加强中华优秀传统文化的世界影响力不仅是民族复兴的必要条件,而且对于整体文明的发展也具有重要意义,能为世界文明带来中国的独特智慧和策略。

在近现代世界历史的演变中,资本主义长时间处于主导地位,其成因不仅是由于资本主义相较于封建主义能够产出更丰富的物质财富,还因其文化和思想在科学与进步性上均优于封建主义。资本主义文明的崛起,源于资本主义思想文化的萌芽,随后,随着这种思想文化的逐渐成熟和占据主流,它进入了辉煌的时代。因此,文化的复兴成为民族复兴的基石,要真正达到中华民族的伟大复兴,必须把中华文化的复兴作为前提。中华优秀传统文化的再兴在于其在国际上的广泛影响和认同度,也是衡量其复兴的关键指标。为此,应该大力推广和弘扬中华优秀传统文化,确保其在世界范围内的影响持续增强,而这正是促进中华优秀传统文化向更高层次、更广范围、更深入方向创新和发展的核心目标。

在宏观的视域中审视,中华优秀传统文化在其创造性转化与创新性发展中所体现出的深意,不仅在中华大地上具有深远的意涵,更在世界范围内呈现出其独特的价值。世界上各个文明之间在其本质上并不存在隔阂,每一种文化在展现其特定的民族与地域特色的同时,亦展现出了与世界文明的共通性,确保了各大文化之间能够相互交融、相互促进。基于此,世界的文明之光是在不同文化的交互与相互作用中持续进化与成长的。因此,将中华优秀传统文化推向国际舞台,提升其在全世界的影响力,不仅能为人类文明进程注入新的活力,也对推动世界文明的持续进步具有深远意义。再者,中华优秀传统文化作为一种独特的文明成果,其所蕴涵的先进理念和思想,为解决现今全球面临的种种难题,如环境恶化、能源紧缺等,提供了宝贵的启示。在这个时代,中国作为一个大国有责任有义务在全球舞台上展现其领导者的形象,提供富有中国特色的智慧和解决方案。为此,必须充分利用中华优秀传统文化的深厚底蕴,强化其在全球的影响,深入挖掘该文化中的智慧,来解决和应对全球性问题,从而确保中华优秀传统文化在全球文明中能最大程度地展现其价值,为人类文明的繁荣与进步做出重要贡献。

中华优秀传统文化在世界的影响不仅是创新性发展和创造性转化的重要指标,更是实现这两大目标的强有力动力。因此,当讨论如何确保中华优秀传统文化在现代社会中的持续发展时,必须全面考虑三个方面:现代化转型、实际价值的体现及其在全球的影响力。以现代转型为基石,希望中华优秀传统文化能与时俱进,不断融合现代元素,使其更具时代感,更加贴近现代人的生活,值得注意的是,转型不仅是形式上的,更应体现在文化内涵的深化和拓展上;以实际价值为中心,意味着中华优秀传统文化不应仅仅成为历史的研究对象,而应在现实中得到充分的应用和发展,要努力成为指引未来的灯塔;再者,增强其在全球的影响力不仅是中华优秀传统文化的目标,也是确保其持续繁荣的关键。为了保持中华优秀传统文化的正确发展方向,必须采取科学、高效的策略来推动其创新性发展和创造性转化,从而使其在全球范围内产生更大的影响。

第二节　推动中华优秀传统文化"两创"的基本任务

一、研究阐释提炼中华优秀传统文化思想精华

中华优秀传统文化的价值在于其深邃的思想内涵,为确保其在现代社会的持续发展、发挥其应有的现代价值,并扩大其在世界上的影响力,必须对中华优秀传统文化内在思想进行深入的挖掘和提炼,这不仅是其实现现代转型的基础,更是中华优秀传统文化创造性转化与创新性发展的首要任务。因此,对此类文化进行详细的研究、解析和思考,是提取其思想精髓的关键。

从内容层面深入探讨,中华优秀传统文化的结构主要可分为三大领域:核心思想体系、中华传统价值观及人文精神。其中,核心思想体系反映在历史进程中,如修齐治平、尊时守位、知常达变、开物成务、建功

立业等过程中,中华民族与中国人民所培育和形成的基本思想观念;而中华传统价值观则突显了深植于传统文化中的丰富道德观念与规范;最后,中华人文精神则代表了这一传统文化所积累的多元而宝贵的精神财富。这些思想体系、价值观念和人文精神,不仅在历史时期对中国的进步产生了深远的影响,而且在当今社会,仍然为中国的持续进步提供了有益的指导。这些内容的集合,体现了中华优秀传统文化的精髓,是中华民族得以继续繁荣发展的宝贵文明遗产,我们有责任珍惜、继续传承并广泛宣扬。在研究与解读中华优秀传统文化的思想内容时,需要明确处理"讲自己"与"自己讲"的关系。通过"讲自己",能更好地把握文化的根基,从而确保对其的继承;而通过"自己讲",则需要结合当今中国的社会发展现状,力求对其进行创新性的超越。此外,还需在研究中恰当地处理传统与现代、历史与当下以及多元文化间的关系,确保对中华优秀传统文化在当下社会背景中的位置有一个科学的认识。必须深入阐释其历史渊源、其独特的创造性贡献以及其深远的价值意义,从中提炼其真正的思想精华,为中华优秀传统文化的现代化转型奠定坚实基础。

二、宣传普及增进中华优秀传统文化科学认知

为确保中华优秀传统文化在现代社会中的稳固地位,及对其价值的充分认识,增强其在当代的宣传与教育是至关重要的。这不仅是对目前社会中,广大人群对该传统文化地位和价值认知不足的一种有力应策,同时符合中华优秀传统文化向现代化转型的根本需要。目前,多种复杂的现实因素导致人们对中华优秀传统文化的认知日渐淡薄。首先,现代生活方式对人们的思维模式、价值观及行为方式产生了显著的影响,导致许多现代思想观念受到青睐,而对中华优秀传统文化的了解和关心逐渐被边缘化。其次,随着现代传媒技术的飞速进步,网络文化异军突起。而中华优秀传统文化,由于与现代传播途径的脱节,导致其传播效率大大降低。最后,西方文化的持续渗透也构成了挑战。西方的价值观,如理性主义、个人主义和功利主义,与中华优秀传统文化的核心理念有所偏离,使得大众对中华优秀传统文化的尊重和认同逐渐下降。

鉴于此,需要重新评估和审视中华优秀传统文化的现代价值,并采取切实措施加强其宣传和教育。例如,可以将中华优秀传统文化融入学

第三章　新时代推动中华优秀传统文化"两创"的目标指向、基本任务及环境要素

校教育课程中,从小培养学生的文化认同感和兴趣,确保学生从基础教育阶段开始,对中华文化有基本的了解和尊重;结合现代传媒技术,如网络、电视、广播等,制作高质量的中华优秀传统文化宣传片、纪录片、动画等,让更多人通过现代化的方式接触到传统文化;定期举办各类文化交流活动、讲座、展览等,邀请专家、学者和文化工作者与公众面对面交流,分享中华文化的魅力和深度;加大对传统手工艺、艺术、音乐、舞蹈、戏剧等非物质文化遗产的保护和挖掘力度,使其能够得到有效传承;通过文化交流项目,将中华优秀传统文化推向国际,与其他国家的文化进行互动和交流,提升中华文化的国际影响力,等等。通过上述措施,我们可以有效地促进中华优秀传统文化在现代社会中的传播与认知,确保其得到应有的尊重与传承。

此外,为了确保中华优秀传统文化在现代社会中的完美适应和成功转型,人的主体性和主观能动性从中起到了至关重要的作用。因而,人们对于中华优秀传统文化的态度直接决定了这一转型能否成功。在此背景下,为了更好地在社会中推广和教育中华优秀传统文化,必须强化其宣传教育,并深化人们对其历史地位和时代价值的了解,不仅有助于人们更为客观地认识和评价中华优秀传统文化,更能培育大众形成一个科学、客观的态度。因此,应当重视对中华优秀传统文化的基本理念、深厚内涵、历史定位及其在现代的价值进行宣传。同时,还需主动推进中华优秀传统文化在教育、教学中的应用,并组织相关的实践体验活动,使中华优秀传统文化更加深入地融入人们的日常生活与生产中,从而更好地修正人们对其的误解,逐步树立起对它的信赖和尊重。

三、以中华优秀传统文化提供现代化建设精神支撑

中华优秀传统文化具有深厚的历史底蕴,同时又在当代仍然持续发挥其影响。为了进一步发掘其在现代的应用价值,必须着力将这种跨时代、跨国界、拥有永恒吸引力且对现代仍具有意义的文化思维加以提炼并广泛推广,并且中华优秀传统文化所蕴含的力量也有助于支撑社会主义的现代化进程。实际上,促进中华传统优秀文化与社会主义核心价值观的相互渗透和整合,不仅是解决其与现代社会实际存在差异的方法,更是确保其在现代化建设中发挥最大功效的关键策略。

然而,存在于中华传统优秀文化与当代社会之间的种种差异和不

适,仍是不可忽视的挑战。首先,从经济层面上考虑,传统文化是基于自然经济的体系,而当代中国已步入社会主义市场经济时代。其次,在政治结构上,中华传统优秀文化曾服务于封建统治,而如今中国已经确立了社会主义民主政治制度。再者,从文化性质上分析,传统中华文化是农业文明的体现,标志着封建社会的文化特点,与现今的社会主义文明相距甚远。基于这些深刻的差异,我们面临的核心挑战在于如何调和中华优秀传统文化与现代社会现实之间的矛盾,要求我们努力使中华优秀传统文化与现代思想文化产生共鸣,让中华优秀传统文化中的核心观念、主导思维和基础精神与现代社会的核心价值观念相互交融,不仅是为了解决文化冲突,更是为了使中华传统优秀文化成为塑造和培育社会主义核心价值观的关键要素,只有确保中华优秀传统文化与现代社会价值观在理念上的融合,才能确保中华优秀传统文化在未来的发展中发挥更大的作用。

在现代中国社会发展与新时代人才培育的背景下,社会主义核心价值观凸显了其基本需求与指向。中华优秀传统文化作为这些价值观的深沉背景,是其在当今时代继续弘扬与发展的关键基石。为了确保传统文化在现代社会中的持续生命力,必须将其与社会主义核心价值观紧密结合,赋予其当代的内涵与表达方式。要实现上述目标,首先需要对中华优秀传统文化进行深度挖掘,提炼其思想要义,并结合当下的文化背景给予其现代的解释与表述,不仅能够确保其在当代社会的价值观中占有一席之地,而且能够使其在现代思想文化体系中获得适应与融合。其次,为了使这种融合更为深入,需要鼓励现代思想文化体系和主流价值观主动吸收中华优秀传统文化的思想和精神,只有在中华优秀传统文化与社会主义核心价值观之间建立深厚的联系,并鼓励双方的互动与融合,才能确保传统文化在现代社会中的重要地位和影响力。当这种融合成为现实时,传统文化将不仅仅是历史的记忆,更将转化为推动当代社会发展,特别是在现代化建设中的宝贵资源和强大文化动力。

四、传播中华优秀传统文化为世界贡献中国智慧

中华优秀传统文化历经数千年的积累与沉淀,为世界文明史写下浓墨重彩的一笔。在当代,随着全球化的深入发展,中华优秀传统文化的传播已经成为连接中国与世界的重要纽带,同时为全球提供了独特的中

第三章 新时代推动中华优秀传统文化"两创"的目标指向、基本任务及环境要素

国智慧。

中华优秀传统文化所涵盖的内容之广泛,无论是哲学、历史、艺术还是文学,都是深厚的文化底蕴的体现。中华文化的哲学思想在数千年的发展中,已形成了深厚的底蕴和独特的视角。其中,儒家、道家和佛教的思想,不仅在中国历史和文化中占据重要地位,而且在全球范围内也产生了深远的影响。儒家思想注重人与人之间的关系和社会的和谐。其中的"仁、义、礼、智、信"五常是维系社会和谐、人际关系的重要理念。随着中国与外部世界的交往加深,儒家思想也逐渐传播至其他国家,特别是东亚国家如日本、韩国和越南等。在全球化进程中,儒家强调的人与人之间的和谐关系和社会责任感,与西方的人权和民主理念相互补充,为构建和谐的国际关系提供了中国式的解决方案,许多国家和地区在寻求社会发展和治理模式时,也开始借鉴儒家的相关理念。道家的核心观念是"道法自然",主张与自然和谐共生,强调天人合一。在当今面临环境危机的全球背景下,欧美等地的生态学者和环境保护人士,开始关注和研究道家的生态哲学,视其为应对全球环境问题的重要参考,推动了东西方在环境保护方面的合作与交流,促进了全球的绿色和可持续发展。佛教的"因果循环"等观念强调事物之间的相互联系和影响,为人们提供了深入理解世界的视角。随着佛教从印度传入中国,并在中华文化中与道家、儒家融合,它的思想也随着丝绸之路传播至中亚、东亚和东南亚。在当代,佛教哲学对于心灵的启示和修养,吸引了大量西方国家的追随者。佛教的冥想和禅修方式,为人们提供了应对现代生活压力的方法,并对西方的心理学和治疗方式产生了积极的影响。

中华文化不仅是思想和理念的体现,也是实践和生活方式的表达。例如,中医哲学的基石是"阴阳五行"与"气血精津",主张人体与自然环境之间的和谐相处,强调平衡与整体性。在西方,随着人们对医疗模式的多元化需求增加,中医哲学在世界范围内受到了越来越多的关注,人们开始认识到预防胜于治疗、天人合一的重要性,也使得中医哲学逐渐被接受,并在全球健康医疗领域中占据一席之地。中草药是中医的重要组成部分,与中医哲学相辅相成。近年来,随着全球对天然、有机和可持续性产品的需求增长,中草药在国际市场上的需求也随之增加,许多国家开始研究中草药的疗效,并将其纳入本国的医疗体系中。一些中草药的活性成分也被广泛用于现代药物的研发中,促进了医药科技的发展。作为一种兼具防御性与养生之用的古老武术,太极在世界范围内得

到了广泛传播,其流畅的动作、缓慢的节奏和深厚的哲学内涵,不仅被视为一种健身方式,还被认为是一种生活态度和哲学观念的体现,促进了人们对身体与心灵平衡的追求,并在全球范围内被推广为一种健康的生活方式。

另外,中华文化在艺术、音乐、舞蹈等方面也为世界贡献了独特的审美。诸如书法、绘画和陶艺,都在全球范围内被高度赞誉。书法被称为"中国的艺术之王"。在汉字的笔画中,每一个线条、点滴都蕴含着书写者的情感和意志。书法传统上的"气韵生动"不仅仅是技巧的展现,更是一种精神的流露。在世界各地,尤其是在日本、韩国和东南亚等地,中华书法受到高度的尊重和模仿,国际上的许多书法展览和交流活动都对中华书法表示赞赏,认为它是中国文化中最具代表性和吸引力的部分。中华传统绘画注重"意境",追求的是画面背后的情感和哲理,而不仅仅是表面的再现。山水、人物、花鸟等都是中华绘画的重要主题。中华绘画的独特技法和审美,在国际艺术界得到了广泛的认可,从敦煌壁画到宋元山水,这些作品在世界各大博物馆和艺术院校中都受到了热烈的追捧。自古以来,中华陶瓷技艺就已经达到了高度的成熟。从秦代的兵马俑到宋代的青瓷和景德镇的白瓷,中华陶艺在技术和艺术上都取得了卓越的成就,这些独特的瓷器不仅在古代丝绸之路上广泛传播,而且在现代也成为中国对外文化交流的重要载体。这些传统艺术形式在世界范围内的传播,为中华优秀传统文化的国际影响力提供了有力的支撑,被视为中国古代文明的精华,也是中国与世界进行文化交流的重要桥梁。同时,这些艺术形式也为全球提供了独特的审美体验,丰富了人类的文化遗产。

在历史文献和文学作品中,如《史记》《红楼梦》和《诗经》等,都是人类宝贵的文化遗产,这些文献和作品在描述历史和人物的同时,也为人们提供了对于人性、情感和社会的深入思考,更是在国际上产生了广泛的影响,为中国在文化传播方面做出了独特的贡献。《史记》作为司马迁的杰出历史巨作,自成书之日起就对后世历史研究有着深远的影响,它以其独特的史记体、翔实的史料和峻峭的文学风格,吸引了众多国际学者的注意。在欧洲,19世纪就有学者开始研究和翻译《史记》,为世界揭示了中国古代的历史发展、政治制度、社会风貌及人文思想,进一步加深了外界对中华历史的理解与尊重。《红楼梦》被誉为中国古典小说的巅峰之作,其在全球的影响力同样不可小觑。自19世纪以来,这部作品被多次翻译成各种文字,并在世界各地出版。通过对《红楼梦》的研究,国际读者得以窥见清代社会的风俗、人情以及深入的人性探索。同时,这部小说以其独特的叙事技巧和深沉的情感渲染,也对世界文学产生了一定的启示。《诗经》作为中华最早的诗歌集,集结了西周到春秋时期的诗篇。它的出现为世界文化史增添了宝贵的一页。自20世纪初,西方学者开始对《诗经》进行研究和翻译,这些古老的诗歌揭示了古代中国社会的风俗习惯、人们的情感生活及其与自然的关系。

传播中华优秀传统文化,不仅是向世界展示中华民族的辉煌历史和文化底蕴,更是为全球文明进步提供了中国的智慧和力量。在未来,随着中华文化在全球的影响力持续增强,相信它将为推动全球的和平、发展和繁荣作出更大的贡献。

第三节 推动中华优秀传统文化"两创"的环境要素

一、外部环境要素

将中华优秀传统文化"两创"工作作为一个系统,其中外部环境因素主要有经济、文化要素。

(一)经济环境要素

1. 经济要素在推动中华优秀传统文化"两创"中的地位与作用

在探索中华优秀传统文化的"两创"实践中,经济要素的地位与贡献不容忽视。基于历史唯物主义的视角,可以洞察到经济因子在人类社会发展中所扮演的重要角色,即经济基础往往是推动社会进步的主要动力。

从宏观层面看,经济的稳健增长为中华优秀传统文化的"两创"活动奠定了坚实的物质基础。事实上,文化的传播、繁荣与进化均与经济发展紧密关联。

从个体维度来看,当个体在满足基本生活需求后,人们逐渐追求更高层次的精神与文化满足。随着物质条件的提升,对于深化与创新中华优秀传统文化的动机,更多地源于对丰富精神生活的渴望。不可否认,无论是读书、绘画、书法还是教育与再教育,它们的实践和推广都受制于经济条件。

从社会维度来看,经济力量对文化传承与发扬具有深远的影响。与中华优秀传统文化相关的推广、活化,甚至是公共文化设施的建立和公共文化活动的组织,均需要经济的注入与驱动。第一,公共文化设施的建设。文化设施如博物馆、图书馆、剧院、文化中心等,需要大量的资金进行建设、维护和升级,这些设施不仅要满足基本的功能性需求,还要考虑到美观、舒适性和科技集成等现代要素,这都需要经济的强大支持。随着科技的发展,许多文化设施都开始整合先进的技术如虚拟现实、增强现实、数字化展览等,提高访客的体验。而这种技术的研发与应用,需要资金作为后盾。保存和展示的物品,如古籍、艺术品等,需要特定的环境和技术手段来保护,也需要经济投入。第二,公共文化活动的组织。公共文化活动如演出、展览、讲座等,都需要策划、宣传、场地、设备和人员等,并且培养文化人才、艺术家和策展人等需要教育培训、实践机会和交流活动,都离不开资金支持。第三,文化推广、活化和创新的经济支持。为了使中华优秀传统文化更符合现代审美和需求,经常需要与现代元素进行融合,如传统艺术与现代设计的结合。这种尝试和探索需要资金来驱动。

从国家维度来看,文化的理论研究、政策制定及其实施,都离不开足够的经济支持作为后盾。文化理论研究过程中,无论是从文献资料的收集、研究场地的建设、研究团队的组建与维持,还是到田野考察、国际交流以及学术会议,都需要经费作为保障。制定文化政策需要进行大量的前期调研,包括收集数据、进行社会调查、听取各方意见等,这些活动也需要经济支持。有了政策,还需要有效的实施。这可能涉及政策的宣传、教育培训、项目的启动与管理等。例如,一个关于传统文化保护的政策,可能需要资金去修复古迹、培训手艺人、推广文化等,不仅需要大量的资金,还需要经济结构的合理配置以确保资金的高效使用。

文化内涵在很大程度上受经济形态的影响,而经济形态的演变亦催生文化内容的适时调整。特定的社会文化常常对应该社会经济的发展水平。具体的生产与经营模式将诞生相对应的文化体系,例如农耕文化

第三章 新时代推动中华优秀传统文化"两创"的目标指向、基本任务及环境要素

与游牧文化。从这些文化名称中,可明显看到它们与相应的生产经营模式之间存在的紧密联系。在思想的过程中,人们的思维常受其所处生活环境的制约。在古代的中国背景下,农业是主导产业,土地被视为主要的财富来源,因为生产力水平相对初级,大部分人都需要依赖土地以满足基本的生活需求。农业生产的核心在于精细地耕种土地,以从中获取必要的生活资源,在这长时间持续的农耕模式下,逐渐孕育出了一系列的文化传统和核心价值观念,包括爱好和平、不断自强、尊敬老人、关爱幼小、勤劳与勇敢、具备吃苦耐劳的精神、努力奋斗、持家有道、鼓励邻里互助等。这一系列,在古代中国形成并与传统农业生产模式紧密关联的中华优秀传统文化,在当今的社会主义市场经济背景下,需要进行创新与适应的转型,以便更好地应对社会的快速变革,才能最大限度地展现出中华优秀传统文化在现代社会中的价值。

在探讨经济与文化的互动关系时,不得不提到中华优秀传统文化在现代经济发展中所发挥的作用。文化与经济的互动并非单方向的,而是双向影响。文化背景影响经济的走向,同时经济的变革也为文化的演进提供了土壤。从古至今,经济环境和政策都在某种程度上反映了当时的文化观念。中国古代的"重农抑商"观念,实际上是传统农业经济结构的一种体现,这种思想不仅是基于农业经济的现实,而且在意识形态上加强了农业经济的地位。此外,近代西方的重商主义与资本原始积累相呼应,这一思想与原始资本主义发展的需求相一致,并影响了当时一些国家的政策制定,为资本主义的扩张提供了思想支撑。以亚当·斯密为代表的古典政治经济学家们,随着《国富论》的诞生,为自由资本主义提供了理论基础。中华优秀传统文化不仅仅是历史的遗产,其精髓在现代依然为人们在社会实践中提供精神支撑。当我们探究文化对经济的影响时,可以从多个角度进行解读。一方面,文化为人们提供的科学、技术和文化知识,可以直接应用于生产过程中,从而促进生产力的增长;另一方面,文化中的某些核心观念,如社会的理想愿景、核心价值观等,对于人们的认知有着深远的影响,也为人们参与社会生产提供了动力。

2. 经济各要素在推动中华优秀传统文化"两创"中的分析

(1)经济基础

在中华优秀传统文化的创造性转化与创新性发展中,坚实的经济基

础为文化传承、文化交流和文化创新提供了必要的物质和技术条件。马克思认为社会的物质生活决定其精神生活,即经济基础决定上层建筑。经济基础指的是社会的生产力和与之相适应的生产关系组合,而上层建筑包括法律、政治、宗教、艺术、哲学、道德等社会意识形态。并且马克思视文化为意识形态的一部分。在某种程度上,文化是统治阶级用来为其统治提供合法性的工具,也是工人阶级为自己的利益斗争的武器,反映社会的经济矛盾和斗争。马克思主义提供了一个深刻而全面的视角,在中华优秀传统文化"两创"中应坚持以马克思主义为指导,更清晰地认识到经济基础与文化上层建筑的相互影响和互动关系,确保在发展经济的同时,优化和完善文化上层建筑,使之与经济基础相适应。

(2) 经济体制

在不同的经济制度背景下,人类生产与经营活动的模式、其相互之间的利益联系以及所形成的价值取向均有所差异。例如,在市场经济框架中与计划经济结构中,民众的思维方式和信仰是截然不同的。在市场经济的环境中,资源的配置主要受到市场的影响和决策。与计划经济相比,此制度下的人们更具有竞争意识。相应地,他们之间的利益联系更为复杂,价值取向也表现为多元化。在市场经济下,金钱对于人们的价值认知具有更为深远的影响,因此,部分人可能形成了"金钱至上"的信念。面对这种情况,起源于古代中国的优秀传统文化需要为了适应新的社会进程而进行调整,不仅要改进和革新,还要让中华优秀传统文化的精髓与当代社会进行深入的融合,与现今的价值观念相互辉映,从而实现对中华优秀传统文化的"创新与创造"。然而,在这一进程中,不能对现代社会中的所有思想和价值观念进行全盘采纳,需要进行细致的区分与鉴别,特别是对于如"金钱至上"的价值观,必须持批判态度,不能简单接受。

(3) 生产力

生产力,作为人类在与自然的互动实践中积累的征服及改造自然的能力,历来对文化的塑造和进步起到关键的推动作用。在人类努力改造自然界的历程中,文化得以创生,成为社会发展中的重要因素。与此同时,生产力的演进不仅影响了文化的流变,还促使人们对历史沉淀中的社会形态进行不断的自我检讨和重构。为了不致失掉文明的果实,不得不改变他们继承下来的一切社会形式。当生产力持续向前发展,部分传统的思想观念和价值取向,如果不能适应当代的社会需求和变迁,便可能会被淘汰。不过,值得强调的是,这种进步并不意味着全面否定传统文化。相反,生产力的进步为中华优秀传统文化的"两创"提供了充足的土壤和空间。

(4)经济发展水平

经济增长及其发展水平对文化的传承与创新产生了深远的影响,其表现可大致划分为三个核心领域。

首先,经济增长水平与文化发展之间存在一定的相关性。随着改革开放政策的深入推进,民众的经济状况逐渐改善,进而催生了丰富多样的精神文化需求。例如,多媒体技术如电视、电脑和互联网的迅速发展,不仅为大众提供了多种满足个体文化和精神需求的途径,更为传统文化的传播和学习打开了广阔的平台。特别是对中华优秀传统文化的宣扬和普及,网络等新媒体为其提供了独特的路径。然而,这种文化多样性也向传统文化提出了挑战,对其创造性转化与创新性发展提出了新的要求,如何在这样的环境下,使得中华优秀传统文化持续满足现代人的精神需求并保持其独特性,成为亟待解决的课题。

其次,其经济的演进与变迁在某种程度上塑造了文化发展的内容与方向。例如,1990年亚洲运动会上韦唯与刘欢所合唱的《亚洲雄风》彰显了随着经济发展带给人们的精神振奋与自信。而在2008年北京奥运会上,刘欢与英国歌手莎拉·布莱曼所演唱的《我和你》,其背后所隐含的,不仅是对国家的自信,还有由于时间、国家的整体实力和国际经济地位所带来的变革,使得中国人的心理以及精神状态也发生了相应的转变。相比之下,《我和你》更多地展现了一种和谐共生、与世界互动的态度,这也是一种更为成熟和高层次的文化自信。再如,《灯火里的中国》是2021年春晚中呈现的一首歌曲,充分反映了中国在经济快速发展的背景下,文化内涵的丰富与变迁。"都市的街巷 已灯影婆娑",这里的"灯影婆娑"不仅仅描述了都市的繁华景象,更在某种程度上反映了随着经济的快速发展,都市生活的多样性与繁荣。"远山的村落 火苗闪烁"描述了乡村的夜晚,虽然没有都市那样繁华,但同样有生活的热度,在经济发展的推动下,城乡差异逐渐得到缩小,乡村也逐步享受到现代化的成果,文化交流与融合更为频繁。"归港的船帆 从灯塔掠过"呈现了开放与合作的情景。随着中国经济的持续增长,国与国之间的交流与合作愈发密切,这不仅推动了经济的发展,也为文化交流带来了新的机遇。"灯火灿烂的中国梦,灯火荡漾着心中的歌"随着经济的持续增长,中国梦逐渐深入人心。经济的发展为人民提供了更好的生活,也使得人们更有信心追求自己的梦想,文化在这样的背景下,更加强调以人民为中心,为人民群众提供更为丰富的精神食粮。

再次,经济增长为传统文化的继承和进一步发展提供了必要的物质条件。对于文化的保护与传承,如文化经典的整理与保存,古迹遗址的修复与保护,都离不开充足的经济支持。与此同时,文化的创新与推进,如文化采风、艺术创作等,也同样需要物质基础。国家经济水平的稳步提升使得我们有了更多的资源投入于文化建设与发展。例如,增加对传统文化研究与创作的资金投入,更多地建设与传统文化相关的公共文化设施,推动公共文化活动的繁荣发展,都为人民群众的文化实践活动提供了更加优越的条件。

(二)文化环境要素

中华优秀传统文化在"两创"——传承与创新中的演变受其文化载体所处的社会环境的深厚影响,且各种社会文化背景下,对这种传统文化传播与再创造都存在着不同层次的塑形作用。

第一,国家所制定的文化策略会对传统文化的传承与创新产生直接影响。在历史的长河中,可以观察到文化政策的松紧对文化活动的积极性与否有着明确的指向。比如,当一个国家采取严格的文化政策,可能会抑制文化活动,导致创新受限。相对地,宽松的文化环境则有助于激发文化的生机与活力,促使人们更加活跃地参与到文化创新中。清朝时期是一个典型的例子,其对文化采取的控制性策略,如文化专制和文字狱,对于人们的文化创新活动造成了一定的限制。

第二,国家对于文化,尤其是传统文化在历史与现代社会演变中的认识与态度,无疑也对文化的发扬与进化产生着深远的影响。历史与实践都证明,当一个国家认识到文化特别是传统文化在社会发展中的重要性并给予其应有的地位时,公众才可能更加珍视文化的角色,从而更投身于文化的承续与变革之中。例如,新中国初期,在社会主义文化建设的进程中,曾出现对传统文化地位的忽视。但从 20 世纪 80 年代开始,尤其是在十八大以后,习近平总书记对中华优秀传统文化的价值与地位进行了深入的探讨和重申,无疑对于国人对待传统文化的态度产生了积极的推动,也为中华优秀传统文化的"两创"开辟了新的空间。

第三，我国社会大众的文化渴求同样对文化的传递与创造产生了积极的驱动效果。公众不仅是文化的创造者，同时是文化的受益者。在当下社会主义文化建构中，其核心使命就是满足人民对于丰富、高质量文化的需求。因此，大众的文化需求不仅决定了文化传承与创新的方向，还深刻地影响其内容与形态。

二、内部环境要素

（一）文化系统内部各要素相互影响

在文化发展过程中，文化系统内部各要素之间相互影响，其中主要表现为不同文化内容之间的相互影响和不同层次文化之间的相互影响。

1. 不同文化内容之间相互影响

在文化的发展过程中，不同文化内容之间相互影响。关注这些文化内容之间的关系，有助于推动实现中华优秀传统文化"两创"工作。

（1）法律与道德

在研究人类社会的行为规范时，法律与道德是两大核心纬度，两者虽有所区分，但它们间的相互作用和相互促进关系令人不得不深入思考。法律在其行为调整机制上主要采用"抑恶扬善"的原则，其意在于通过制裁非法行为，赋予社会成员一种警醒，借此来规定和引导公众行为。而道德其主旨更多地聚焦于"扬善抑恶"，强调通过表彰道德上的良好行为，来促进人们内心自觉地符合道德标准。对比之下，道德的调整领域相对于法律来说更为广泛。当社会成员真正理解并实践道德时，不仅能够推进国家法治的进步，而且还能为社会和谐播下种子。在当前的中国社会背景中，中华传统美德仍然占据着无可替代的地位，将这些古老的传统美德与现代社会的需求相结合，并且在整个过程中实现中华优秀传统文化的现代转型与发展，无疑是提高全民思想道德水平、促进社会风尚建设的关键路径。法制的建设与中华传统美德之间存在一个复杂但又密不可分的关系。随着法制建设的逐步完善，人们对法律的认知和遵守意识也随之加强，法治环境呈现出稳定性和持续性的特点。值得注意的是,法律在中华优秀传统文化创造性转化和创新性发展方面扮演了至关重要的角色,当法律与传统文化有机结合时,将为中华文化的发扬光大和现代化进程提供坚强后盾。

(2)价值观

文化体系内部呈现出复杂的层次与结构,而价值观正是潜藏于这些层次与结构中的关键要素。从广义的角度看,文化体现出的各种形态、风貌或表现形式,无不与价值观息息相关。首先,价值观不仅蕴含于文化的多种表现形式中,更体现在其深层的逻辑结构中。无论是绘画、舞蹈、小说还是散文,当我们深入研读或欣赏时,都能感受到作者试图传达的价值观。例如,一幅画作可能揭示了画家对于自然和人性的独特看法;一部小说可能反映出作者对社会现象的独到见解。这些都是价值观在文化作品中的体现。其次,物质文化遗产作为一种更加具体和直观的文化层次,呈现了古代文化的风貌,以及隐藏在其中的价值观念。更为重要的是,价值观对于中华优秀传统文化创造性转化与创新性发展的推动作用不容忽视。在创作文化作品时,作者往往会将自身所崇尚或认同的价值观纳入其创作中,使之成为作品的灵魂。以《史记》为例,司马迁在此著作中融入了他所认可和提倡的价值观,从而使得这部作品成为千古流传的经典。而社会主义核心价值观,作为中国特色社会主义文化的深层构建,代表了中华民族在新时代的核心理念。中华优秀传统文化的"两创"活动,应当在保持与社会主义核心价值观的培育相一致,以确保文化的持续繁荣。

在我国庞大的文化体系中,各个构成要素之间的相互作用和互动,为深入探究中华优秀传统文化"两创"工作提供了理论框架。在推进中华优秀传统文化"两创"活动时,必须确保各相关领域之间的和谐协同,才能确保文化中不同构成元素之间的正向影响得以最大化。例如,在传承并提升中华传统美德的"两创"过程中,与道德建设相关的各领域间的协调至关重要,可以通过适当的调整与之相关的法律和社会制度等手段,来助力推动中华传统美德"两创"的落地与实践。与此同时,我们必须清晰地意识到推动中华优秀传统文化"两创"不是简单的工作,而是一个深度、系统性的项目。其中一个明显的体现在于,中华优秀传统文化"两创"的焦点并非仅仅集中于传统文化的某一个细分领域,而是涉及中华优秀传统文化的全方位内容,意味着不仅需要对传统文化有着深入的了解和研究,还要注重从整体出发,继承和弘扬中华优秀传统文化的精华,同时积极推进其在现代社会中的转型与发展。

2. 不同层次文化之间相互影响

我国多种多样的文化构成了一个复杂的结构体系,其中各层面的文化内容都紧密相连,互为因果、相辅相成。这一系统中物态文化、制度文化和观念文化作为其代表性层次,它们之间的互动与连接在一定程度上塑造了文化的演变轨迹,并对传统文化的继承与创新产生了深远的影响。针对这样的结构体系,中华优秀传统文化的创造性转化与创新性发展,不仅需要针对每一个文化层次进行深入挖掘与创新,还要对各个层次间的互动与影响进行研究,正是由于文化层次间的深度交融,才使得文化得以持续、稳健地发展。

（1）物态文化

物态文化不仅是精神文化的具体展现和映射,更在某种程度上对整体文化走向产生影响。从维护和革新中华优秀传统文化的视角深入探究,可以发现物态文化的演变不仅体现了社会历史的进程,而且揭示了文化体系内部的微妙变动。例如,服饰文化就是其中的一个典型分支。在近代历史中,由于西方列强的干涉和介入,西方的文化元素开始涌入中国,这对中华优秀传统文化构成了一定的冲击。在这样的背景下,传统文化开始不知不觉地逐步融合和改变,最明显的变化莫过于服饰。最明显的迹象便是民众纷纷选择"穿洋装"。"洋装"在近代中华的广泛流行,不仅是服饰领域变迁的关键标志,同时对于西方文化对本土文化所产生的深远影响以及人们思维方式的转变,提供了有力证明。再以清朝为例,其入关之初为加固其治理,推行了"剃发"和"易服"的政策。然而,在清朝末期,人们将"剪发"和"易服"作为对抗清廷的手段。这一事例进一步验证,物态文化的转变确实在某种程度上是对更高层次的文化内涵的反映和呈现。因此,当致力于中华优秀传统文化的"两创"活动时,应重视物态文化这一特殊载体。基于其特性能够对传统文化进行更为丰富和深入的解读,进而推动其内容和表达方式的创新与进步。同时,通过观察物态文化的发展与演变,也能为评估"两创"中华优秀传统文化的实际成效提供关键参照。

（2）制度文化

在文化系统构架中,制度文化占据了至关重要的位置,其变迁不仅是整体文化进程的关键部分,更在一定程度上推动或制约了其他文化领域的进展。当谈及制度文化的形成,不得不提及其与占据统治地位的社会意识形态之间的深度关联。以汉武帝为例,在传统时期,其颁布的推恩令成功终结了分封制的历史影响,进而稳固了中央集权和君主专制的地位,与此同时,儒家思想在相似的时代背景下被奠定为中国封建社会的主导思潮。进入近代,随着西方资产阶级的民主观念渗透至华夏大地,尽管这一新观念对传统思想文化构成了冲击和挑战,但中华传统思想仍然对人民产生深远的影响。在此背景下,政治制度也呈现出新旧制度的竞合格局。在实现中华优秀传统文化的"两创"过程中,探索制度文化与中华优秀传统文化的交融与冲撞,以及如何理解和应对传统制度文化的持续影响,成为一个值得深入研究和探讨的议题。

(3)观念文化

文化观念深刻影响着人的行为取向,特别是在推动中华优秀传统文化"两创"活动时,其对人们的文化活动产生直接的决策性影响。在历史和现代社会的演变过程中,传统文化的角色和意义受到了人们的不同评价。当社会大众对其持肯定态度时,他们会更为热衷于保护、传承和发展这一宝贵的文化遗产。相反,若社会对传统文化的角色和价值持有质疑或否定的看法,那么这些文化传统将可能被边缘化,甚至被遗弃。因此,为了有效地促进中华优秀传统文化的"两创"活动,关键在于引导社会公众建立一个正确认识与评价传统文化的视角。作为文化体系中的深层结构,文化观念的影响力远远超越了表层文化的现象,更能深入人心、影响行为。为了更好地实践中华优秀传统文化的"两创",需要深度解读和挖掘文化观念的内涵,尤其是那些在不同文化层次中所蕴藏的优秀的精神和文化基因,并在实践中不断地通过各种文化活动、传统仪式和日常生活中的各种形式进行传承和发展,确保它们在现代社会中仍然具有活力和生命力。

2. 中华优秀传统文化"两创"不同环节之间的影响

在深化中华优秀传统文化的"两创"工作中,不仅文化体系内的多元内容及其各级层面之间具有相互影响性,同时,"两创"各个执行环节之间也存在着互动和影响。要实现这一目标,一要明确的是以提高文化主体的文化修养作为核心前提,二是以文化的创造与创新为关键点,三

第三章 新时代推动中华优秀传统文化"两创"的目标指向、基本任务及环境要素

是全程实践为其坚实的基石。

（1）文化主体文化素养的提高是前提

在中华文明的延续与发展中，文化主体对传统文化的知识掌握、对传统文化的深刻洞察以及其创新创造的意识和实践能力具有决定性影响。对于中华优秀传统文化的继承和"两创"的发展，文化主体对传统文化的知识认识构成其核心基石；一个科学与正确认知的传统文化观念为其提供了逻辑前提；而创新和创造的意识与实践则是实现这一过程的关键动力。以近代为例，对待传统文化的态度和行为，折射出社会对传统与现代、本土与外来之间关系的认知和处置。鸦片战争后的外部干涉与西方文化的涌入，为中华优秀传统文化带来了前所未有的挑战。在这样的文化危机之下，晚清时期的许多有思想远见的人士，如郭嵩焘、李鸿章、张之洞和曾纪泽这些政治家，以及严复、康有为这些思想家，深感这是中华文明面临三千年、五千年乃至亘古以来最为严峻的"大变局"。面对如此剧烈的文化与社会变革，晚清的政治与思想领袖们提出了一系列应对策略。其中"中体西用"的理念，由郭嵩焘等人提出，最早则可以追溯到冯桂芬的《校邠庐抗议》。他主张："以中国之伦常名教为原本，辅以诸国富强之术。"[1] 在此指导思想的鼓舞下，19世纪60年代起，洋务派作为地主阶级的代表，开始致力于近代工业的发展、新型海陆军的建设和新式人才的培养，旨在维护清朝的稳定统治。

在近现代历程中，中华文明面临着西方思想的冲击。当中国试图探寻现代化的路径并历经诸多探索之后，有部分人士开始归咎于中华优秀传统文化，认为其是近代发展与革命的绊脚石。特别是在新文化运动期间，一批知识分子秉承"民主"与"科学"的理念，发起了针对以儒家思想为主导的传统文化的批判。他们的立场与言论，不可避免地改变了大众对中华优秀传统文化的看法。要知道任何文化的传承与生存，都需要得到广大社会群众的认可和继承。若主流社会的知识阶层转而质疑或反对某种文化传统，那么该文化在民众心中的地位势必受到削弱。但值得注意的是，尽管有上述批判之声，也有一批知识分子，如梁漱溟先生，持相反的观点，坚定地支持并倡导中华优秀传统文化，他们不仅认识到儒家思想在中华文化中的核心地位，而且强调应结合中西文化，对儒学

---

[1] 冯桂芬.校邠庐抗议[M].上海：上海书店出版社，2002：1-3.

进行现代化解读与发展[①]。为此,他们撰写了众多的学术著作,例如梁漱溟的《乡村建设理论》和贺麟的《儒家思想的新开展》。梁先生还实践其理念,在山东的邹平、菏泽等地开展乡村建设项目,试图将中华优秀传统文化与西方现代科技相结合,以此带动乡村甚至国家的复兴。从历史中,可以看到人们对于中华优秀传统文化的态度和观点,对文化的传承与发展都有着深远的影响。人们的文化观念及其对传统文化的认知水平,不仅决定了他们的行为取向,也关乎文化的创新能力和持续性。确实,每个文化主体的传统文化知识水平,至关重要地影响了其对待文化的态度,以及其在文化创新和创造中所展现出的能力。

(2)文化创造与创新是关键

为了落实中华优秀传统文化的"两创"指导思想,关键是在对传统文化的继承基础上,推动其向新文化的转变与拓展。文化创造与创新不仅是推动中华优秀传统文化"两创"任务的中心思想,更在其中占有至关重要的地位。文化创新过程中,文化主体的素养程度往往会直接影响到创新的质量与深度。更进一步地说,文化创新同样起到了为人民群众在文化实践中提供理论框架的作用。

(3)文化实践是基础

深入实践中华优秀传统文化的"两创"理念,既是理论性的探索,也必须着重于实际的执行,需要不同的文化主体来积极参与、在实践中不断地探寻最佳路径、寻找可能存在的问题并寻求相应的解决方案,从而确保中华优秀传统文化"两创"目标得以成功实现。显然,由于各种文化主体在"两创"实践中所扮演的角色与所肩负的职责各异,因此具体实践形式也会存在所差异。此外,针对不同层次的传统文化,其创新与创造的方式也将呈现多样性。尽管这些实践活动在形式上各异,但其最终目的却是高度统一的。为此,需要高度重视各种实践活动之间的协调与合作,确保避免工作的交叉与重复,以确保资源的最优化利用。

---

① 梁漱溟.乡村建设理论[M].北京:中华书局,2018:121.

第三章　新时代推动中华优秀传统文化"两创"的目标指向、基本任务及环境要素

三、各要素的有机统一

（一）坚持党的领导和群众文化实践活动的有机统一

在中国特色社会主义文化建设中，中华优秀传统文化的"两创"活动占有重要地位，是中国特色社会主义建设的核心内容、驱动力与保障机制。为保证这一建设方向的科学性和连续性，必须坚定地维护中国共产党的指导地位，将马克思主义作为理论引领，只有在中国共产党的坚强领导下，文化建设才能始终坚持社会主义方向，从而确保中华优秀传统文化的"两创"活动与中国特色社会主义建设的战略需求和标准保持一致。中国共产党领导中国人民成功建立了中华人民共和国，确立社会主义制度的基础，并建构了人民民主专政的政治体制，为广大人民确保了参与国家治理的权利，为社会创设了一个有利于文化发展、创新和创意的宽松环境。正是这种环境，进一步推进了中华优秀传统文化"两创"活动的深入推进与实践。此外，维护党的领导核心地位，不仅能够确保文化建设始终紧密围绕人民的核心价值观，还能确保中华优秀传统文化的"两创"活动能够实实在在满足广大群众的文化期待与需求。

（二）坚持理论创新与文化实践的有机统一

中华优秀传统文化之"两创"涵盖了对此文化的弘扬与深化，意在将其与现代社会进展有机地融合。根据现代社会发展的需求，从中华优秀传统文化中提炼仍具参考价值但尚未完全符合当代社会需求的元素，再对其进行适应性的转化、创新和深化，以确保其在中国特色社会主义建设中的关键地位和积极作用得到彰显。在"两创"的实施过程中，群众的文化实践活动构成了其中的核心和基石。但是，当这些文化实践缺乏明确的理论引导时，往往呈现出一定的自发性和盲目性。因此，融入科学理论的导引是至关重要的，它可以协助我们应对群众在"两创"活动中可能出现的自发和盲目行为，进一步强化他们在实践中的自觉性。当然，实践是理论的来源，群众的文化实践活动是推动文化理论创新与拓展的根基。因此，从事文化理论研究的学者和工作者应深入"两创"

中,总结其中的经验与教训,从而推进中华优秀传统文化"两创"理论的不断演化,并利用已经形成的文化理论来更好地指引正在进行的群众文化实践活动,确保其方向的正确性和效果的优越性。

总体来说,中华优秀传统文化的"两创"不仅是对传统文化的传承与创新,更是一个需要群众参与、理论指导与实践结合的复杂过程。为此,应当重视理论与实践的互动,确保"两创"能够在中国特色社会主义的大背景下,为现代社会进程注入更多的活力与智慧。

(三)坚持政治、经济与文化的有机统一

马克思主义深度探讨了政治、经济与文化三者之间的深入联系,明确指出在追求中华优秀传统文化"两创"的过程中,三者的关系应呈有机统一。社会生产方式的演进和社会经济的向前发展为中华优秀传统文化"两创"奠定了坚实的物质基石。与此同时,国家对文化的政策方向以及领导层对传统文化的高度重视,为其"两创"营造了有利的政治与文化氛围。此外,促进中华优秀传统文化"两创"不仅为社会经济的跃进提供了精神支撑和理念保障,更对社会稳定起到了积极的推动作用。

(四)坚持古今文化、中西文化的有机统一

在对"两创"中华优秀传统文化的实践研究中,应将注意力集中在对传统文化的继承与发扬,并同时对当代优质文化成果进行整合。这一过程既基于本土文化,又广泛吸纳全球文化的精华。一国的文化不仅体现了该国的历史与传统,更与全球文化息息相关,既为历史传承,也为未来所启示。在推动中华优秀传统文化的"两创"中,我们需要结合当前时代背景,充分吸纳国外和各地区的文化精华,而后以中华优秀传统文化为基础,创新与完善。

(五)坚持文化系统各要素之间的有机统一

无论从文化的深层内涵还是广泛的外延来看,文化涵盖了众多内容,如思想理念、价值观、社会习俗、道德规范以及文艺创作等。在这一

第三章 新时代推动中华优秀传统文化"两创"的目标指向、基本任务及环境要素

庞大的文化系统中,各要素之间存在着复杂的相互关联与影响。例如,个体和集体的思想观念和价值观在很大程度上塑造了社会行为,进一步推动社会道德的构建。反之,社会的道德观和风俗传统也会回馈影响个人和群体的思想和价值取向。正因如此,为了实现中华优秀传统文化的"两创",我们必须关注并处理好文化系统内各要素之间的有机联系与互动。

第四章　新时代推动中华优秀传统文化创造性转化的践行路径

第一节　坚持正确的文化发展理念

一、坚持马克思主义指导思想

中华优秀传统文化历经数千年,累积了丰富的哲学思想、艺术成果和民族智慧。在新时代面临的多重挑战与变革中,如何保持这一文化的核心价值,同时推进其创造性转化,是摆在每一位热爱中华文化的人面前的课题。马克思主义作为解释世界、改造世界的科学理论,为此提供了独特的分析视角和指导思路。

(一)马克思主义的历史唯物主义与中华优秀传统文化的创造性转化

马克思主义的历史唯物主义为中华优秀传统文化的创造性转化提供了理论框架与分析工具。只有深入了解文化与经济基础、生产关系之间的内在联系,才能真正实现文化的创造性转化,使之既承继古人的智慧,又满足现代社会的发展需求。

历史唯物主义作为马克思主义的基本组成部分,深刻揭示了社会发展的动力和方向,主张社会的存在和发展是基于其经济基础及相应的生产关系的,上层建筑(包括法律、政治、思想和文化)建立在这个经济基

第四章　新时代推动中华优秀传统文化创造性转化的践行路径

础之上,并在一定程度上反映这个基础。中华优秀传统文化形成于特定的社会经济背景之下,蕴含了古代中国的经济、政治和社会观念。每一个王朝、每一个时期的文化特色,都与其当时的生产关系和生产方式有着密切的联系。例如,封建时期的礼教、诗歌与书法,都在某种程度上反映了那一时期封建制度的特征和价值取向。理解中华优秀传统文化的本质,需要从其背后的经济基础入手。例如,宋代的商业兴起导致了文人墨客对"隐逸山林"的向往,这种向往并非空中楼阁,而是与当时的社会经济变革密切相关。中华优秀传统文化的某些观念可能源于特定的生产关系,例如封建制度下的忠诚与孝道。在新的社会背景下,这些观念需要进行创造性的转化,使其更符合现代社会的价值取向。在特定的历史阶段,上层建筑对经济基础有一定的反作用,这种反作用在文化领域尤为明显,如明清之交的学术争鸣,反映了当时社会的变革与不稳定。新时代的中国面临着全球化的挑战与机遇,这也为中华优秀传统文化的创造性转化提供了新的动力。历史唯物主义启示人们,文化的创造性转化应当与时代的发展相适应,与当代的经济、社会结构相一致。例如,现代社会强调的民主、自由与平等,与古代的某些道教思想、儒家思想中的某些观念不谋而合。这些古老的思想可以在新的背景下得到创新与发展。

(二)马克思主义关于意识与存在的论述在文化转化中的意义

1. 意识形态的制约与文化的创新

马克思在其著作中明确提出:"生产方式及随之生产的物质生活决定了社会、政治与精神生活的过程。"[1]这样的观点为文化研究提供了一个基础性的方向。每一种文化都是在一定的物质生产基础之上,由特定的社会群体共同创造的,中华优秀传统文化的各种表现形式——无论是哲学、艺术,或是日常习俗——都是古代中国社会物质生活和生产方式的反映。

在当下社会,存在的基础已经发生了巨大的变革,但传统文化中所

---

[1] 卡尔·马克思.马克思工资劳动与资本[M].朱应祺,朱应会译.北京:中央编译出版社,2022:13.

蕴藏的哲学智慧、伦理观念和审美取向仍与现代社会存在有深度的交融。这就要求在文化转化中,不仅要对传统文化进行深入的挖掘与研究,更要在新的社会存在背景下,对其进行创新性的解读与应用。

2. 存在的基础性与文化的反应性

中华优秀传统文化在每个历史时期都受到了当时的统治阶级和意识形态的深刻影响。而马克思主义强调统治阶级的意识形态往往成为社会的主导意识形态,在这种背景下,部分文化元素可能受到压抑或曲解,其真实的价值和意义未能完全显现。在现代社会,文化转化的任务之一就是对传统文化进行"解码",揭示其背后的深层意义,进而推动文化的创新。马克思主义关于意识与存在的论述,为这一过程提供了理论指引,帮助人们识别那些受到历史时期意识形态制约的文化元素,从而促进文化的真实、全面的创新。

3. 从反映到应用:文化的转化路径

传统文化的每一个元素都是社会存在的"反映",但在新的历史条件下,这些文化元素需要经过重新的"筛选"和"转化",从而真正成为现代社会的"应用",但这一过程并不是简单的摒弃与保留,而是在深入理解的基础上,进行有创造性的重构。

通过马克思主义的视角,可以看到文化不仅仅是社会存在的被动反映,更是人们主动创造、应用和传承的载体。在中华优秀传统文化的转化过程中,既要尊重传统文化的原始性,也要勇于与时俱进,使之更符合现代社会的发展需求。

(三)文化的阶级性与中华优秀传统文化的多元性

文化作为社会存在的重要部分,不仅承载着历史记忆、民族传统和集体意识,还在不同的历史时期、社会结构和经济背景下,呈现出阶级性的特征。中华优秀传统文化作为一个多元且历经数千年的文化体系,其内部涵盖了从皇室到平民、从汉族到少数民族的多种文化元素。因此,对这两者之间关系的理解,将有助于深入探讨中华优秀传统文化的传承与创新。

1. 文化的阶级性：权力与表达的关系

从马克思主义的角度出发，每一个社会的文化，尤其是主流文化，都是在特定的历史条件和经济基础上形成的，并与统治阶级的利益和观念紧密相关。在特定的历史时期，统治阶级通过文化工具，如教育、艺术、宗教等，传递和强化其统治意识形态，确保社会秩序和阶级地位的稳固。中国历史上的各个王朝，都有其特定的文化特色和价值观，这些文化特色和价值观往往与当时的统治者和统治阶级的利益和观念相一致。例如，汉武帝时期的儒家思想的升华，明确强调了君臣、父子、夫妻的三纲五常，为中央集权的政治制度提供了道德和思想基础。

2. 中华优秀传统文化的多元性：融合与交流

除了阶级性，中华优秀传统文化的丰富性和多元性也不能被忽视。无论是地理、民族还是社会结构，中国都展现出极高的多样性。这种多样性在文化上得到了反映：从北方的诗歌、曲艺到南方的戏剧、绘画，从汉族的文学、艺术到少数民族的歌舞、习俗，中华文化都展现出了丰富的多元特色。更值得注意的是，这种多元性并不是孤立或并行发展的，而是在长达数千年的历史进程中，经历了融合、交流和创新。无论是汉族与少数民族之间的文化交流，还是王朝交替时期的文化继承与创新，都为中华文化的丰富性和连续性提供了有力证据。

二、坚持民族精神与时代精神相结合

为了确保中华优秀传统文化在新时代语境中得以创新性发展，我们不仅需要坚定地以马克思主义作为指导思想，还应该深刻体认民族精神与时代精神之间相辅相成的关系。尽管这两种精神各自具有特定的焦点，但它们都是促使中华优秀传统文化向创新方向推进的重要因素。民族精神与时代精神并非彼此孤立，实际上，民族精神奠定了时代精神的深刻根基，而时代精神也反映了民族精神在现代社会的重要价值。为了确保中华优秀传统文化在已有的传统上取得更进一步的突破，必须实现这两大精神的有机统一。我们可以观察到,近年来的主流电影中,这种结合的特点已经被深入地展现出来。

《战狼2》是继《战狼》后的续作,是由吴京自导自演的动作军事电影,此影片在中国上映后,迅速取得了巨大的票房成功,并获得了观众与评论家的普遍赞誉。电影故事的开端,吴京饰演的主人公冷锋被解除军职,并被安排到战狼突击队的南海分队。在南海,冷锋意外卷入一起钻井平台的纠纷,成功化解了一场危机。但故事的主线并非局限于南海。随后,电影转移到了非洲,当地的战乱导致了大量的中国公民和其他国家的人员被困。为了救援这些被困的人员,冷锋与他的战狼突击队深入战乱之中,与恐怖组织进行了一系列的激烈战斗。在这过程中,冷锋与战狼队伍展现了高超的战术配合和英勇的战斗精神。影片的高潮部分集中在非洲,当地民众、中国工人,以及其他被困人员在战狼队的保护下,成功逃离战乱。电影以战狼队的胜利和冷锋与队员们的情感纽带为高潮,给观众留下了深刻的印象。整部影片贯穿着一种浓厚的爱国情怀。无论是主角冷锋的个人情结还是战争中的每一次交锋,都呈现了中华儿女保护同胞、维护国家尊严的决心。尤其在非洲救援我国同胞的情节中,更是突显了中国人在海外遭遇危机时,同胞之间相互支持、守望相助的民族团结情感。电影不仅呈现了传统的民族精神,还展现了当代中国的自信与实力。例如,在全球救援行动中,中国军队的先进装备和专业的作战能力都体现了国家的现代化和崛起。这与现实中的"一带一路"倡议和中国在全球事务中越发活跃的角色相呼应,展现了现代中国在国际舞台上的责任与担当。冷锋这一角色不仅仅是一名英雄,他更是当代中国青年的代表。他坚韧、敢于担当,具备了现代年轻人的开放思维和全球视野,同时又不忘初心,秉持对祖国的热爱。电影通过一个个生动的情节,向世界展示了新时代下中国的力量与决心。不论是与恐怖分子的斗争,还是在非洲进行的救援行动,都展现了中国作为一个负责任的大国的形象。电影《战狼2》成功地将民族精神与时代精神相结合,为观众呈现了一幅新时代下中国的崭新画卷。

再如,电影《我和我的祖国》是一部为庆祝中华人民共和国成立70周年而制作的影片,它通过七个不同的故事,反映了自1949年以来中国发生的七个历史性时刻,从而体现了中国人民与祖国之间不解的情缘。这部电影成功地展现了民族精神与时代精神相结合的几个关键方面。第一,民族团结与坚韧。如片中的"香港回归"章节,展现了中国政

第四章　新时代推动中华优秀传统文化创造性转化的践行路径

府及港澳同胞对于祖国统一的坚定决心与期盼,凸显了中华民族不屈不挠的民族性格和对于守护国土完整的决心。第二,改革与发展。例如,在"中国航天"章节中,描述了我国的航天员成功执行任务的过程,展现了新时代下中国追求科技创新、勇攀科技高峰的决心和取得的一系列成就。第三,爱国情怀与个人牺牲。在"1970年北京"这一章节中,讲述了外交官员在为祖国的荣誉而努力工作的过程,充分展示了个人为了国家的利益与荣誉所作出的努力与奉献。第四,时代变迁与情感联结。片中多次出现的民众日常生活片段,展现了普通人与国家之间的深厚情感,如无论国家经历何种风雨,民众始终与之同呼吸、共命运。第五,文化传承与时代创新。电影融入了众多传统文化元素,如歌曲、艺术形式等,但又与现代元素相结合,如现代化的影像技术、当代的叙事方式等,展现了中华优秀传统文化与现代创新精神的有机结合。通过这些情节与画面,电影《我和我的祖国》深刻地体现了在不同时代背景下,中华民族的坚韧、勇敢、团结和创新精神,以及普通人与国家之间深厚的情感纽带,成功地展示了民族精神与时代精神的完美融合。

还有一个极为典型的中国电影《流浪地球2》,电影《流浪地球2》是一部继承了前作精髓的科幻冒险电影,讲述了地球将在不久的将来被太阳吞噬,人类必须合作使用推进器将地球带出太阳系,并在途中面对各种危险的故事。这部电影的魅力在于它成功将民族精神与时代精神相结合,呈现出了一部具有深刻内涵的科幻巨制。首先,电影中的故事情节和人物形象深入地展示了民族精神和时代精神。例如,面对危机时,主人公刘培强毫不犹豫地选择牺牲自己,这一情节展示了他具有强烈的民族精神,为了大局考虑,敢于牺牲个人利益。同时,他的决定也反映了时代精神,表达了人类不屈不挠、勇往直前的决心。其次,电影中的角色塑造和情感表达也呈现了民族精神和时代精神的内涵。例如,刘培强的妻子韩朵朵在面对绝望时,始终坚定地支持丈夫,这一情节突显了他们之间的深情厚谊,表达了民族精神中家庭观念的重要性。最后,电影中的画面场景和特效表现也营造出了未来感和科技感,增强了影片的视听效果。例如,地球升入太空的场景以及宇宙空间的视觉效果都让观众感叹科技的魅力,这种未来感也展示了人类对于科技发展的坚定信念。《流浪地球2》通过角色性格、情节设置、台词等展现了民族精神与时代精神的结合。例如,主人公刘培强在面对危机时表现出的勇敢与坚定,正是民族精神中"舍小我为大我"的体现;同时,他的行动也反映出人类在面对挑战时不屈不挠的时代精神。电影中的其他角色也通过各自的行动和对话展示了同样的精神内涵。总的来说，《流浪地球2》通过具有深度和广度的故事情节、角色塑造、情感表达、画面场景和特效表现等，成功地将民族精神与时代精神相结合，呈现出一部具有深刻内涵的科幻冒险电影。这部电影不仅带给观众视觉上的享受，更向观众展示了一种不屈不挠、勇往直前的时代精神面貌。

三、实现内容与形式相融合

中华优秀传统文化的发展在于内容与形式的有机整合，只有精准地融汇两者，才能最大化地展现中华优秀传统文化的深度影响。若仅聚焦于内容而忽视形式，将可能导致传统文化在感染力上的不足，难以触动公众的情感；反之，若过分强调形式而轻视内容，那么囊括于传统文化之中的思考、情感以及审美观点将被埋没。因此，中华优秀传统文化的推进不仅要深入探究那些仍具有现代意义的内容，还需以适当的方式呈现。在文艺领域，创作活动往往是思想与方法、内容与形式相互交织的创新实践。只有遵循这一路径，中华优秀传统文化才能在当前时代背景下获得再生。

为了确保内容与形式的和谐统一，一个始终不变的准则是与时代同步发展，将独特的文化元素与创新的展现方式结合，为其注入新的活力。例如，以文化为主题的纪录片，就是一种传统文化在形式上进行创新的明显体现。纪录片《我在故宫修文物》是近年来中国大陆地区备受关注的一部作品，它以其独特的拍摄视角，对故宫的文物修复工作进行了真实、细致的记录。在推动中华优秀传统文化的创造性转化过程中，该纪录片成功地实现了内容与形式的完美融合。《我在故宫修文物》不仅展示了故宫博物院内文物修复的具体流程，更通过对修复师傅的访谈和日常记录，传递了这群人对待文物的敬畏之心和对传统工艺的热爱。通过这种深入浅出的方式，观众可以直观地感受到中华优秀传统文化的魅力。不同于传统的纪录片形式，该片采用了近距离的记录和生活化的叙述方式，使观众仿佛身临其境，与修复师傅共同经历每一个修复过程，拉近了他们与文物之间的距离。纪录片中通过修复师傅与文物之间的互动，展现了人与历史、人与文化之间的深厚情感，不仅传递了对传统文化的敬重和热爱，也增强了观众对文物的保护意识。再如，《琵琶行》原为唐代诗人白居易的杰出之作,描述了一位琵琶女在月夜下吟唱的情景,体现了深沉的情感与唐代都市的人文风情,该作品以其独特的诗意和深厚的情感获得了历代文人的赞誉。在现代,随着互联网与新媒体的发展,古风音乐在年轻一代中逐渐受到关注。音乐人发掘并选取了《琵琶行》这一经典文献,通过巧妙的改编与重新编曲,赋予其现代的旋律与节奏,尤其是加入了现代乐器与传统琵琶的合奏,让这一古老的诗篇得到了全新的呈现方式。白居易笔下的《琵琶行》原本就具有深厚的文化底蕴和音乐感,而经过古风音乐人的改编,不仅保留了原诗的情感与韵味,还将其与现代音乐元素完美结合,实现了内容与形式的和谐融合,这样的改编为《琵琶行》带来了新的生命力,使其在互联网上迅速走红,获得了大量的点击和分享,成为古风音乐领域的一大亮点。由上述例子可知,中华优秀传统文化并非是落后于时代的文化,将其内容与恰当的形式相融合,便能碰撞出不一样的火花。

第二节　多重教育引导的有机结合

文化作为民族的血脉和魂魄,其传承与发展的任务主要落在历代青年身上。教育是培育和塑造新一代传承者的关键手段。多重教育引导的有机结合在中华优秀传统文化的持续发展中发挥着不可或缺的作用,具体而言,年轻一代需从自身立足,深化自己的文化内涵;同时,家庭、学校与社会各个方面,也应形成合力,引导更多的青年走近、认识并热爱中华优秀传统文化,使他们在其浸润中愿意并自觉地承接文化传承的使命。

一、注重学校教育

(一)基础教育中的文化融入

基础教育阶段是人生学习的起始点,对于文化认知和价值观的培养具有决定性作用。在这一关键时期,对中华优秀传统文化的引入和融入能够为青年打下坚实的文化基础,并激发其对这一文化的浓厚兴趣和情感。在基础教育课程中,古典文献的选读、古代历史的探讨和传统艺术的体验都是不可缺少的部分,通过对经典诗词、历史故事和传统艺术形式的学习,学生可以更为直观地感受到中华优秀传统文化的独特魅力。例如,通过解读《诗经》中的篇章,学生不仅可以了解古代社会的风土人情,更能体会到先人们的情感与哲思。与此同时,文化教育不仅仅是知识的传授,更多的是情感和价值观的塑造。因此,教学方法也应当与时俱进,既要注重知识的系统性与完整性,也要加强实践性和体验性,可以组织学生参与制作古代生活用品、学习传统手工艺或参与古文献的研究与讨论,帮助学生通过理论了解传统文化,通过实践活动深入体验。除了常规的课堂教学,学校还应当组织各类与中华优秀传统文化相关的文化活动,可以定期举办传统节日的庆祝活动、传统艺术的展示或是古典文献的朗读比赛,提高学生对传统文化的兴趣,为学生提供一个展示自己才华的平台。

(二)高等教育中的专业深化

随着知识体系的日益复杂,高等教育阶段对中华优秀传统文化的研究和探讨更为深入和系统,大学不仅是学术研究的场所,更是文化传承与创新的重要前沿。面对传统文化与现代文化、本土文化与国际文化的复杂交织,高等教育机构必须在课程设置、教学方法、学术研究、跨学科交流等多个层面,实现专业深化,从而为中华优秀传统文化的创造性转化和创新性发展提供坚实的学术支撑。

1. 课程设置的创新与深化

在高等教育中,课程是传达知识、塑造学生思维方式的主要载体,与传统文化相关的课程应更加细分,比如将传统音乐、绘画、书法、诗词等独立设置,而不是简单归于"中国传统文化"一课中。同时,每一门课程都要注重从历史背景、形式变化、现代应用等多个维度进行深入探讨,以确保学生能够全面、系统地掌握相关知识。

第四章　新时代推动中华优秀传统文化创造性转化的践行路径

2. 教学方法的实践与反思

纵观教学历史,单一的教学方法往往难以适应学科的发展和学生的多元需求。因此,对中华优秀传统文化的教学,应该尝试融合传统与现代、理论与实践等多种教学方法。例如,可以结合数字技术对古籍、艺术品进行虚拟展览,增强学生的沉浸式体验;也可以利用现场实践,组织学生参与到传统技艺的保护和复兴项目中。

3. 学术研究的广度与深度

高等教育的一个显著特点是其对学术研究的高度重视。对于中华优秀传统文化,除了对其本身进行研究,还需要关注其与其他文化、学科的交互与融合,要求学者不仅要在专业领域深耕,还要拓宽学术视野,与其他领域的学者开展合作,实现跨学科的研究创新。

4. 跨学科交流的推动与深化

传统文化作为一个综合性的学科领域,与哲学、社会学、心理学、艺术等多个学科都有着密切的关系。高等教育机构应鼓励学生和教师参与到跨学科的学术交流中,比如组织专题研讨会、交流项目等,这样不仅可以拓宽学术视野,还有助于发现新的研究方向和方法。

二、注重个人教育

为确保青年对中华优秀传统文化的深入了解,首要策略是着重强化个人教育引导,只有当青年深入关心自己的文化修炼和积淀,才能深刻地领悟到文化自信的真正意义,并在此基础上,有意识地探索和理解中华优秀的传统文化价值。

(一)关注自身文化修养,增强对中华优秀传统文化的认知与了解

在如今这个信息泛滥的环境中,许多青年在其成长历程中会不可避

免地受到多种文化的冲击,这可能导致他们在对待这个多样化世界时,对中华优秀传统文化的认识显得不那么深刻和清晰。具体体现在以下几个方面:一部分青年在面对其他新兴文化时,对中华优秀传统文化缺乏坚定的文化自信,错误地视之为陈旧的文化遗产;另一些青年在接触中华优秀传统文化时,往往停留在表层,对其背后的深厚哲学和思想并未进行深入探索或反思;还有的青年过于强调文化的实用性,误认为中华优秀传统文化无法带来直接的实际效益,从而忽视了中华优秀传统文化无形中对日常生活产生的巨大影响力和渗透力。因此,在此背景下,当代青年自身的文化修为成为关键所在,他们需要更加深入地关心和提升自己在文化方面的修养。为了达到这个目的,广大青年应该通过各种途径来全面了解中华优秀传统文化的广泛的内容和永恒的思想,学会从坚定的文化视角来客观地评价中华优秀传统文化的历史地位,从而增强对这种文化的认同感。要确保青年能够增强自己辨别是非的能力,并自觉地抵抗不良文化和思想的侵蚀,在中华优秀传统文化的深厚熏陶下,提高自己的综合素养,且能自觉地将自己塑造成中华优秀传统文化的传承人。

(二)线上线下多种方式了解中华优秀传统文化

首先,积极参与中华优秀传统文化相关活动。在当今时代,文化自信正逐渐成为社会的核心价值观之一,中华优秀传统文化相关的活动也日益丰富和多元化。广大青年应当借此机会,深入参与到这些与传统文化息息相关的活动中,这样他们不仅能从中获得独特的人生感悟,更能深入探究该文化所具有的独特魅力。其次,现代科技尤其是互联网,为青年提供了一个便捷的途径来接触和学习中华优秀传统文化。多种与之相关的节目和纪录片如《中国诗词大会》《如果国宝会说话》和《上新了故宫》等,均采用创新的表现手法,为广大观众展现了中华优秀传统文化的独特魅力,同时打破了一些刻板的传统文化观念,极大地缩短了文化与大众之间的距离。其中,以《中国诗词大会》为例,该节目是一档由中央电视台制作播出的文化竞赛节目,旨在普及、传播、发扬中国古代诗词文化。节目自播出以来便受到了广大观众的热烈欢迎,尤其在青年群体中产生了广泛而深远的影响。节目采用了竞赛的形式,参赛者需在各种题目中展示自己对古代诗词的认识和了解,这种竞技化、游戏

第四章　新时代推动中华优秀传统文化创造性转化的践行路径

化的形式,为青年观众提供了一个轻松而富有趣味的观赏体验,从而吸引他们深入了解和学习诗词。该节目不仅仅设置了知识问答赛环节,还引入了多种互动环节。例如,观众可以通过官方 App 或社交媒体参与到节目中,对自己喜欢的参赛者投票或解答问题,线上互动方式极大地拉近了节目与青年观众之间的距离。节目在娱乐的同时,也注重教育。每期节目都会邀请到学者、专家对诗词进行深入解读和分析,帮助观众更为深入地理解诗词背后的文化和历史背景。节目还利用微博、微信、抖音等社交平台,发布与诗词相关的内容,如背景知识、趣味解读、参赛者的相关消息等,使得青年观众可以随时随地了解和学习诗词文化。最后,主动接触与中华优秀传统文化相关的文艺作品。在当代社会,为确保广大青年深入理解和体验中华优秀传统文化,必须采取多种方式进行传播和教育。一方面,鼓励青年深入研读有关经典文献和书籍,从古籍中,青年可以直观地洞察传统文化所代表的核心价值观,帮助青年跨越时空,与古人的智慧进行对话,从而获得对传统文化的深层次认知。另一方面,鼓励青年对古代书法和绘画艺术进行鉴赏,这些艺术作品,如同静默的"诗篇",在静默中传递着深邃的哲思与情感。书法之笔,流露出书者的气韵与情怀;绘画之中,则展现了古代艺术家对自然和人文的深沉观照,通过对这些艺术形式的欣赏,青年能够更为直观地感知到传统文化的细腻与深邃。综上所述,结合文献研读和艺术鉴赏的方式,不仅可以帮助青年系统地认识中华优秀传统文化,同时能确保他们从多角度、多层面进行客观的了解,为当代青年铺设通向中华优秀传统文化深处的桥梁。

三、注重社会教育

在当前的时代背景下,要想深入推动中华优秀传统文化的创新性发展,除了家庭、学校和个人教育外,社会教育也是不可或缺的环节。在个体层面,社会教育能够鼓励广大青年积极探索中华优秀传统文化的深厚底蕴;而在社会层面,对于建构一个学习型的社会结构和创设有利于传统文化学习的环境都有着深远的影响,进一步强化了人们对文化的认同和对文化的信心。为深化社会教育的影响,需要在宏观和微观两个层次上努力,确保二者在推广传统文化时能够相辅相成。

宏观层面,重视舆论指导性。社会教育的本质在于通过多种社会化手段进行,而文化资源的多样性和生活模式的差异将塑造出不同的群体。宏观层面的社会教育涵盖了国家和社会的意识形态、核心价值观以及政治、经济、法律、文化和生活方式等领域,这些都构成了对青少年持续发展的支持性影响。[①] 每个人都在不断地受到这种教育模式的熏陶和引导。因此,从这一角度看,社会教育必须保持其引导性,确保传达利于中华优秀传统文化发展的信息,并控制舆论导向,最大限度地发挥其潜移默化的效应。在这个信息量巨大的时代,必须重视和加大对传播中华优秀传统文化的新闻报道的推广力度,并高度评价那些推广中华优秀传统文化的典范,以塑造正面的舆论环境。

微观层面,营造文化氛围。由于我国城乡与东西部的经济水平存在不均衡,各地区的教育资源和设施分布也表现出明显的异质性,这种资源上的不均等性进一步加剧了不同地区的个体所处的文化背景和环境的差异性。因此,在社会教育的微观层面,为推进中华优秀传统文化的蓬勃发展,创设和加强文化氛围显得尤为重要。博物馆、纪念馆、天文馆和图书馆等社会教育实体,为广大市民构建了独特的文化沉浸式体验。博物馆通过精心策划的展览和多媒体互动技术,使参观者能够深入体验到古代和现代的艺术、历史和科学,通过真实的文物、艺术品和考古发掘,市民得以直观了解和感受到人类历史上的重大事件和文化变迁,并且许多现代博物馆还采用增强现实、虚拟现实等技术,为观众带来更为真实和直观的体验。纪念馆主要集中于某一事件、人物或时期,其设计和内容通常更加具体和深入。纪念馆通过大量的图片、文档和实物展示,让人们重新审视历史,深入理解某一时期或某一事件的背景、进程和意义,音频和视频资料则带领参观者回到那个特定的时刻,感受那时的氛围和情境。天文馆作为普及天文知识的重要场所,常常配备有高端的天文仪器,如行星仪、望远镜等。多媒体投影技术和数字化天文展示让市民能够在室内观赏到浩瀚的宇宙、星系、星座等,仿佛真的走进了外太空,亲身体验那无边无际的星空。图书馆则通过馆藏资源的积累和推广,为市民提供了一个知识的宝库。不仅如此,许多图书馆还提供讲座、工作坊、研讨会等活动,使读者能够与作者、学者直接交流,深化对某一领域或主题的理解。

在这样的环境中,参观者常常会有深入体验的感觉,这种深度的体

---

① 佘双好.青少年社会教育的本质与内涵[J].中国青年研究,2007(12):4-10.

验对于建设和强化对传统文化学习的氛围具有关键的促进作用。鉴于此,市民应积极地利用这些教育资源,以进一步增强对中华优秀传统文化的认知和文化自信心。为了更好地利用这些资源,教育载体需要进行持续的优化,转化其服务和展示的理念,确保馆内展示的文化资源能以更为吸引人的、大众喜欢的方式进行呈现。同时,市民也应当积极参与,自发地吸收和体验这些文化载体所提供的中华优秀传统文化的丰富内涵。

四、注重家庭教育

在中华优秀传统文化创新性进展的背景下,个体的文化涵养和对个人教育的重视无疑是至关重要的。但是,除此之外,家庭教育也必须得到适当的关注。家庭教育在个体发展中占据着无法被取代的地位,其影响深远,伴随着人们从婴儿到老年的整个生命历程。对于绝大部分人来说,家庭教育留下的印记深刻且持久,从而凸显出其不可忽视的重要性。

营造良好家风,传达正确教育理念。在家庭教育领域,家风被视为一种难以触及、难以明确的概念,家风其本质上具有稳定性与传承性,决定了一个人从道德培育到文化修养的多方面成长,这种修养尤其在涉及中华优秀传统文化时,变得更加重要。家风不仅为个体提供了文化修养与道德观念的基石,同时为中华优秀传统文化的传承提供了基本的载体。为了弘扬中华优秀传统文化并使其在家庭教育中得以广泛传播,家长们应当重新审视和构建家庭氛围,正确的教育理念应该是家庭教育的核心,中华优秀传统文化应当被以一种潜移默化的方式植入到孩子的日常生活中,使其转变为孩子受益终身的宝贵资源。当前,在许多家庭教育中,存在一个普遍问题:过度强调学业成绩,而忽视了文化修养的重要性。这种长期偏见导致了"唯成绩论"的流行,进一步削弱了家庭教育对文化传承的价值。再者,许多家长和孩子之间缺乏有效沟通,导致家长对孩子的兴趣和需求一无所知,这在某种程度上阻碍了家庭教育的潜在价值。在如何对待中华优秀传统文化这一议题上,家长的观念和态度直接影响孩子的态度和认知。因此,为了更好地传承中华优秀传统文化,确保孩子们在健康的心理环境中成长,家长们应加强与孩子之间的沟通,高度重视家庭教育在文化传承中的作用。通过形成积极的代际互动,不断强化正确的教育理念,确保家风的健康发展,进而为下一代提供一个更加丰富、充实的成长环境。例如,李先生和李太太都是受过高等教育的城市知识分子,他们非常重视孩子的教育,尤其是中华优秀传统文化的传承。为了让孩子深入了解并喜爱传统文化,他们创设了一个家庭传统:每月的最后一个星期六晚上,全家人会聚在一起,开展"家庭传统文艺晚会"。这个晚会不仅仅是讲述古代故事或演唱古曲,更重要的是让每位家庭成员都参与其中,共同创作、共同学习。例如,大儿子负责从古代历史或文言文中挑选一个故事,用现代话讲述给家人听;小儿子则从中选取一段经典诗歌,与父母一起演唱;李太太则会为家人准备一道与该故事或诗歌有关的传统美食,让家人品味。李先生强调这不仅是为了让孩子了解文化,更重要的是让孩子理解这背后所蕴藏的教育理念:尊重传统、保持学习、家庭合作与共享。每次晚会结束后,家庭成员都会围坐一起,分享各自从这个故事或诗歌中得到的启示,这成为他们加深家庭关系、传承家风的重要环节。随着时间的推移,这个"家庭传统文艺晚会"也吸引了邻里之间的注意。很多家长表示,李家的做法非常有创意,不仅让孩子真正喜欢上了中华优秀传统文化,还为家长提供了一个与孩子深入交流的机会,帮助他们更好地传达正确的教育理念。这个案例显示了,通过创设和参与具有文化价值的家庭活动,家长不仅可以传承优良家风,还可以在日常生活中随时传达正确的教育理念。

创新家风文化,做好示范作用。孩童自呱呱坠地起,其行为举止便开始深受家长之影响,这是因为家长作为孩子的初学向导,其所表现的言行往往会影响孩子。因此,家长在日常生活中必须持之以恒地为孩子做出榜样,用身边的琐事来传达对中华优秀传统文化的尊重和理解。合格的家长,除了需要提高自己的文化修养,如深入研读经典文献、关注与之相关的节目外,更要持续熏陶自身的情操。这一过程不仅涉及对传统文化的个人理解和感悟,还要求家长能够把这些理念融入日常的家风建设中。随着时代的发展,家风文化也应当不断地创新和适应,这样才能确保其在家庭教育中持续地起到积极的教化作用。需要明白的是,家风之所以能够代代相传,并形成家族特有的思维模式与教育方式,这都离不开一代又一代家长的共同努力。家风文化的持续创新与家长的不懈努力,互为因果、相得益彰。只有当这两方面都被充分重视并付诸实践,孩子才产生对中华优秀传统文化产生的浓厚兴趣,进而积极主动地投入学习当中。此外,这样的家庭教育方式,还可以助力孩子提升文化

第四章 新时代推动中华优秀传统文化创造性转化的践行路径

自觉和文化自信,这不仅仅是对传统文化的了解,更是对自身文化境界的提升与对家族、民族文化的深度认同。家长的责任重大,每一位家长都应在日常生活中"重言传身教",关注并参与孩子的成长,引导其走向正确的道路。只有这样,中华优秀传统文化才能够得到真正的传承,才能在新时代中焕发出新的活力,得到更为广泛的传播和认同。

五、注重家庭、学校与社会的协同教育

在教育的大棋盘上,家庭、学校和社会扮演着独特而又密不可分的角色。而这三者之间的协同机制在培养全面发展的下一代中,起到了至关重要的作用,构建家庭、学校与社会协同机制就是为了确保各方的资源、策略和目标能够高效、有序地融合。

(一)开放沟通渠道:桥梁与纽带

在教育领域,沟通的重要性不言而喻。沟通,特别是在家庭、学校和社会这三个教育主体之间,更是如同桥梁与纽带,将分散的资源、理念与策略有机地连接在一起。沟通的第一个作用是深化对教育的共同理解,家庭对孩子的需求和特性有深入的了解,而学校有专业的教育方法和理念,通过沟通,家庭可以更好地理解学校的教育目标和方法,同时学校可以获取到家庭对孩子的独特见解,当双方都理解并认同教育的目标和路径时,教育活动将更具协同效应。开放的沟通渠道还可以促进资源与机会的共享,例如,社会机构、非政府组织或企业可能会提供实习、实践等机会,通过沟通学校可以得知这些信息,并为学生提供适合的推荐,从而使学生得到更丰富的社会实践经验。另外,沟通是建立互信的基石,当家庭、学校和社会都在一个开放的沟通环境中时,各方都会感受到被重视和被尊重,从而建立起互信,这不仅有助于解决教育中的问题和矛盾,还可以为更深入的合作打下坚实的基础。值得注意的是,每个孩子都是独特的,其在家庭、学校和社会中的体验和需求都是不同的,通过沟通家庭可以及时向学校反馈孩子在家中的表现和需求,而学校也可以与家庭分享孩子在学校的情况,从而使双方可以针对孩子的特性调整教育策略和方法。

(二)共同制定教育策略:共识与行动

1. 确定共同目标

共同制定教育策略的第一步是明确共同的教育目标,家庭、学校和社会需要基于当下的社会背景、文化环境和经济结构,明确孩子应该具备哪些核心素养、技能和价值观。例如,当今社会可能更重视创新、批判性思维、团队合作等能力,这些能力不仅是学校教育的目标,也是家庭和社会普遍期望的素养。

2. 整合资源与优势

在确定了共同的目标之后,家庭、学校和社会需要整合各自的资源和优势,为孩子创造最佳的学习环境。学校可以提供专业的教育资源和教育方法,家庭则可以为孩子提供一个温馨的学习氛围,而社会可以为孩子提供丰富的实践机会和学习资源。这种整合不仅仅是资源的叠加,更多的是资源的互补。例如,学校可以与社区合作,组织社区服务活动,帮助孩子将在学校学到的知识运用到实际中,培养其社会责任感和团队合作能力。

3. 共同参与制定和执行

共同制定教育策略并不意味着一次性确定所有的细节和方法,而是一个持续的、动态的过程。家庭、学校和社会需要定期进行交流和讨论,共同参与教育策略的制定和执行,家庭可以为学校提供反馈,告诉学校孩子在家中的学习情况和需求,学校则可以根据这些反馈调整教育方法,社会也可以为学校提供反馈,告诉学校哪些知识和技能在社会中更受欢迎,学校则可以根据这些反馈调整教学内容。

4. 持续调整与完善

教育不是一成不变的,随着社会的发展和变化,教育目标和方法也需要持续调整和完善。家庭、学校和社会需要建立一个灵活的机制,确保教育策略始终与时俱进,特别是随着科技的发展,新的学习工具和方法不断出现,学校需要及时引入这些新的工具和方法,家庭则需要提供支持,而社会可以为学校和家庭提供培训和指导。

(三)反馈系统的建立:评估与调整

1. 教育评估的多维性

评估并非单一的过程,应涵盖学习者的知识、技能、态度及其在社会环境中的表现。为此,家庭、学校与社会应采取多种方式收集相关数据,如成绩、作品、日常表现、社交互动、团队合作能力等。学校应不断对其教学方法、课程内容和教育环境进行评估,从而确保其与家庭教育和社会期待保持一致。家庭通过日常互动与观察可以为学校提供孩子的学习风格、兴趣和潜在问题的反馈。

2. 反馈的及时性与连续性

为了最大化反馈的价值,必须保证其及时性和连续性。不仅在教育过程的特定时期(如学期结束或年度评估)收集反馈,还应在日常活动中进行收集。例如,教师可以通过定期与家长交流来获取孩子在家中的学习和行为表现的相关信息,这有助于及时发现和解决问题。

3. 从评估到调整

收集反馈和评估数据的主要目的是更好地调整教育策略,具体主要涉及调整课程内容、采用新的教学方法或提供额外的支持和资源。家庭在这一过程中也有其不可替代的作用,通过与学校的沟通,家长可以根据孩子的需求和学校的建议调整家庭教育策略。

4. 社会参与的重要性

在整个评估和调整过程中,社会的参与是不可忽视的。社会提供了宝贵的实践机会,可以帮助学校和家庭了解孩子在真实环境中的表现和需求。此外,社会也可以为学校和家庭提供有关教育策略和方法的反馈,这有助于保证教育的实用性和现实性。

第三节　充分激活文化发展生命力

一、不忘本来

对中华优秀传统文化的继承不仅是对其本身的尊重,更是对其深邃的内涵的珍视,中华优秀传统文化所蕴含的深厚精华,亟待人们深入挖掘并赋予新的时代意义。"不忘本来"的理念,实际上是强调对传统文化根基的尊重和态度,这种尊重并不是简单地照搬,而是要将中华优秀传统文化的核心优势融入当代,让其焕发出新的生命力。

在华夏文明的深厚沉淀中,中华优秀传统文化展现了其持久的魅力与活力。与其他古代文明相比,只有华夏文明得以顽强生存,持续地传承与创新,从而确保其历史连续性。五千年的悠久历史见证了诸多文化珍宝的诞生与传播,从唐代的诗歌、宋代的词句,到明清时期的小说创作,从诸子百家的思想学说到令世界叹为观止的四大发明,再到琴艺、棋术、书法、绘画及古代艺术品的收藏,所有这些都为中华民族的文化自信奠定了坚实基石。然而,面对这一历史的瑰宝应持有审慎的态度,未必所有传统文化元素都与现代社会的发展目标相吻合,某些传统理念可能已不再适应当前的发展潮流。因此,对待传统文化的态度应为审视与选择,而非盲目接受。对那些仍具有时代价值和指导意义的传统文化,应当加以珍视、传承与发展,深入挖掘其内含的哲理与智慧;而对于那些已不适应时代进步的文化元素,应有所取舍,不拘泥于过去。对中华优秀传统文化的继承和发扬,不仅表现出了对历史的尊重,还体现了对现实的深入洞察和未来的高度期许。在这一过程中,坚守文化自信与文化自觉是关键,有助于使中华文化在全球文化舞台上继续闪耀其独特的光芒。

在对传统文化的挖掘与传承中,仅仅对其精华部分进行探究并不足够,更应考虑如何将这些文化遗产与当代价值相融合,发掘其在现代背

第四章 新时代推动中华优秀传统文化创造性转化的践行路径

景下的潜在价值。对此,有两个主要的方向需要深入研究和实践。一方面,重视对中华优秀传统文化的广泛宣传和普及是必不可少的。在此过程中,不仅要确保宣传手段的创新性与现代化,以吸引现代人的兴趣,更应注意充分利用多种文化传播载体,包括物质和非物质两个层面,通过这些途径,使更多的人群了解并认同传统文化的内涵与价值。另一方面,与现代社会的融合也是中华优秀传统文化能够持续发展的关键。尽管很多古老的文化形式仍旧在现今社会中闪耀着光芒,但受到多种因素的制约,它们在当代的影响力仍受到限制。因此,在秉持"不忘本来"的原则的同时,也应着眼于如何赋予传统文化新的生命力与面貌。在此背景下,为使中华优秀传统文化能在现代社会中持续地发光发热,必须努力对其进行再创新、再生产,强调其在当下环境中的实际意义,从而确保传统文化不仅能够与现代社会相适应,更能为现代社会的发展提供宝贵的精神支撑和智慧启示。例如,《上新了,故宫》是一款由故宫博物院官方推出的原创类文化节目。该节目旨在推广和普及故宫文化,将古老的历史与现代的传播方式相结合,让更多的观众了解并喜爱中华优秀传统文化。《上新了,故宫》主要围绕故宫中的藏品、历史和文化故事展开。每期节目都会选取一些特定的文物或主题,通过详尽的解读、背后的历史故事和相关的文化背景,为观众呈现一个立体、深入的故宫探索体验。与传统的文化节目不同,《上新了,故宫》注重与观众的互动,采用轻松幽默的方式进行解说,结合现代技术如 VR、AR 等,为观众带来更为真实和直观的体验。虽然《上新了,故宫》是一个关于传统文化的节目,但它并不仅仅针对对历史文化有浓厚兴趣的观众。节目的形式与内容都经过精心设计,适合各个年龄层的观众,特别是年轻一代,可以通过这样的方式接触和了解传统文化。在当今信息爆炸的时代,许多传统文化逐渐被人们淡忘,《上新了,故宫》不仅为传统文化提供了一个新的展现平台,更重要的是,它让更多的人重新发现和喜爱中华优秀传统文化,为文化的传承与发展做出了积极的贡献。相较于其他的文化节目,《上新了,故宫》更注重与现代观众的沟通与连接,它采用接地气的方式进行传播,使得内容更为亲近和易懂,同时也更具有吸引力。

二、吸收未来

在全球文化交融的背景下,中华优秀传统文化通过与各国各民族的文化交流与互鉴,有策略地融合了世界各地的杰出文化精华,这种融合不仅保障了中华文化在全球文化版图中的重要位置,而且进一步加强了其深厚的吸引力与广泛的影响。

(一)交流互鉴,洋为中用

在历史的进程中,各国文明均塑造了各自独特的文化印记,他们都凭借各自的历史背景和地理环境孕育出了独具一格的文化遗产。诗歌、文学、绘画与建筑,皆受到了生活习惯、地理环境等多种因素的塑造,从而形成了各自的文化特质。随着时代的演变,不同文明间的交流与互鉴逐渐加深,此为中华优秀传统文化所应捉住的历史性机遇。它需要从其他文明中汲取文化精髓,同时进行明智的选择与取舍,从而推进与其他文化的融合与互鉴。例如,新时代的中国孔子学院在全球文化交流与推广中华文化方面起到了关键作用,孔子学院不仅作为中华语言和文化的教育中心在世界各地设立,同时成了一个文化交流的桥梁,学院与当地教育机构合作,提供汉语教学以及与此相关的文化课程如书法、茶艺和武术等。而在交流与互鉴方面,孔子学院促进了东西方在教育、文化和艺术领域的互动。例如,它们经常组织各种活动,如中华文化节、音乐会和艺术展览,这些活动为当地居民提供了了解和体验中国传统文化的机会。孔子学院也支持中国学者和教师到海外讲学和交流,与当地学术机构和文化组织建立紧密联系,从而加深相互之间的理解。另一方面,孔子学院还鼓励外国学生到中国学习,进行语言和文化研修,既为外国学生提供了深入了解中国的机会,也为中国学生和教育机构带来了与其他国家和文化接触的机会,帮助双方建立了深厚的友谊和合作关系。

在"洋为中用"的理念中,"用"字至关重要。故此,鉴别何种外来文化可供参考与吸收,以及何种应予以摒弃,显得尤为关键。如果盲目且无节制地吸纳,就可能导致与本土文化的不和谐,进而产生不良的反效果。在清晰地界定这一点之上,更为紧要的是,应探求如何将外来文化与中华优秀传统文化相辅相成,选取合适的策略使两者交融,不仅能充分利用外来文化的优势与价值,更能强化中华优秀传统文化的生命力,赋予其更为丰沛的活力。在古代中国的文献传统中,文章的书写并未配备现代意义上的标点符号,这使得对未断句的古文的阅读和解读变得极为复杂。实际上,直到19世纪初,汉文才引入了代表断句的。

第四章 新时代推动中华优秀传统文化创造性转化的践行路径

"。"小圆圈。这一改革的启示,部分来自清末同文馆的学者张德彝,他是首位从国外引进标点符号到中国的学者。1920年2月2日,北洋政府的教育部颁布了第53号训令——《通令采用新式标点符号文》,标志着我国正式、全面地采纳并使用标点符号。然而,在数字使用方面,中国的历史更为丰富。阿拉伯数字"0123456789",这一系列印度起源的数字在13至14世纪被引入中国。1522年,这套数字体系在英国人同托斯的著作中首次出现,并于20世纪初在全球范围内被广泛采用。尽管如此,在涉及时间、长度、质量、面积及容积等方面时,其在中国的应用并不统一。这一状况直到1987年1月1日才得以正规化,当时我国的多个部门联合发布了《关于出版物上数字使用的试行规定》,赋予阿拉伯数字在中国的正式合法地位。由于此项改革,复杂的"壹、贰、叁、肆、伍、陆、柒、捌、玖、拾、零"逐渐被简明的"0123456789"所替代。1956年1月,中央召开知识分子问题会议,关于文字改革毛泽东主席曾深刻地指出:我们应该从我们的对手中学习,从所有领域的专家中汲取知识。外国的优质资源,只要对我国有益,我们都应该学习、吸收,并将其转化为中华优秀传统文化的一部分。无论是个体还是国家,都应坚持不懈地学习——无论是向古代的学者,还是向现代的国际伙伴,甚至是与自己意见相左的人,只有这样,我们才能不断进步、日益壮大。

(二)以我为主,为我所用

在探讨国家文化发展的道路时,我们应始终站在本国文化的立场,着眼于推进民族文化的前行,而不是盲目模仿他国模式。对于这种立场,美国的文化进步为我们提供了鲜明的例证。美国文化产业在原创作品和借鉴他国文化的创意中均有突出的展现,无论从哪种角度,都为美国文化产业的持续壮大贡献了力量。例如,《功夫熊猫》和《花木兰》这两部电影,均深受中华优秀传统文化的影响,如功夫、熊猫,以及源于古代民间诗歌的花木兰人物原型。《功夫熊猫》发行时间为2008年,这部电影讲述了一个名叫波的胖熊猫,他在一家饺子馆工作并对功夫抱有热情。但由于他的体形和性格,很多人并不认为他有成为功夫大师的潜质。然而,命运的安排让他被选中为"龙战士",一个预言中的英雄,要对抗即将逃出监狱的危险反派——雪豹泰龙。在师傅师太熊猫和其他五位功夫大师的帮助下,波渐渐领悟了自己的内在潜力,并最终战胜了泰龙,成为了一个真正的功夫大师。电影以幽默、富有节奏的叙述和视觉效果为特色,深入探讨了"自我认知、决心和信念"等主题。电影《花木兰》基于中国的古老传说,讲述了一个名叫木兰的年轻女子为了替代其老迈的父亲入伍,偷偷男扮女装参军的故事。她经历了许多困难,最终成为一名英勇的战士,赢得了皇帝和同胞的尊敬。电影中的歌曲如《Reflection》和《I'll Make a Man Out of You》等都很受欢迎。2020年迪士尼公司对1998年原版的《花木兰》进行重新解读并采用了实景拍摄。故事的基本结构与动画版相似,但去掉了歌舞环节,更加注重战争的真实性和人物的情感深度。尽管这一版本在西方市场上获得了一定的成功,但在中国市场上受到了较为混合的评价。此情此景,为我们敲响了警钟,我们应当从中汲取经验。面对中华优秀传统文化或是其他国家的文化,都应坚持"以我为主"的原则,与我国文化的发展趋势进行有机结合,使之成为中华文化创新和发展的助推器。我们在接受外来文化时,应始终记住:其核心目的是"为我所用",不能颠倒这一主从关系。纵观国际舞台,可见美国凭借其电影和音乐产业的独特风格以及其强大的经济背景,在全球文化舞台上树立了独特的地位;日本的动漫产业以其独特的清新和治愈风格被广大人民喜爱;而韩国则是通过韩剧展现了其文化魅力。这些国家在文化发展上的成功均体现了一个核心原则,即巧妙地融合并发挥了本国的文化特色。因此,对于中华优秀传统文化的创新发展,我们也应该以此为鉴,形成和强化自己的文化标签。我们在借鉴他国经验的同时也要结合我国特色,坚持"以我为主",从而推动中华文化在全球舞台上展现出更为独特的风采。

三、面向未来

面向未来与不忘本来、吸收外来构成了促进中华优秀传统文化创新性发展的核心策略,这三种方针策略是树立文化自信的关键途径,相互之间并无优劣之别,而是相互强化,相辅相成。在新时代的背景下,面对未来意味着将文化的提升与中华民族的伟大复兴紧密相连,以此为建设社会主义文化强国注入持续的动力。只有确立一个面向未来的策略,才能为中华优秀传统文化的创新性发展确立清晰的方向,并按照历史的逻辑推进,从而使其在不断的创新中保持旺盛的生命力。进一步地,面向未来将为中华优秀传统文化确立一个更具体且醒目的进展目标,助力它朝着思想、艺术与审美的有机融合迈进。在当前的新时代脉络下,面向未来的取向为中华优秀传统文化创新性发展带来了不可或缺的深度和价值。

为实现中华民族的伟大复兴与追寻中国梦,坚持文化创新,确保中华优秀传统文化具备持续的活力和先进性,是不可或缺的核心策略。展望未来,中华文化不仅要秉持"不忘本来、吸收外来"的原则,同时也要保证其内容更具广度和深度,以适应时代的进步和社会的变革。尽管保留传统元素和"文言文、古诗词"之精髓是至关重要的,但中华优秀传统文化的未来发展不能只满足于此。文化创新不仅仅意味着继承传统文化的精华,更关键的是要确保其具备前瞻性与深度,以满足现代社会日益增长的精神文化需求,确保中华文化在国际舞台上的感染力和影响力得到最大化。当然,对于外部文化不应盲目崇拜,以至于产生文化自卑。面对全球化的趋势,中华文化需要有选择地吸纳,却也必须保持其独特的核心价值观,确保其始终与时代同行,与社会发展相辅相成。作为世界上的一个重要大国,中国在推进中华优秀传统文化建设时,不应仅考虑本国的发展。我们有责任也有能力将中华优秀传统文化与人类命运共同体的目标紧密结合,从而为全人类的进步和和谐共生做出积极贡献,使中华优秀传统文化更具普遍性和时代感,从而在全球范围内产生更深远的影响。中华优秀传统文化的未来取向应结合现代社会的需要和全球大趋势,确保其在继续传承的同时,也具备更广泛的前景和深入的意义。只有这样,我们才能确保其在未来仍旧充满活力,为中华民族的伟大复兴和全人类的进步助力。

第四节 抓好文艺创作的关键环节

一、加强中华优秀传统文化传播力度

文化自信的提出使得人们对中华优秀传统文化的认识更为深入,更加自觉地了解传统文化,然而仅仅依靠人们的自觉性和主动性是远远不够的,还需要加大传统文化传播推广的力度,从传播载体、传播范围等多方面入手,使得传统文化发挥最大程度的影响力。纵使中华优秀传统

文化浩如烟海,如若传播与宣传力度有限,则会大大制约其影响力与辐射力,因而,大力推动中华优秀传统文化传播是一个亟须引起广泛关注的重大话题。

(一)创新文化传播载体

在当代多元文化交融的背景下,为了确保中华优秀传统文化在社会中保持其核心位置,对文化载体的创新显得至关重要。物质载体如亭台、园林等,代表着深厚的历史底蕴;而网络载体如网站、电视节目、综艺节目等,它们捕捉并传达了时代的脉搏;此外,各种与传统文化节日相关的活动载体也是展示文化的关键渠道。通过多样化和全方位的展现策略,文化载体能够深入地揭示中华优秀传统文化所蕴藏的丰富内涵和独特魅力。

1. 物质载体

物质载体如亭台、园林等,自古以来都是中华优秀传统文化的有力传播工具,不仅承载了中华民族的历史和传统,也反映出了中华民族历史的流变与传统的积淀。在现代,亭台与园林仍然作为感受与学习传统文化的核心场域,这些物质载体所映射的设计理念,包含了丰富的文化精髓,展现出中华民族对于与大自然之间和谐相处的深刻认知,体现了人们对美好生活的向往和对宇宙之间平衡的渴望。

2. 网络载体

在21世纪的数字化背景下,网络载体崭露头角并逐渐占据了文化传播的主导地位。从早期的互联网网站到当下的各式电视节目、综艺,甚至社交媒体和短视频平台,都作为现代文化的窗口,为中华优秀传统文化敞开了全新的传播通道。无论是城市还是乡村,无论是东半球还是西半球,只要有互联网连接,文化信息都能在瞬间到达。相比传统的传播方式,网络载体更具有时效性和即时性,能够迅速满足现代人的信息需求,并且网络载体的灵活性也为文化内容的呈现提供了无限可能,不论是文字、图像、音频还是视频,都可以在网络平台上得到完美展现,这

第四章　新时代推动中华优秀传统文化创造性转化的践行路径

无疑增强了文化传播的吸引力。然而,伴随着这些优势的是一系列挑战与问题,网络载体中内容的碎片化现象尤为明显,网络信息的快餐化导致用户很难对传统文化有深度的接触和理解,碎片化的信息传递方式使传统文化的深厚内涵在传播过程中被削弱或失真。同时,为追求点击率和浏览量,某些平台可能过度商业化,牺牲文化内容的真实性和深度,令内容表面化、娱乐化。面对这些问题,单纯依赖技术的进步是不够的,内容的真实性、深度和价值是关键。当涉及中华优秀传统文化时,必须严格筛选和审核网络平台上的文化内容,确保其不仅吸引人,而且能够真实地传达文化的核心价值和内涵。更为深入地说,对于网络载体的创新,除了技术和内容,还需要考虑如何与用户建立长期、深度的互动。例如,可以通过线上线下相结合的方式,如线上课程与实地考察、网络直播与传统文化体验活动相融合,使用户不仅在屏幕前,还能在真实场景中体验和感悟中华优秀传统文化的魅力。

3. 活动载体

活动载体作为文化传播的一个核心维度,映射出一个民族文化的历史沉淀、社会习俗和情感寄托,特别是各种传统文化节日,以独特的方式展现了中华民族的深厚文化根基和丰富的民俗风情。传统文化节日是中华民族传统文化的生动表现,从春节到中秋,从端午到重阳,每一个节日背后都承载着一段段史诗般的故事,寄托了古人的哲学思考,展现了他们对生活的热爱与对未来的期盼。这些节日的起源往往深藏在古老的传说中,与历史事件、天文现象或农耕文化紧密相连,为后人提供了一窥古人生活、思维和情感的窗口。在日常生活中,传统文化节日不仅是对古老传统的纪念,更是家庭团聚、感恩亲情、祈愿美好的重要时刻,每个节日都有其独特的习俗,如春节的贴春联、放鞭炮、包饺子;端午节的赛龙舟、吃粽子;中秋的赏月、吃月饼等。这些习俗加深了节日的文化内涵,成为弘扬传统文化的有效方式。通过参与这些节日的各种仪式、活动和习俗,人们得以直接体验中华优秀传统文化的魅力,感受传统价值观的深沉力量。对于年轻一代是一种寻根问源、了解自己民族历史和文化的过程。例如,通过制作、品尝和分享与节日相关的食品,年轻人可以感受到古人对生活的热爱和对食物的尊重;通过参与仪式和活动,年轻人能够更好地理解古代的社会制度、人文思想和审美观点。

(二)扩大文化传播范围

中华文化作为世界五大文明之一,不仅是中华民族的骄傲,也是世界文化遗产的宝贵部分。然而,要使其真正影响世界,关键在于有效的传播。就如何扩大文化传播范围这一问题,主要可以从传播范围的广度和传播内容的广度两方面来探讨。

一方面,从传播范围的广度来看。传播范围的广度是文化传播的基础,是一种文化能够得以生存和发展的前提。只有当一种文化的信息能够被广大的人们所接受和理解,这个文化才有可能得到真正的认同和传承。那么,对于中华优秀传统文化,如何才能实现真正意义上的广度传播呢？文化传播的广度首先取决于地域的广度。中国作为一个幅员辽阔、人口众多的国家,其内部地域文化差异也非常明显。因此,首先需要确保中华优秀传统文化在国内各个角落都能得到有效传播。这需要考虑到各地的文化背景、语言习惯和接受方式,制定有针对性的文化传播策略。同时,在全球化的大背景下,中华文化的国际传播也不容忽视。要加强与不同国家和地区的文化交流与合作,利用国际文化节、展览会等平台,推广中华文化,让全球的人们都能接触到中华文化的魅力。在现代社会,文化的传播不再仅仅依赖于传统的书籍、讲座等形式,更多的是通过电视、互联网、社交媒体等新型媒介进行传播,例如通过网络直播、视频等形式,可以实现文化活动的实时传播,让更多的人能够及时了解中华文化。需要注意的是,在推广中华文化的过程中,不能仅仅满足于将文化内容单向地传递给受众,更需要实现与受众的真正交流和互动。可以通过组织中外文化交流活动,邀请外国友人来体验中华文化,让他们真正了解和感受中华文化的内涵。同时,也可以引入外国的文化元素,然后与中华文化进行融合,创造出新的文化形式,满足现代人们的审美需求。

另一方面,从传播内容的广度来看。传播内容的广度不仅体现在文化的多样性,更关乎于文化内容的深度与质量。在中华优秀传统文化中,存在着丰富的哲学、文学、艺术、历史等内容,这些内容都值得被细致挖掘和传播。对于哲学方面,中华哲学的博大精深为世界所公认,如儒、道、佛三家的思想等,它们所涵盖的人生观、宇宙观、伦理道德等,对人类文明发展都有着不可估量的贡献,在文化传播中,应该更加重视哲学思想的推广与传播,让世界了解中华哲学的真谛与价值;在文学与艺术方面,中华文化拥有丰富的古籍、古诗、戏剧、音乐、舞蹈等,这些内容都是中华民族的精神宝藏,值得被更多人欣赏与学习。以中国《红楼梦》与《西游记》两部文学作品为例,《红楼梦》与《西游记》无疑是两部在中华文化宝库中光芒四射的杰作,为世人提供了丰富的艺术享受,更体现了中华优秀传统文化的精髓。《红楼梦》被誉为中国古典小说的巅峰之作,它细致地描述了清代一大家族的兴衰历程,展现了复杂的人际关系、社会现实与人的情感变迁。书中的主要人物贾宝玉、林黛玉、薛宝钗等都具有鲜明的个性,他们的情感纠葛引起了无数读者的共鸣。作品还深刻地反映了封建社会的矛盾和冲突,以及人们对美好生活的向往与追求。更为重要的是,《红楼梦》在文学艺术上的成就,它的叙事结构独特、人物刻画细腻、情节跌宕起伏、诗词描写优美,被誉为"情之至、文之峰"。无论是作品的情感深度、文学价值还是其对社会的洞察,都使其成为中华文化宝库中的瑰宝。《西游记》讲述了唐僧和他的三个徒弟孙悟空、猪八戒和沙僧,为取得佛经,历经九九八十一难的故事。这部作品不仅仅是一部奇幻小说,它深刻地探讨了道德、信仰、忠诚、勇气等人性中的普遍主题。孙悟空作为故事的核心人物,其机智、勇敢、忠诚的品质深受读者喜爱。他的形象不仅象征着对抗压迫、争取自由的精神,还体现了人们对于理想、正义与真理的追求。而唐僧和其他徒弟则代表了不同的人性与道德面貌,它们之间的互动与矛盾,为读者提供了深入的道德反思。从文艺的角度看,《西游记》的叙事方式引人入胜,场面宏大,富有想象力,其中融合了神话、民间传说、历史、宗教等多种文化元素,使其成为中华文化中一个独特而丰富的部分。在历史方面,中华文明是世界上延续最久的文明之一,其历史事件、人物、古迹等,都是中华优秀传统文化传播的重要内容,通过编写高质量的历史著作、制作历史纪录片、开展历史讲座等形式,可以让更多人了解中华文明的历史与发展,增进对中华文化的认识与了解。

二、创作以人民为中心的文艺精品

在探讨文艺创作的过程和价值时发现,坚持以人民为中心的文艺创作理念尤为重要,为什么强调人民对于文艺的需求和价值如此重要?因为人民是文艺的根本力量和终极受众,人民的生活、情感和经验是文艺创作的源泉,也是文艺的最终归宿。

　　文艺作为一种表现形式和工具,具有独特的力量,能够揭示人们的真实情感、生活经验和内心世界,为人们提供一种情感共鸣的途径,帮助人们更好地理解自己和他人。同时,高质量的文艺作品还可以启发人们的思考,激发他们的创造力和想象力,从而丰富和提高他们的精神文化生活。但是,想要创作出以人民为中心的文艺作品,重点是深深地将其扎根于人民的生活,不能与现实脱节,不能忽视或忽略人民的真实需求和期望。创作者应该深入人民群众,听取大众的声音,了解他们的故事,从中汲取创作的灵感和素材,这样创作出的文艺作品才能真正触动人心,得到广大受众的喜爱和认可。文艺需要人民这一观点也同样重要,无论作品的形式和内容如何,如果缺乏人民的支持和参与,将很难获得真正的成功。文艺作品的价值不仅仅在于其艺术性,更在于其与人民的关系,以及为人民所带来的实际益处。因此,在文艺创作过程中,创作者应始终保持对人民的尊重和关心,真正做到为人民服务,为人民所用。

　　《舌尖上的中国》自首播起便吸引了大量观众的眼球,这部纪录片成功地展示了中国各地的美食文化,同时也深入挖掘出了丰富的中华优秀传统文化,并发现了其与人民生活之间的紧密联系。该系列作为一个经典案例,充分体现了如何巧妙地将中华优秀传统文化与人民生活结合,从而赋予文化更深的层次与意义。首先,食物本身就是文化的一部分,承载着一代代人的记忆,是历史、地域和文化传统的融合体现。在《舌尖上的中国》中,不同地域的菜肴不仅仅能带给人们味觉上的享受,更是文化和历史的传承。例如,制作传统的饺子或粽子的场景,不仅仅呈现了烹饪技巧,更展现了其中蕴含的故事和象征意义,这种对传统文化的尊重和继承,使得食物不再仅仅是满足生理需求的工具,而是承载着深厚的文化内涵和情感。

　　其次,《舌尖上的中国》不仅展示了食物,也更深入挖掘了制作食物的工艺和技术,如手工拉面、古法酿酒等,都是中华优秀传统文化的瑰宝,节目对传统工艺的尊重和重视,使得观众不仅仅在味觉上得到满足,更在视觉和知识上取得了丰富的收获。

　　再者,《舌尖上的中国》在展示食物的同时,也展现了与之相关的人们的生活和情感。每一道菜,每一个食材,背后都有一个故事,每个故事都反映了人们与食物、与土地、与家人的关系,展现他们的生活态度和价值观。例如,为了一碗面,父亲与儿子代代相传的手艺;为了家

第四章　新时代推动中华优秀传统文化创造性转化的践行路径

人团聚,母亲精心烹饪的年夜饭等等,都是中华文化中重视家庭、尊重传统的体现。通过这种方式,《舌尖上的中国》成功地将食物与人们的生活和情感紧密结合,为观众提供了一个真实、深入的中国美食文化的视角。

三、建设现代文化产业体系

现代文化产业体系是在全球化、数字化和网络化背景下,文化产业发展的一个全新的格局和架构,涵盖了文化产品从创意、生产到传播、消费的整个流程,其中包括各种类型的文化企业、机构、技术、市场以及相关的政策和法规。在传统意义上,文化常被看作是非物质的、与经济无关的领域,主要涉及艺术、宗教、传统和价值观。然而,随着现代社会的发展,文化逐渐被商业化、产业化。文化不仅是国家和民族身份的标志,也成为经济增长的动力。现代文化产业体系就是在这样的背景下应运而生,强调文化的双重价值:即文化的内在价值和商业价值。现代文化产业体系具有以下特点:一是整合性,现代文化产业体系将文化的各个环节紧密结合,从内容创意、生产,到传播、消费,每一个环节都与其他环节相互依赖,形成了一个复杂的网络;二是技术导向,现代科技尤其是信息技术和通信技术,在现代文化产业体系中起到了关键的作用,极大地改变了文化产品的生产方式,使得文化传播的范围和速度得到了前所未有的扩展;三是市场导向,现代文化产业体系关注消费者的需求变化,不断推出新的文化产品和服务,以满足不同消费者群体的需求;四是全球化,在全球化背景下,文化产业不仅仅是国内市场的竞争,更是全球市场的竞争。

现代文化产业体系不仅是经济发展的重要支柱,更是国家软实力的重要体现。为满足日益增长的文化需求,推动文化产业健康、有序且持续发展,有必要建立一个完整、高效的现代文化产业体系。为了实现这一体系的构建,需坚持经济效益与社会效益的统一原则。该原则代表着在追求经济效益的同时,必须确保其所带来的社会效益,如文化的传播、人民的文化享受和文化的交流与融合等。经济效益为文化产业提供了可持续的资金支持,而社会效益则确保文化产业能够真正为社会作出贡献,两者缺一不可,互为补充,只有两者达到有机统一,文化产业才能真正实现可持续、健康的发展。近年来,电影和电视剧市场出现了一个令人关注的现象。众多倚重流量明星作为宣传核心的电影确实获得了令人瞩目的票房,但这并不意味着其作品的质量同样受到认可。如此状况的兴起并持续,部分归因于粉丝文化的盛行。这不只是电影领域的现象,电视剧市场也存在相同的情况。然而,值得一提的是,正午阳光团队制作的电视剧,如《琅琊榜》和《父母爱情》,不只关注观众量,也深化了其对社会效益的关切,体现了经济和社会效益并重的原则,为文化产业树立了良好的范例。显然,文化创作者在构思和创作与中华优秀传统文化相关的作品时,除了商业考量,更应审视作品所传递的核心价值和长远影响,确保经济与社会效益的和谐统一。

另一方面,文化产业的快速发展与日益激烈的市场竞争,为文化企业提供了巨大的机遇和挑战。如何在这种环境中脱颖而出,实现稳健和持续的发展?答案是,文化企业需要明确自己的定位,并在尊重和引领需求之间找到平衡。首先,明确企业定位是文化企业发展的基石。所谓企业定位,即企业应该明确自己在市场中的角色、特点和目标受众。这涉及企业的产品或服务、目标市场、品牌形象等多个方面。例如,一家专注于古典音乐制作的文化企业,其目标市场可能是中高端消费者,其产品或服务应该突出其对古典音乐的专业性和深度。而对于一家致力于流行文化的创意工作室,则需要强调其对流行趋势的敏感度和创新能力。企业定位的明确不仅有助于文化企业更有针对性地进行市场运营,还能提高其在目标市场中的知名度和影响力,帮助企业准确判断市场趋势,提前布局,从而抢占市场先机。然而,仅仅明确企业定位并不足以保证文化企业的成功。文化产品和服务的生产与销售,既要尊重市场需求,也要有能力引领市场需求。企业应该基于对市场的深入了解和研究,确保其产品或服务能够满足消费者的真实需求,只有与消费者的需求紧密结合,文化产品才能取得好的市场表现。但尊重需求还不够,文化企业还需要具备引领需求的能力,企业不仅要满足消费者的现有需求,还要能够预测和创造消费者的未来需求,敏锐地捕捉市场变化,不断进行创新,为消费者提供新的、有深度的文化体验。

中华优秀传统文化之所以能流传至今,不仅依赖于文化的内容和载体,更依赖于代代相传的优秀文化人才。如今,要想确保文化创新与创造性转化,必须重视和加强人才队伍的培养与建设。一个开放和包容的文化环境能够鼓励青年展现自我、尝试和创新,文化单位和机构应当营造出一个鼓励探索、允许失败、强调团队合作的环境,从而让青年能

第四章 新时代推动中华优秀传统文化创造性转化的践行路径

够在其中自由成长;各教育部门和单位应增加对文化及相关学科的投入,加强与实践基地的合作,鼓励学生走出课堂,深入实践,直接与文化创作和传承接触;对于青年来说,清晰的职业发展路径和前景同样是其选择投身某个领域的关键因素,应该为新加入的员工制定明确的培养计划,设置合理的晋升通道,让他们看到自己在该领域的长期发展机会;文化的魅力往往在于交流和碰撞。鼓励青年参与到国内外的文化交流活动中,与其他国家和地区的文化人才交流,可以使其获得更广泛的视野和更多的创新灵感。

第五章 新时代推动中华优秀传统文化创新性发展的践行路径

第一节 协调创造性转化的主体融合

一、重视主体配合原则

(一)坚持自主性原则

坚持自主性原则是指各个主体在创造性转化的过程中都需要具备独立思考和自主决策的能力,能够自主地参与到转化活动中来,这一原则可以促进主体之间的差异性和多样性,激发创造力和竞争力,避免重复和低效的转化行为。中华优秀传统文化在当代的创新与转化中,必须坚守这一核心原则,即各个文化创新的主体应具备独立性和自主权。归纳为一句话即为:在文化演进的轨迹中,来自不同学术领域和知识体系的人员,应有充分的权利独立进行文化创新和创造。只有如此,知识的活水才能源源不断,确保中华优秀传统文化在当代既得到科学利用,又获得深入研究和普及。通过细化这一自主性原则可以认识到,在文化创新的实践中,这类创新行为不仅仅是一种形式,更是一个富有目标性、可行性的过程。大部分参与文化创新的主体,都应对自身的文化创新活动持有明确的目标,并为之拟定可执行的策略。在此基础上,文化主体还需掌握和运用创新转化的具体技巧,同时需要得到及时的反馈。这样

第五章 新时代推动中华优秀传统文化创新性发展的践行路径

的反馈不仅有助于调整方向,更有益于增强其创新的信心和兴趣。在整个创新转化的过程中,积累和运用相关知识、技能,并在实践中得到积极反馈,是确保文化传承和创新得以持续的关键环节。德云社是中国著名的相声艺术团体,成立于1997年,总部位于北京。成立之初,德云社主要任务是传承传统相声艺术,确保这一重要的中华优秀传统文化遗产得到保存和传播。而随着时代的变迁和文化环境的多元化,传统的相声表演方式和内容逐渐显得不够吸引人,尤其是对年轻一代。为了吸引现代观众,特别是年轻人,相声需要在内容、形式和技巧上进行创新,而德云社正是意识到了这一点,开始对相声进行创新性的探索。首先,德云社在内容上进行了丰富。他们不满足于复述旧的笑料,而是对照现代社会的变迁和年轻人的生活经验,融入了社会热点、当下话题,甚至是互联网时代的特色元素,内容的更新换代不仅让相声更加接地气,还让年轻观众能够在笑声中找到共鸣,感受到相声所传达的现实意味。其次,传统的相声舞台主要局限于剧场或广播,而德云社却敏锐地捕捉到了新技术所带来的机会,他们利用网络直播、短视频平台,甚至是社交媒体等现代传播工具,将相声的魅力传达给广大观众,极大地拓宽了相声的传播范围,为相声艺术带来了全新的观赏形式。此外,为了确保相声的长久发展,德云社明白单纯的内容和形式的创新是不够的,更关键的是人才的储备与培养。因此,他们投入大量资源在相声艺术家的培训上,开设课程,提供实践机会,确保相声的传统技巧与当代的创新思维能够完美结合。对于新一代相声艺术家的培养,为相声艺术的未来打下了坚实的基础。

(二)遵循主体配合原则

基于文化建设的内在规律,需对中华优秀传统文化进行创造性的转化和升华。文化建设与其传承、融合及创新这三个维度是相互关联的。文化的进程可以被视为一部广泛的史诗,它承载了历史的浮沉与命运。中华优秀传统文化,是中华民族五千多年的文明传统的积累,体现了人类的智慧和勤劳的文化内涵。在文化演进的过程中,我们无法忽视对传统文化的深入研究,因为"巧妇难为无米之炊",它是文化创新转化的基石。通过研究可以认识到,文化的核心精神需要创造性转化,这是每一种文化发展主体的责任,因为文化的繁荣和进步离不开各种文化之间的互鉴与学习,这并非指一种文化高于另一种,也不意味着一种文化形式低于另一种。在这个文化多元的世界中,中国始终坚持和平共处、平等互助的原则,秉持吸收他者之长、弥补自身之短的理念,力求完美呈现中国故事。因此,为了确保文化的创造性转化,必须坚守文化间相互融合与借鉴的原则,激发创新的灵感,持续为中华优秀传统文化注入新的活力,使其在现代文化中依然受到大众的喜爱与青睐。

(三)惠及全民,运行有效的原则

在当前中华优秀传统文化创造性转化过程中,满足人民在新时代对文化发展的期望和需求至关重要。这一转化的核心目的是更好地为人民提供服务,所有与创造性转化相关的主体都应遵循这一原则。事实上,以人民为中心不仅是文化进步的动力,也是其存在的基础,需要在维持本身特性的同时,审慎地适应时势。随着我国步入新的发展周期,面对日益变化的经济形态,现有的文化模式逐渐显得不尽适应,包括文化产业发展的局限性、文化体系的不完善,以及地域间对文化服务享有的不平等,这些问题的存在都反映出我国在文化建设上仍面临着巨大的挑战。为此,在对中华优秀传统文化进行创造性转化时,应深刻认识到为人民服务的使命,汲取日常生活中的精神滋养。文化的建构和繁荣,依赖于广大人民群众的支持和参与。这一点,主要集中在两个方面:一方面,人民群众在社会发展的每一个方面都发挥着至关重要的作用,他们不仅是物质生产的核心力量,更是文化内容的创造者和承载者,肩负着文化传承与传播的双重责任。从原始的农耕、手工业到现代的工业生产和服务业,都离不开广大劳动者的智慧和汗水,他们在生产线上,夜以继日地劳作,创造着丰富的物质财富,维持着社会的正常运转。无论是传统的农耕文明,还是现代化的工业社会,人民群众都是这个巨大机器的关键零件,使之高效运转。除了物质生产,人民群众在文化创造中也有着不可替代的地位,民间故事、传统节日、习俗习惯等,很多都是基于人民群众的生活经验与智慧所创造,他们在日常生活中,通过言语、歌曲、舞蹈、艺术等形式,为文化赋予了生命与活力。另一方面,由党的本质和其宗旨所决定,社会主义文化建设必然代表着广大人民群众的文化利益。中国共产党自成立之初,就以实现共产主义为最终目标,本质是代表工人阶级和广大人民群众的根本利益,与人民群众形成一个紧密

第五章 新时代推动中华优秀传统文化创新性发展的践行路径

的整体,保障人民的基本权益,确保人民是国家的主人,宗旨是"全心全意为人民服务",无论是在抗日战争、解放战争时期,还是在建设社会主义现代化的过程中,党都始终坚持以人民为中心的工作导向。文化建设不仅是提高人民精神文明程度的手段,更有助于构建社会主义核心价值观、传承中华优秀传统文化,并为人民提供丰富、多样的文化产品和服务。社会主义文化建设的核心就是要满足广大人民群众的文化需求,培育公民的社会主义道德品质,推进社会主义文化繁荣与进步。因此,在创造性转化中华优秀传统文化时,应始终坚守利益普及的方针,确保文化事业与产业的发展成果能惠及每一位公民。

二、营造主体配合条件

中华优秀传统文化的创造性转化不仅需要基于一定的原则,而且也需确保有一个有利于其创新转化的环境与条件。中国在文化创新与创造的探索中已经获得了显著的进展。然而,从文化制度的构建和公共文化政策的实施角度来看,仍存在明显的不足。为了对中华优秀传统文化进行创造性的转化,各参与主体应积极推动实践性的改革,突破现有体制机制的束缚,从而真正达到文化创新的目标。

在中华优秀传统文化创造性转化的过程中,发现其核心主体在文化创新的实践中遭遇多种挑战。为确保文化创新的高效进行,首要的步骤便是构建完善的配套制度,该制度的建立必须得到政府在文化观念与理念上的制度性支撑,同时确保文化创新中所显现的问题,能够得到专业机构的深入研究与妥善处理。值得强调的是,政府权力来源于人民,这使得文化创新的管理不仅要符合民主法制的核心理念,更要维护和保障公民在文化领域内的自由和权利。与中国宪法所阐明的公民文化自由权力相吻合,各级部门和机构都不得妨碍或剥夺公民参与文化创新的权利。对于创造性转化的主体,参与文化创新的过程中,必须建立健全的参与机制,确保其在文化创新中的权利得到真正的实施和保障。为了进一步优化其参与环境,除了必要的制度保障外,还应提供一系列的基本公共文化服务。遵循公民享有平等的文化权力的基本准则,政府各部门需努力满足广大公众的合理的文化需求。然而,考虑到我国各地区的经济发展水平存在差异,公共文化服务的提供难免会有所不均。在此背景下,国家需要统筹规划,强化投入,努力缩小各地文化服务的差距。当谈及公共文化服务时,大都首先想到的是省、市、区等较为发达的地区的文化设施,如图书馆、博物馆、文化活动中心及广播电视等,城市的这些文化基础设施对于满足市民的文化需求,推动城市文化的繁荣发展,无疑起到了至关重要的作用。然而,我们不能忽视广大的县、乡等基层地域。在这些地区,由于经济基础相对薄弱、人口分布相对分散、文化需求多样化,传统的大型文化设施建设方式往往难以适应。因此,在县、乡等基层地域,我们需要思考如何构建与之相匹配的文化服务平台。平台应该具有较强的灵活性和适应性,能够根据当地的实际情况进行调整和完善。比如,可以考虑建立流动图书馆,通过车辆在乡村之间巡回,使村民可以更加方便地借阅图书。此外,基于当地的文化资源,可以设立特色文化馆或工艺品展示中心,满足当地居民的文化需求,吸引外地游客,促进当地的文化旅游业发展。除上述内容之外,乡镇地区的文化服务平台还可以举办各种文化活动,如戏曲、舞蹈、音乐等演出,鼓励当地居民参与其中,发挥他们的创造力和表现力,使文化活动更加贴近他们的生活和情感。

在中华优秀传统文化中,文化生产环境的构建是由多种因素共同努力下所促成的。在这样一个环境中,中华优秀传统文化创造性转化的主体应深入开展文化生产,从而进一步推动文化的创新,文化的创新与发展是相互促进的。在当下新的时代背景下,各个文化主体面对着日益多样化的文化需求,这些需求源于广大人民群众随着经济的发展所展现出的文化期望和新的变革特点,一方面,中华优秀传统文化的创造性转化不仅可以满足人民在新时代的多元化文化需求,而且为适应经济高速发展带来的文化特点和变化提供了充分的支撑。另一方面,中华优秀传统文化的创造性转化还可以为文化体制与机制的改革注入新的活力,为国家的文化产业发展奠定坚实基础。在此背景下,国家文化产业的壮大,无疑为中华文化的软实力提升奠定了稳固的物质基石。

三、丰富主体配合方式

在现代背景下,中华优秀传统文化如何得以创造性转化并充分展现其活力是一项重要议题。创造性转化主体在此过程中,按照各自的特点和功能进行分工和配合,使得中华优秀传统文化的创造性转化得以有效实现。中华优秀传统文化不仅是这一创造性转化过程中的客体,其本身

第五章 新时代推动中华优秀传统文化创新性发展的践行路径

亦与各转化主体进行相互作用,并影响这些主体的相互关系与功能结构。主体在创造性转化过程中所采纳的策略和手段,往往受到其本身类型、文化背景和所处生产活动领域等多重因素的影响。因此,在转化中所表现出来的特性,也正是我们能够理解和探讨文化多样性发展的窗口。为了使这一过程更为高效,各个主体在进行创造性转化时,必须摒弃传统的自上而下的方式,探索更具创新性和参与性的策略。无论是涉及精神层面的儒家、道家思想,还是制度性的文化遗产,如科举制度,抑或物质文化领域的杰出代表,比如四大发明、中国建筑风格、园林艺术、宫殿和庙宇等,所有这些知识与研究,目前大多为政府机构和学术专家所独占,普通民众与文化爱好者对此所知有限。针对这种情况,应该努力打破这些文化和学术的边界,推动中华优秀传统文化的普及化,使更多的人能够参与到文化的创造性转化和研究当中。仅有政府机构和学术专家进行研究与掌握文化史料、专业知识,对于中华优秀传统文化的创造性转化是远远不够的。文化的生命力在于其广泛的传播与人民的参与,普及传统文化知识并将其带入公众的视野,能够为全社会营造一个热爱和研究中华优秀传统文化,强化文化身份认同的氛围,这不仅是对中华优秀传统文化创造性转化的推进,更是为了确保其能够在现代社会中持续、健康地发展。

中华优秀传统文化的创造性转化需依赖于多元的协同、综合的渠道整合与跨领域的合作,以形成更为丰富的转化模式。文化创新的主体建设与发展对于传统文化创造性转化的质量至关重要。在国家文化创新结构中,包含政府机关、文化事业单位及企业文化团体等各方面的参与。各主体间的协作机制,应随着时代变迁进行持续优化。政府部门在优秀传统文化的创造性转化中起到了决策与领导的作用,主要任务是制定文化转化的整体策略,并提供宏观指导、核心原则及明确目标。受政府部门理念引导的文化事业单位,应对已有的文化创造性转化实践进行反思,确保理论与实践相得益彰。依照国家的宏观规划,文化事业单位需分步骤、有重点地进行文化创造性转化。这种协作方式意味着国家可以确保对文化进程的总体把控,因为文化创新必须有明确的方向。文化事业单位遵循这一总体方向,致力于推动国家和民族的文化、文艺等传统领域的创造性转化。简洁化的转化流程与政府的高效管理策略,可以确保文化需求方与创作者之间的和谐协作,从而进一步促进文艺的多元、多样与创新性发展,这也是文化管理领域的一大关注焦点。为了实现更广泛的融合与合作,文化事业单位和企业文化团体等组织需要在文化市场上探索新的发展模式,以扩大文化受众群体,并推动高雅文化进入大众的视线。中华优秀传统文化的创造性转化不仅仅是一个项目,更是一个系统性的工程,它涉及文化发展的多个维度与多种元素。每个领域中都有其专家与学者,因此建立有效的沟通与交流机制,对于文化创造性转化的进一步深化与发展具有决定性的作用。

第二节 整合创造性转化的文化资源

一、还原与重构中华"优秀"传统文化的内涵

在探讨事物的本质与形态时常用到"还原"一词,意指将某物恢复至其原初状态。但在此书中的"还原"意味着对中华优秀传统文化的认识与应用,并不是毫无辨析地对其一律称颂或使用。中华的传统文化之广泛与深厚,实难一言以尽,更不是易于量化或描述的。观察我国众多民族的日常生活会发现文化元素无处不在,诸如我国特有的姓名文化、属相文化、生日文化和节气文化,都以丰富多彩的方式展现在我们眼前。对于"重构"优秀传统文化的概念,其实质是在保留其文化内容的前提下,对其结构与理论进行微调和适应,从而更好地应对当下环境的需求。这需要我们在观察事物的基础上,深入地进行思考,探寻其背后的真实性质与规律,并考虑如何将这些文化与其他现代事物相结合。可以说,对传统文化的"还原"是"重构"的起点,而"重构"则是在对这些文化进行深入理解与应用的基础上展开的工作。

要想深入研究与发扬中华优秀传统文化,首先需对其进行全面的认识和理解。中华的传统文化资源形态多样,涵盖了从物质到精神的多种维度。对这些文化内容进行恰当的重塑和转化,不仅是文化研究进展的关键,也对于保持文化的活力与传承至关重要。为深化对优秀传统文化的认知,结合学术调查与日常体验提出将传统文化划分为三大类型,这一分类方式有助于引导我们更为系统地观察和思考,进而推动中华优秀传统文化的创造性转化。

"内涵型"传统文化主要基于中国古代的历史文化经验,这些经验

第五章　新时代推动中华优秀传统文化创新性发展的践行路径

是古人们在面对生活中的种种挑战时,对外部世界的认知和应对策略的总结,通过对这部分文化进行细致的归纳和分类,能够提取有益的信息,进而促使人们在当代环境中形成新的知识体系和认知模式。"价值型"传统文化主要指的是在传统文化中所蕴含的核心价值观和信仰,"价值型"传统文化在历史长河中,始终表现为一系列的伦理准则和规范,为人们提供了道德指引,具有普世性的价值和深远的影响力。"风俗型"传统文化主要体现为社会和日常生活中的实践与习惯,既是社会行为的一种表达,也是文化传承的重要载体。通过观察和分析这些风俗能够更好地理解传统文化与现代生活的关系,以及如何将两者进行有效的结合。通过这三大分类可以更系统地对待传统文化,促进新旧价值观的连接与传承。同时,这也提供了一个框架帮助我们在尊重与继承的基础上,对传统文化进行适度的创新和取舍。

在新时代背景下,对中华优秀传统文化的创造性转化首要基于对其深入而清晰的认知,此认知不仅是对文化本身的理解,更是对其在时代进程中所担当的角色和价值的明确。在对优秀传统文化进行透彻"还原"后,要依据时代的价值观念,在马克思主义的理论框架中进行必要的"重构",如内容与形式的再次组合、诠释和重新赋予与当代相关的价值。具体来看,内容上的"重构"首先涉及精神文化资源的解读。例如,《孟子·尽心下》中的"民为贵,社稷次之,君为轻"便是孟子对民本思想的经典阐述,该思想进一步演变为以人民为主体和中心的现代理念,为新时代的发展提供了借鉴与指导。在形式上,可以观察到传统文化中的德、礼、法德治理思想。为了与现代社会相适应,这一思想被推进与深化,从而演化为法德共治模式,直接影响和服务于国家治理体制的现代化和治理能力的提升。最后,根据建设中国特色社会主义文化的当下需求,对传统文化展现出现代性的表达与重构,确保中华优秀传统文化的创造性转化能够在现代社会中展现出活力和灵活性。

二、择取与融合中华优秀传统文化的核心价值

中华优秀传统文化秉承了"折取"的精神,意在筛选优质元素并剔除非精华部分。要确保中华优秀传统文化在新的时代背景下得以传承与发扬,不仅需要基于当前社会环境对其进行发展,还应明确中华文化的核心价值,以期建立正确认知与态度。历经千载的中华优秀传统文

化,在其发展过程中遭遇过诸多挑战,但正是这些挑战成为文化繁荣的催化剂。

任何情境下,都应坚持以本土文化为基石,确保其在全球化背景下仍然稳固。在中华优秀传统文化的思想观念中,"为我所用"的思想与"文化自主性"相辅相成,反映了对于传统文化的"折取"态度,展示了不同文化间相互融合、共同成长的理念。当前,随着文化交流的加强,各个地区与民族之间的互动更为深入,因此文化融合的价值日益被社会所认知,此种融合背后所体现的是弥补自身不足,吸收他者哲学的优点。文化不再仅仅是某个单一民族的产物,早已超越了地域与种族的界限,成为全人类文明共同的遗产。当讨论中华优秀传统文化的融合与创造性转化时,应当认识到这是一个持续性、阶段性的进程。每一次文化的发展与变革,都是人类文明进步的写照,文化内容的整合,既有源于中华民族内部的元素,也有来自外部的异质因素。而中国自古便展现了一种特有的包容性,不仅表现在对外部文化的吸纳,更体现在中华民族内部各个文化、哲学流派之间的相互争鸣、辩论与吸收,这种互动性和包容性,恰恰是中华优秀传统文化的独特魅力所在,也是其能够持续流传并得以发展的重要原因。

三、借用与引申中华优秀传统文化的精神实质

中华优秀传统文化历经数千年,为中国这片土地上的人民创造了无数传世之作。在这浩如烟海的文化中,主体为致力于劳动和生产的广大人民,而客体则是优秀传统文化,创造性地转化中华优秀传统文化,即是从中提炼、继承并为之赋予新的内容。

"借用"其实指的是引用并融合。从经典文化中汲取智慧,使其渗透成为广大人民普及的世俗观念和大众文化,这是应当着重考虑的第一步骤。经典文化不应仅被封存于历史的书库中,而应时常被人们所回顾和传承。当前学术领域虽已将经典文献研究视为核心任务,但真正的创造性转化更需要接近日常,让传统与世俗相互碰撞,从而寻找到能够为文化转化带来新颖内容的生活素材,这种从日常生活中汲取的文化思维方式,对于人们的价值观选择具有极大的引导和影响力。儒家经典作为中华文化中的核心思想,通过其独特的特质和逻辑,已通过多种世俗形式深入到人们的生活实践中,我们必须重视这种日常文化,它包含了日

常生活中的文化观念和道德实践。第二个步骤则是学习和借鉴外来的西方文化,来丰富和发展自己的民族文化,每种文化背后都有其独特的民族特色,但历史证明过度保守自己的文化特性并不有利于文化的长远发展,文化的交流和吸纳是其生命力的源泉。

"引申"也是实现中华优秀传统文化创造性转化的有效手段,引申就是在继承的基础上进一步发展文化。文化在传统的基础上不断自我提炼,逐渐完善。真正的文化进步就是在继承和发展中寻找到最合适的平衡点。文化是具体和历史性的,这使得文化随着社会的进步而不断演变。然而,在这个永远在变的文化体系中,有些内容是恒久不变的,例如我们的精神文化价值。对于"引申"的核心意义,就是要从中华优秀传统文化中提炼精华,从而实现其在现代社会中的科学与合理的转化。

中华优秀传统文化之所以能够长盛不衰,不仅因为其所蕴含的道德与智慧,还因为其有着丰富多样的内容和形态,为人们提供了一个宝贵的文化资源库。从古至今,每一代中国人都生活在这样的文化氛围中,吸收和传承着这些价值和智慧,使得每一个中国人都能够在其独特的文化背景下寻找到属于自己的道路和价值观。

第三节 营造创造性转化的良好环境

一、改革文化体制机制建设

经济的迅速扩张、深刻的经济结构调整与对外开放的日趋增长,伴随着互联网技术和新媒体的持续发展,催生了各种文化思想的交流与碰撞。在此背景下,中华优秀传统文化的魅力与价值得以凸显。为了进一步挖掘并传承这一文化的深厚价值,党和国家决策层针对性地提出了中华优秀传统文化创造性转化的策略方针,强调在当前经济与社会形势下的文化价值保护与创新。

面对上述挑战,政府的支持和介入变得至关重要。为此,国家对文化体制机制进行了改革与完善,致力于处理文化中的多元价值冲突,以期达到文化和谐发展的目标。与此同时,"推进文化体制机制创新"已被确定为国家的重点任务,为此制定了一系列的战略部署和实施要求。

学者傅才武和陈庚指出,在文化体制改革的进程中,政府、市场和文化机构三大主体之间权力与利益的关系重构,是推动文化体制改革的核心驱动力,强调了文化体制机制改革的全局性和复杂性。[1]在新时代背景下,文体体制机制的创新不仅仅是简单的政策指引,更关键的是基于核心制度的创新,注重顶层设计与整体布局,并促进各个领域的深度合作。只有这样,中华优秀传统文化的创造性转化体系才能得到真正的制度性保障。政府作为重要的推动者,在中华优秀传统文化的创造性转化中,除了负责制定相关政策,还需要努力构建一个有益于文化发展的和谐环境。政府还初步建立了文化体制机制改革的政策支持体系,包括制定文化发展纲要、设立文化体制机制改革的试点项目,以及推出一系列方案和实施意见,以确保中华优秀传统文化的创造性转化得到充分的政策扶持。同时,为了加强文化事业单位的经营,政府也在推进事业单位的经营性改革,努力培养市场主体,从而增强文化事业单位的运营灵活性和创新活力。

为确保中华优秀传统文化的传承和创造性转化,政府及其相关机构对文化产品实施了严格的监管,这种做法体现了政府与文化事业单位之间的体制机制改革策略。其中,一个显著的变革便是中华优秀传统文化的创造性转化过程,从政府主导转向以文化事业单位为核心,反映了管理体制的调整,也展现了对文化价值的深度认知和尊重。公共文化服务体系的构建和完善同样离不开政府的引导和支持。如今,中国各地的公共文化服务体系已逐渐成熟,其中包括文化广场、文艺表演,以及文化信息资源共享网络等关键文化基础设施,这些基础文化设施的相继投入使用,为中华优秀传统文化的创造性转化提供了宝贵的平台。尤其针对农村和欠发达地区,为弥补公共文化基础设施的不足,政府携手多部门、企业及个体,采纳多种投资策略,共同努力推进基础设施的建设,这不仅有助于传统文化的普及,还进一步加强了民众的民族认同感。因此,可以明确地说,在文化体制和机制的改革进程中,政府起到了至关重要的导航作用,它不仅是中华优秀传统文化创造性转化的方向标,更是确保文化传承与创新并进的关键力量。

发挥市场作用,完善市场机制。在全球化及信息技术普及的大背景

---

[1] 傅才武,陈庚.三十年来的中国文化体制改革进程:一个宏观分析框架[J].福建论坛:人文社会科学版,2009(2):105-115.

下,文化的软实力及其创新力量已转变为国家之间的核心综合竞争力。在这样的格局中,对文化产业的投资和对文化市场的完善都在经济转型、提高社会生产效率和国家的整体建设中,占据了至关重要的位置。随之而来,可以观察到中国文化消费的需求日益多元,文化资源的开发和利用变得更为深入,使文化产业市场呈现出勃勃生机。对于中华优秀传统文化的创造性转化,市场在资源配置中的决定性地位已经得到实践的证明,这不仅是一个科学的选择,更是对文化体制改革和文化创新的整体把握,它们如同一枚硬币的两个面,只有当优先推动文化体制的改革,中华优秀传统文化的创造性转化才能在各领域获得真正的推动和发展。中国四十多年的文化发展,无疑取得了显著的进步,同时也积累了许多宝贵的经验和教训。在市场主导的大环境中,文化产业的目标是创新和创造。例如,网络游戏,文化产业通过互联网平台,以中华优秀传统文化为核心内容,使广大用户深切体验到传统文化的独特魅力。当前,完善的文化体制机制正在显现出其深远的影响力,并有效地推动了整体产业的发展进程。特别是对于那些不适应市场发展的体制和机制,改革成为中华优秀传统文化创造性转化的关键环节。因此,深化文化体制改革,强调市场主导的文化产业发展,以及多元、多样、多途径的创造性转化,对当前和未来都具有深远的影响。

在满足人民文化需求的过程中,政府的工作策略应紧密围绕文化体制的革新和文化发展的方向。其中,对于现实中的社会议题,不仅需要真实地进行呈现,更需通过制作群众所喜爱的艺术和文化作品来加以表达。此外,中华优秀传统文化应被认真对待,并逐步实现其在现代社会中的创造性转化,使其价值得以传承与发扬。

二、探索文化制度环境创新

制度的强大优势为国家的持续健康发展提供了关键支撑。《习近平谈治国理政》第三卷中,习近平总书记明确指出:"新中国成立70年来,中华民族之所以能迎来从站起来、富起来到强起来的伟大飞跃,最根本的是因为党领导人民建立和完善了中国特色社会主义制度,形成和发展了党的领导和经济、政治、文化、社会生态文明、军事、外事等各方面制度,不断加强和完善国家治理。"①文化制度作为制度建设的重要组成部分,随着社会经济的进展持续逐步完善,有助于中华优秀传统文化的创造性转化,为文化创新注入了改革与创新的活力,体现了在文化领域全面深化改革的基本指向。尽管文化创新能力超越了当前国家文化层次,但我国的公共文化体制尚显不足,制约了文化创新能力的进一步提升。为了满足文化创新的要求,构建一个与中华优秀传统文化创造性转化相匹配的制度体系成为当务之急。随着文化体制改革的逐步推进,新的制度结构和行业规范日益稳定,这无疑为文化创新提供了更加有力的环境。

在文化立法的推进过程中,应该明确政府、社会和企业间的制度范围,明确各自的角色和职责,以促进中华优秀传统文化的创造性转化和创新性发展。文化制度的构建,在促进各个领域转型和实现高质量快速发展方面发挥着至关重要的作用,这已经引起了广泛的社会关注。为了确保传统文化的继承和发展,应当建立相应的责任制度,并为其创造性转化提供制度性的支撑,知识产权制度也应得到进一步的完善,以保障文化创新的权益。为了进一步巩固文化创造性转化的政策基础,全国文化科学研究的规划和课题评审工作应当得到规范,同时建立完善的科研管理体系。国家政策的持续发展是推动社会不断进步的核心因素之一。同时,文化制度环境的创新也被视为国家进一步深化文化体制改革、整合文化市场,进而促进其他产业升级和经济结构调整的关键途径。在这一过程中,我们应该具备对市场的敏感洞察和对社会发展趋势的深入理解。政府应当打破现有的对公共文化供给的垄断状态,从而为更多的文化研究者和文化创作者提供参与中华优秀传统文化创造性转化研究的机会。这将使社会文化从业者能够更好地创作出贴近人民群众的文化产品。随着时代的发展和实际需求的变化,文化制度亦需相应地进行调整,创新文化服务手段,以满足多样化和多层次的社会需求。在当前的全媒体网络时代,文化产业如电子书、数字报纸和手机出版等正迅速兴起。这不仅推动了文化创意产业、文化资源和文化主体之间的紧密合作,还为文化产业带来了新的发展机遇。鉴于数字经济的迅猛发展,政府已针对此进行了新的规章制定和规范性文件的发布。体制

---

① 中国军网.凡将立国,制度不可不察也[EB/OL].https://81.cn/jfjbmap/content/2020-01/06/content_251524.htm,2020-01-06.

的改革、技术的革新和资金的投入是文化产业发展的三大支柱。在全球化背景下，文化产业正在繁荣发展，而中国的文化也正在借此机会走向世界。

三、加大中华优秀传统文化研究力度

《中共中央关于制定国民经济和社会发展第十四个五年规划和二〇三五年远景目标的纲要》指出："传承和弘扬中华优秀传统文化，推动中华优秀传统文化创造性转化、创新性发展，加强文物科技创新等"[①]。推动中华优秀传统文化的传播不仅是社会主义核心价值观中所强调的核心内容，而且对于提高文化自信，进而构建社会主义文化强国具有至关重要的作用。为了确保民族文化的连续传承和拓展，对中华优秀传统文化进行适时的创造性转化与创新性发展是不可或缺的，这被视为当前时代对我们提出的重要而迫切的任务。

中华优秀传统文化的当代价值要求我们加大对其的研究。首先，中华优秀传统文化是文化自觉意识觉醒的体现，文化自觉所体现的对文化传承与保护，是文化意识的觉醒，文化自觉是传统文化内在规律和精神内涵的把握。其次，文化自信需要对中华优秀传统文化进行全面研究和挖掘。文化自信源自对自身文化的高度认同和强烈的情感共鸣。是人们在文化上的自我实现、自我完善、自我提升的展示。中华优秀传统文化是文化自信的根基，已经深深融入人们文化基因之中。中华优秀传统文化是实现文化强国梦的强大武器。文化强国建设不是一蹴而就的，目前，国家创新驱动战略层面上，文化服务与文化事业产业发展迅猛，正带动中国经济走向更高质量发展。

针对中华优秀传统文化的当代价值，有必要加强对其深入研究。要深化文化自信，就需对中华优秀传统文化进行全方位的探索和挖掘，这种自信实际上源于人们对本土文化的深度认知与情感共振，代表了人们在文化层面上追求的自我完善与升华。不可否认，中华优秀传统文化是建立文化自信的坚实基石，它已与人们的文化基因紧密交织。中华优秀传统文化为我们迈向文化强国的梦想提供了有力支撑。然而，构建文

---

① 中国政府网.中华人民共和国国民经济和社会发展第十四个五年规划和2035年远景目标纲要[EB/OL].https://www.gov.cn/xinwen/2021-03/13/content_5592681.htm?dt_dapp=1,2021-03-13.

化强国的道路并非短暂,需要时间和努力。在当前的国家创新驱动策略中,文化服务与文化产业呈现出迅速的发展趋势,正在引领中国经济向着更为优质的轨迹前进。因此,深化对本国文化的探索,以及通过诸如《中国诗词大会》《国家宝藏》等节目,以当代的视角重新解读传统文化,都将有助于让中华文化持续释放出无穷的魅力,吸引更广泛的群众关注。

在新的历史背景下,中华优秀传统文化的研究受到了广泛的关注。为了确保研究的方向和成果的正确性,必须对中华优秀传统文化进行深入的理论探讨。其中,历史唯物主义和辩证唯物主义提供了理论框架,马克思主义则指明了政策方向。在这一过程中,必须坚守基本的研究原则,确保政策指导的清晰性,不容有任何模糊性。

随着时代的变迁,还需要调整自己的研究观念,积极应对新时代的挑战。在这个网络化、全媒体的时代,文化体制的改革势在必行。改革的核心问题在于如何转变对优秀传统文化研究的认知,因为观念是驱动改变的关键因素。与此同时,当前新时代文化建设改革的要求也使得无论是顶尖学术机构还是社会科学研究院,都需要重视中华优秀传统文化教育与学科知识的结合。在全媒体时代背景下,高等教育机构更应采纳新媒体传播的策略,促进中华优秀传统文化与现代媒体的有机结合。

为了突显创造性转化的独特性,中华优秀传统文化研究的模式亟须变革。在过去,不同学科间对于传统文化的研究显得孤立且缺乏统一的逻辑体系,对历史文献的解读也不尽完善。因此,现在我们需要重视跨学科的合作,提高研究的逻辑严密性,并构建一个全面的研究成果评估系统。

第四节　实现创造性转化的载体创新

一、发挥现代科技载体优势

在当前国家文化发展的背景下,文化与科技的深度融合和创新已成为转型的核心动力,它旨在推进中华优秀传统文化的创造性转化和文化自强。《中共中央关于制定国民经济和社会发展第十四个五年规划和

第五章　新时代推动中华优秀传统文化创新性发展的践行路径

二〇三五年远景目标纲要》已经明确提出支持新型研究型大学、新型研发机构等创新主体,同时推动投入主体的多样化、管理制度的现代化、运行机制的市场化以及用人机制的灵活化,在制度层面上为中华优秀传统文化的创造性转化奠定了基础[①]。

中华优秀传统文化想要在现代科技环境下得到创新性的展现,不仅要依赖于国家和政府的政策引导与支持,更需要确保文化科技政策的实施和执行力度。要推动传统文化的创造性转化,关键在于探寻和施行适合的科技创新政策,确保一个有利于创新的政策环境得以形成,并达到跨越式的发展。文化的创造性转化所蕴含的力量,不仅来自国家层面的资金和政策支持,还包括理论层面的提倡,同时也要注重激发人们的创新兴趣和增强其创新自主性。与此同时,科技创新的发展也对此产生了促进作用。社会环境的变迁要求我们不断地调整科技政策,使其更加贴合中国的实际情况和社会背景,比如结合实践经验,对当前不适应文化创新转化的科技政策进行评估和修正;增加政策制定的透明度,提高科技政策的社会接受度。另外,文化科技政策的执行环节同样关键。政府应当对其进行持续的研究和完善,确保科技政策的合理性和灵活性得到加强,为全面指导技术创新提供坚实基础。在此基础上,还要增强现有政策的执行力,激励企业更加积极地参与到文化创新中,准确掌握市场需求,提升科技管理部门的地位与作用。

另一方面,随着现代技术手段的不断演进,数字化产业以"数字经济"为标志正在急速崛起,为中华优秀传统文化的创造性转化提供了极佳的机遇。尽管传统的文化展现方式正逐步被现代化科技所替代,但这也为文化领域开辟了自主创新的新途径。文化创意产业不仅激发了更多公众对于中华优秀传统文化的创造性转化参与意识,而且也代表了科技与文化的有机融合,以科技作为核心载体,为中华文化的传承与创新铺设了道路。在近年中,我国在众多高新技术领域,如超级计算、5G通信、量子信息技术、载人航天等方面,均已达到或领先于世界先进水平。这些技术优势不仅为中华优秀传统文化的现代化转型提供了坚实的技术基础和保障,同时也为文化产业带来了丰富的资源与可能。特别值得关注的是"数字文化产业",这一以网络技术和信息技术为基础的新兴

[①] 中华人民共和国国民经济和社会发展第十四个五年规划和2035年远景目标纲要[EB/OL].https://www.gov.cn/xinwen/2021-03/13/content_5592681.htm?dt_dapp=1,2021-03-13.

文化产业形态,已在国家文化战略中占据核心地位。这为中华优秀传统文化在当代利用先进技术进行创新提供了独特的平台,无论是在创作方式、形态还是内容上,都为文化赋予了新的维度和意义。除去数字技术,许多其他现代技术手段也已渗透到文化的创造性转化中,创新的成果在数量、样式和内容上都在持续地得到突破与丰富。文化与科技的深度结合在当代显得尤为关键。现阶段的理解是,科技为文化提供了实现与传承的手段,而文化则为科技创新赋予了深厚的底蕴和意义。此外,文化与科技的合作不仅局限于文化的展示和传播方式上的创新,更广泛的是,传统文化为我国的互联网和信息传播行业提供了丰富的内容资源,为文化创意产业注入了源源不断的创新动力。

二、充分利用新媒体传播优势

随着新媒体技术的不断革新,中华优秀传统文化得以在更广阔的领域中传播和分享。新媒体,凭借其独特的特性,对当代社会生活产生了深远的影响。中华的卓越传统文化在此背景下,得到了创造性转化和扩展,进而拥有了众多的分享和传播平台。如今,微博、微信、百度、微信读书、学习强国、数字电视和虚拟社区等应用,已经颠覆了人们对于传统信息传播的认知。其中,微博作为一个主要的社交媒体平台,为中华优秀传统文化的传播提供了一个广阔的平台。不少文化机构、名人以及普通用户积极分享与传统文化相关的内容,从古代诗词、书法、绘画到传统手工艺、历史故事都有涉及。每当重要的传统节日如中秋、春节到来时,微博上都会出现大量与节日相关的文化内容,让更多年轻人了解并重新认识到传统文化的魅力,使得传统文化在现代社会中得以重新焕发生机。微信则是中国最大的即时通信应用,也具有强大的社交功能。除了日常沟通,微信的"公众号"和"朋友圈"还成为传统文化传播的另一主战场。很多文化机构、学者和热爱传统文化的团体,在微信公众号上发布与中华优秀传统文化相关的文章、音视频和互动课程,这些内容经常被用户分享到"朋友圈",从而达到更广泛的传播。微信还为各种线下的文化活动提供了线上报名、支付和宣传的方便,使得更多的文化活动得以顺利开展。百度是中国最大的搜索引擎,为大众提供了一个简单易用的平台,轻松获取关于中华优秀传统文化的各类信息,无论是古诗、文言文、历史事件还是民间传说,用户只需输入关键词,即可获

第五章　新时代推动中华优秀传统文化创新性发展的践行路径

得丰富的资料和相关解读。再说微信读书,这是一个整合了海量电子书籍的平台,其中包括大量的与中华优秀传统文化相关的书籍。从古典名著到当代对传统文化的解读,用户可以在这个平台上找到他们想要的资料。更重要的是,微信读书还提供了社交功能,用户不仅可以进行阅读,还可以与他人分享和交流,这无疑为中华优秀传统文化的传播增添了新的活力。学习强国作为中国共产党推出的学习应用,对于中华优秀传统文化的传播起到了积极的推动作用,平台聚焦于传播党的方针政策和国家的重大发展战略,深入挖掘中华优秀传统文化的内涵,为广大用户提供了系统的学习资源。用户可以在这里学习到古代的诗词歌赋、中华古籍的智慧、中华民族的传统习俗和价值观等。通过图文、音视频和互动形式,使得传统文化学习变得更加生动有趣。在这个平台上,传统文化与现代生活、国家发展紧密结合,使得中华优秀传统文化在现代背景下得到了更深入的解读和传播。在数字电视的众多频道中,有专门为传统文化设立的栏目,如"国宝档案""百家讲坛"等,通过影视的方式为观众呈现古代的美术、音乐、舞蹈和传统工艺,使得传统文化更为生动、形象,为各个年龄层的观众提供了更为贴近生活的认知方式。虚拟社区则为中华优秀传统文化的传播提供了一个互动和交流的空间。例如,在各大论坛、社交媒体上,有很多关于中华优秀传统文化的讨论小组和兴趣社团。在这些社群中,人们可以分享自己的学习心得,发表对传统文化的看法,或者向他人提问,寻求答案,使得传统文化的学习变得更为深入,也为人们提供了一个实践和体验的机会。

　　随着网络技术日益成熟,媒体的形态也在经历持续的进化和变革。新媒体,作为一个创新的载体平台,与传统媒体相比,为传统文化产业提供了翻天覆地的创新机会。中华文化为了在互联网空间中立足,不仅需要高质量的文化内容,还需依赖于稳固的粉丝群体和强大的流量支持,从而助力文化创新的持续发展。在当前的互联网发展势头下,新媒体技术对文化产业的推动仍然充满无限潜能。政府与企业在调整和完善相关机制的同时,应加大对创新力量的激励。借助新媒体的传播能力,进一步推进中华优秀传统文化向更高效、完善和便捷的方向迈进。

　　新媒体为文化传播领域提供了一个具有创新性的舞台,为中华优秀传统文化的创造性转化开辟了更加广泛的受众和多元化的参与主体,丰富了文化创新的手段和路径,确保了其在这个近乎"信息大爆炸"的时代中的及时性和高效性。传统文化在新媒体的优势下,突破了以往纸质媒体传播的局限性,如传播效率低、普及困难和保存期有限。新媒体提供了更广泛的传播空间、更高的传播效率、更强的互动性,实现了近乎无缝的文化传播。因此,各学科间的文化资源得以最大程度的共享,区域性的文化资源逐渐成为全球共有的文化财富,为全球文化研究提供了有力的参考。在这样的背景下,传统文化借助新媒体与多种文化观点产生碰撞,孕育出新的观念和内容,进一步加快了文化创造性转化的步伐。如今的网络环境提供了丰富的形式和载体,增加了人们了解优秀传统文化的渠道。例如,百度贴吧、微博、微信公众号等都是充分利用新媒体优势而发展起来的平台。然而,新媒体尽管具有无可替代的优越性,也带有某些潜在的风险。如何优化这一网络环境,为青少年构建一个研究、分享中华优秀传统文化的健康平台,成为了一个亟待政府与社会共同探索和应对的问题。通过整合和利用新媒体的发展形态,我们不仅可以在混杂的社会环境中传播正面的价值观,还可以借助新的传播形式,改变传统文化的传播和发展方式,更为高效地实现其创造性转化。在总结中,我们可以看到,新媒体为中华优秀传统文化的传播和创造性转化提供了更加宽广的平台和更加多元的机会,这既是一个机遇,也是一个挑战,需要我们共同探索和努力。

三、推动跨界合作与文化交流

推动跨界合作与文化交流,可以被视为当代文化发展的重要策略,表现在文化与其他行业的连接,还表现在文化的扩展和拓展,吸纳外部资源,从而为文化创新提供更多的驱动力。

首先,文化产业与科技行业之间的合作,是跨界合作的一个典型例子。随着科技的快速发展,尤其是数字技术和人工智能的应用,文化内容的生产、传播和消费方式都发生了深刻变革。例如,虚拟现实技术可以为文化展览提供沉浸式的体验,让观众仿佛置身其中;而大数据技术则可以帮助文化机构更准确地了解受众的喜好和需求,从而制定更为精准的营销策略。

除了科技,文化产业还可以与旅游、体育等行业进行深度合作。这样的合作不仅可以提高文化内容的观赏性和参与性,还可以为文化产业带来更为丰富的商业机会。例如,文化旅游项目可以将文化遗产、非物质文化遗产与旅游资源相结合,为游客提供更为丰富和深入的文化体验。而体育赛事则可以与文化节目相结合,如通过音乐、舞蹈等形式,为比赛增加观赏性。

另外,跨界合作还可以为文化产业带来外部资源,如资金、技术和人才。这些资源不仅可以为文化产业提供更为坚实的发展基础,还可以为文化创新提供更多的思维方式和创作手段。例如,通过与金融机构的合作,文化机构可以获得更多的投资和融资机会;而与教育机构的合作,则可以为文化产业输送更多的人才和技术。

当然,跨界合作与文化交流还涉及文化产业与国际市场的连接。随着全球化的深入,文化交流和合作已经成为国与国之间的重要纽带。通过与国际伙伴的合作,文化产业可以更好地了解和适应外部市场的需求和变化,从而为文化产品和服务的输出创造更多的机会。例如,通过参与国际文化节或展览,文化机构可以展示自己的文化成果,同时也可以与国际同行进行交流和合作,共同推进文化的创新和发展。在这样的背景下,如何推动跨界合作与文化交流,成为文化产业面临的重要课题。文化机构需要具备开放和包容的心态,愿意与外部伙伴进行合作,共同探索文化创新的新路径。此外,文化机构还需要具备一定的跨界能力,如跨学科的知识结构和跨文化的交流技巧,从而在与外部伙伴的合作中,既能保持自身的文化特色,又能适应外部环境的变化。而政府和社会也需要为文化产业发展提供良好的外部环境,如制定有利于跨界合作的政策和法规,建立跨界合作的平台和机制,以及为文化产业提供必要的资源和支持。

第六章 推动中华优秀传统文化"两创"的代表——《典籍里的中国》

第一节 《典籍里的中国》节目的整体概述

一、节目诞生与发展

（一）节目的诞生背景

在当代社会，中华优秀传统文化不仅是中华民族的根和魂，更是中华民族伟大复兴的精神支柱，推动其加快完成创造性转化和创新性发展显得尤为重要。然而，随着时代的发展，传统文化的传承面临着前所未有的挑战。一方面，现代社会的快节奏生活和信息爆炸使得人们对传统文化的关注度逐渐降低；另一方面，传统文化的传承方式也难以适应现代社会的需求，需要进行创新和改革。在这样的背景下，《典籍里的中国》应运而生，中央广播电视总台央视综合频道与央视创造传媒联合推出这一文化类节目，旨在通过现代传媒手段，将中华优秀传统文化呈现给广大观众，让传统文化在现代社会中焕发新的生机。

以习近平同志为核心的党中央对中华优秀传统文化作出了明确界定。在实现中华民族伟大复兴的过程中，中华优秀传统文化被视为宝贵的精神财富和重要的软实力，是中华民族的历史积淀，也是当代中国发展的重要支撑。在全球化的背景下，中华优秀传统文化也成为中国与世

第六章　推动中华优秀传统文化"两创"的代表——《典籍里的中国》

界交流的重要桥梁。

然而,如何让更多的人了解和认识中华优秀传统文化,特别是在互联网和新媒体时代,即成为了一个亟待解决的问题。传统的文化传播方式,如书籍、讲座等,虽然依然有其价值,但在新的时代背景下,显然已经不能满足大众的需求,人们需要更加直观、生动、有趣的方式来了解和接触中华优秀传统文化。《典籍里的中国》的诞生,正是为了满足这样的需求。节目选择了优秀的中华文化典籍作为切入点,通过时空对话的创新形式,以"戏剧+影视化"的表现方法,讲述典籍在五千年历史长河中的源起、流转及书中的闪亮故事,从而吸引观众的注意,让观众更加深入地了解和感受中华优秀传统文化的魅力。此外,中央广播电视总台在选择制作这一节目时,考虑到当代中国已经快速进入互联网时代,人们阅读的便利性、丰富性已经超过历史上的任何时期;但与此同时,传统文化的传承也面临着巨大的挑战。在这样的背景下,如何利用现代传媒手段,将传统经典搬上荧屏,让"典籍活起来",成为中央广播电视总台的一个重要任务。为了实现这一目标,中央广播电视总台与中国国家话剧院、中国社会科学院历史研究院联手,运用创新的手法,把传统经典搬上了荧屏,既确保节目的专业性和权威性,也能够让节目更加贴近大众,更加生动有趣。

(二)节目的发展现状

《典籍里的中国》为中央电视台综合频道与央视创造传媒有限公司合作呈现的专业文化节目。该节目自2021年2月12日亮相荧屏,其首季于2021年10月10日圆满收官,而第二季已于2022年9月24日正式开播,两个季度的播出均获得了广大观众的热烈反响与赞誉。本节目旨在运用戏剧和影视手法,通过创意的时空对话模式,生动解读和呈现中华优秀传统文化典籍的精髓。撒贝宁作为主持之一和当代读书人,以当代学者之角色,与各位嘉宾深入对话,针对经典典籍的内在含义进行探索。每一集的内容都围绕一个特定的主题,对某部经典文献进行深入的解析与展现。

从发展的角度观察,《典籍里的中国》已逐步成为中央电视台综合频道的标志性文化项目。该节目不仅为大众提供了丰富的文化飨宴,更引导观众进一步了解和关心中华优秀传统文化。

在制作策略上,相较于首季,《典籍里的中国》的第二季进行了显著的创意升级。在继承原有核心内容的基础上,该季更深入地探讨典籍的哲学内核,采用多样化、立体化的呈现策略,使古典文化的智慧得以完整展现。此外,该节目增添了观众互动环节,如实时提问、专家回应等,进一步拉近了节目与观众之间的距离,增强了观众的沉浸感。

根据观众的反馈,《典籍里的中国》得到了广泛的好评。大众普遍认为,该节目从特殊的视角和方式出发,对中华文化典籍进行了鲜活且深度的展示,使人们更加深入地感知中华文化的深厚韵味。节目不仅带领观众领略古籍之美,还引导大家思考古籍中所承载的智慧与其在现代社会的应用价值。

但同时,《典籍里的中国》亦面临挑战与问题。部分观众指出,节目在展现某一典籍时,有时过于偏重,而忽视了与其他文献或文化的交互与对比。此外,为保持节目的高品质表现,其制作成本相对较高,如何在维持品质的前提下,实现成本与效益的均衡,也是制作团队所需思考的难题。

自节目播映以来,已经获得了社会各界及众多主流媒体的积极认同。为此,本研究专门梳理并整合了各大传媒机构对该文化节目的评析与评论,详见表6-1所示。

表6-1 各大媒体对于《典籍里的中国》的评价

主流媒体机构	评价
人民网	《典籍里的中国》同样立足于优秀传统文化。其聚焦在典籍中的经典名篇,第一期选择解读《尚书》用意深远,让这部虽然诘屈聱牙但位列"五经"之中,实为"政书之祖,史书之源"的经典古籍走进了更多人的视野。同时,节目综合运用了环幕投屏、实时跟踪等新科技手段,辅以舞台分区的形式,实现古今读人的跨时空相见。这种把书中文字可视化,典籍精华故事化,达到视觉、情感冲击直观化的表现形式,可以说是妙不可言。[1]

---

[1] 人民网.文化类节目的"破圈"潮流:是喜闻乐见更是文化自信[EB/OL].http://ent.people.com.cn/n1/2021/0220/c1012-32032640.html,2021-02-20.

第六章　推动中华优秀传统文化"两创"的代表——《典籍里的中国》

续表

主流媒体机构	评价
中国青年网	作为一档文化类节目,《典籍里的中国》独辟蹊径,聚焦《尚书》《论语》《道德经》《传习录》《天工开物》《红楼梦》《本草纲目》《孙子兵法》《史记》《诗经》《楚辞》等经典书籍,通过时空对话的创新形式,以"戏剧+影视+文化访谈"的表现方法,讲述典籍在五千年历史长河中的源起、流转及书中的闪亮故事。其中,穿越古今的戏剧化呈现方式,成为节目一大亮点。节目牵引着观众的思绪和情感,让人们能够在收获知识的同时产生共情。①
光明网	把一部部典籍搬上电视荧屏,是非常大胆的想法;让一位位古圣先贤走进千家万户,是令人激动的创意。中央广播电视总台大型文化节目《典籍里的中国》不仅把这样的想法和创意落到实处,而且取得极大成功,社会各界交口称赞,尤其备受年轻人喜爱,实在难能可贵。
新华网	《典籍里的中国》通过时空对话的创新形式,以典籍为脉络,串联起中华文明史的文化之链,以期构建深刻的文化传播、交流的历史图谱。②
中国日报网	《典籍里的中国》是在《故事里的中国》的基础上升级打造的又一档文化节目,主创团队融合"戏剧+影视+文化访谈"的手法,在一部典籍、一个人物、一条主线的严谨构架体系里,创新设计出历史空间和现实空间,用时空对话营造"故事讲述场"。节目中,"当代读书人"撒贝宁以典籍为舟,带领观众畅游华夏文明之长河:今人穿越到古代,看先贤如何燃万古之明灯;古人穿越到当下,看后世如何传千年之经义。这档节目以强烈的仪式感、厚重感和时尚感,重新定义了"历史穿越",涵养着坚守初心、向新而行的精神力量。③

二、节目的文化背景

（一）与日俱增的中国力量

在当代中国,电视节目格式与传统文化内容都在与时代同步创造性

---

① 中国青年网.《典籍里的中国》树文化节目新标杆[EB/OL].https://baijiahao.baidu.com/s?id=1693716040290285297&wfr=spider&for=pc,2021-03-09.
② 新华网.《典籍里的中国》:钩沉典籍里的精神之源[EB/OL].http://www.xinhuanet.com/book/20211011/5615e97935474f8094e4874b10622b82/c.html,2021-10-11.
③ 中国日报网.《典籍里的中国》:观古今于须臾,抚四海于一瞬[EB/OL].https://baijiahao.baidu.com/s?id=1693807972370777557&wfr=spider&for=pc,2021-03-10.

转化。与此同时,多种文化类电视节目也相继涌现并积极进行改革与革新,诸如《朗读者》《中国诗词大会》与《故事里的中国》等,不仅深入探索受众喜爱的文化精髓,更进一步地结合现代科技,使得那些曾被视为沉闷的文化元素焕发出新的生命力。这些节目巧妙地采用古今对话的手法,利用跨时代的情境设置,将戏剧性的角色纳入其中,以展现人类文明与技术的飞速发展,从而深化观众对于中华优秀传统文化的自信和民族认同。此种融合现代科技的节目构建方式,不仅使典籍中那些深受人们喜爱的历史人物和故事赋予了现代的精神内涵,同时也使传统文化具有更加鲜明的吸引力。此外,中华文化之所以能持续独具魅力,其核心在于文化的连续传承思想。这种传承不仅记录了中华民族经历的坎坷与挑战,也让我们体会到了中华文化中厚积而薄发、坚韧不拔的精神力量。

1. 人物故事展示传承发展

当我们翻开中华文明深厚的历史篇章,一张历经五千年,充分体现中华文化精髓的壮观画面逐渐显现,这些历史故事和思想精髓如同"明灯"一般,不仅构成了中国力量的基石,也充分表达了中华精神的内核。在中国文学的发展轨迹中,儒学思维鼓励"真、善、美"的和谐共生,通过融合"美"与"善",为人物的塑造赋予了审美价值和感受力。五千年文化历程不仅代表中华民族坚持的价值观,同时也孕育了华人的情感纽带和个性取向。对于致力于文化遗产和热衷文艺的人而言,讲述中国故事、发出中国声响是传播中华话语的核心,应当立足现代,运用现代的科技手段,对那些流淌在历史长河中的经典文献进行创新性转化,使中华优秀传统文化在今天的社会中得到真正的传承和再生。电视文化节目对于中国传统文化的推广起到了极大的促进作用,不仅向公众普及了文化知识,还在中国文艺创作中占据了不可或缺的地位。大部分文艺作品都深受中国经典文化的熏陶,完整地保存并诠释了中华历史经典与传统文化,文化遗产在提升中国在国际舞台上的文化软实力方面发挥着至关重要的作用,展示了中华民族秉承传统与创新并进的姿态。当前,不论是《典籍里的中国》还是《国家宝藏》和《故事里中国》这类文化节目,在人物塑造上都巧妙地融入了现代科技元素,借助时空穿越与互动对话的形式,展现了典籍和国宝背后的丰富人物与文化内涵,从而更好地展

第六章 推动中华优秀传统文化"两创"的代表——《典籍里的中国》

示了中华民族的坚毅与恒心。尤其是《典籍里的中国》,作为一个独特的文化节目,其成功的背后正是对民族精神的深度挖掘和展现。历史上的人物往往是民族精神的最好传递者。从秦始皇统一六国,到唐代的开元之治;从神农尝百草的神话,到袁隆平在稻田中的身影;无论是自然灾害如1998年洪水和2008年汶川地震,还是公共卫生事件如2019年的新冠疫情,都展现了中华民族面对困境时的决心和斗志。在现代社会中,随着观众的精神追求不断升华,他们对于节目内容的新颖度与独创性有更高的要求,这成为许多电视节目获得成功的关键因素。

电视节目创作背后的原动力部分源自观众对于内容的新鲜求异心态。中国的典籍中所描绘的人物均具备中华民族坚毅不屈、持续向前的特质,他们如同中华文化中不懈追求卓越的"传播者"。节目《典籍里的中国》成功地将古典故事人物推向大众视野,运用现代的互动沟通方式,呈现了他们的情感与信仰。以《天工开物》为例,宋代的青年宋应星抱持强烈的家国情怀,孜孜不倦地寻求知识,虽然最终未能获得令人瞩目的官方头衔,但他仍誓将全力以赴,回报祖国,不求回报。为农民传授农业知识,他倾尽全力,并因此创作了影响深远的农业经典《天工开物》。宋应星展现出的世间本无事,庸人自扰之的胸怀使他在科研领域里始终不渝,继续追求和实现价值。在《天工开物》中还展现了一个引人注目的场景:古代的宋应星与现代的袁隆平在历史与现代之间建立了桥梁,互相认知并携手向前。这不仅是对科学追求的世代传承,更是中华文化中独特的浪漫情怀。众多经典文献中的历史人物,例如司马迁在《史记》中为历史记录而承受的苦难,伏生在保护书籍过程中的无私奉献,都是对中华民族精神的历史演绎与实践,同时也是文化传承的深度体现,这些历史人物以其行动为证,昭示了坚忍不拔、全心全意报效国家的核心价值观。

2. 科技进步彰显技术创新

随着现代科技进步的驱动,电视制作的领域也呈现出一种迭代和创新的趋势。制作者逐渐认识到,只有真正深入探索和挖掘文化的新奇性与深度,才能产生持久的影响力,并且他们还意识到,单纯追求受众短暂的新鲜感和兴趣是不够的,真正的成功在于能够在未知的范围内找到受众的共鸣,同时挖掘更深远的文化精神。为了突显中国传统文化的博大精深,结合现代技术的创新,电视制作者力求在文化类节目中为受众呈现一个历史悠久,跨越"古"与"今"的全新视角,使经典的人物和事件得到现代科技的再现。《典籍里的中国》在广大的文化电视节目中独树一帜,成功地将古籍知识转化为大众所能理解和共情的内容,这背后不仅得益于先进的技术支持,更与核心团队的细致策划和全面考虑密不可分。节目中,科技手段被巧妙应用,构建了一个能够跨越历史的沉浸式舞台,实现了对古今历史的时空对话,让观众在同一时间和空间中,体验到跨时代的历史变迁和故事情节。此外,结合独白与旁白的双线叙事技巧,展现了历史人物深藏的情感与冲突,该节目致力于将封存在"故纸堆"与"象牙塔"之中的文化传统带入日常生活,触动人心,形成深入的情感连接,这不仅是对节目形式的创新,更是对传统文化传播方式的重塑。另外,得益于中央电视台的影响力以及主持人出色的表现,这档节目在公众中产生了广泛的共鸣,进一步提升了收视率。例如,在《典籍里的中国》的一个分集《天工开物》中,引述了"生人不能久生而五谷生之,五谷不能自生而生人生之"的古籍文句。在节目内容中,袁隆平和宋应星这两位伟大的人物,虽然历史背景相隔数百年,但在此被巧妙地联结在一起,进行了跨时代的"相见"。这种独特的表现方式,无疑为观众提供了一场深具冲击力的视听体验。

在第五期《论语》中,研究团队首先阐述了其在古代作为启蒙读物的重要地位,详细介绍了孔子那著名的格言"有朋自远方来不亦乐乎"。节目中汇集了诸多专家学者,他们共同体现了"三人行,必有我师焉"的儒家哲思,深入探讨孔子的教诲及其儒学思想的深远影响。其中,"知之为知之,不知为不知,是知也"这一核心理念,在节目中被反复提及,深刻地表现了《论语》在中华优秀传统文化中的深入人心的地位。撒贝宁,作为"读书人"的代表,采用了创新的方式,穿越时空与仲由先生进行深入的对话与交流,从中深化了对《论语》的认识。这段看似幽默的交流,实则蕴含了强大的科技支持,"工欲善其事,必先利其器"这句古训恰如其分地概括了其背后的技术逻辑。节目中的"时空隧道"成为重要的桥梁,连接着过去与现在。撒贝宁引导着仲由先生,跨越千年时光,走进典籍书屋与当代孩童共同学习《论语》。这种前所未有的科技展现,为观众带来了强烈的视听震撼,展现了科技与文化的完美结合。对于现代观众,他们不仅追求视觉的享受,更期待通过科技与文化的深度融合,获得深入心灵的体验。时代的发展与科技的跨越式进步,使得中华

第六章　推动中华优秀传统文化"两创"的代表——《典籍里的中国》

儿女更加深刻地体会到了作为中华民族一员的独特福泽。这样的节目形式,不仅展现了中华优秀传统文化的魅力,更彰显了当代科技创新与文化的紧密结合,呈现出一个充满智慧与美感的文化盛宴。

3. 思想观念引领时代进步

中华优秀传统文化悠久且深厚,展现了中华民族漫长的历史与文明进程,其核心思想赋予了中华民族独特的国家精神——坚毅、进取、永不停歇。自古以来,这种卓越的文化就鼓舞着华夏子孙,推动他们勇往直前,确保中华文化葆有独树一帜的风貌和丰厚的文化底蕴。

翻开古老的文献,可以深入感受中华文化的精髓。例如,《典籍里的中国》第九期中,对古代哲学巨著《道德经》进行了深入的探讨。这部作品,以老子在担任守藏史期间的心路历程为主线,描述了老子在求道、悟道、传道过程中的点滴,尤其是他对"上善若水"哲学内涵的探索。这不仅是对哲学巨匠的敬意,也是对东方智慧的赞誉。

中央民族大学历史文化学院的学者蒙曼教授指出:"老子的智慧不仅照亮了那个时代,它也穿越两千五百多年照亮今天,比方说我们一直提到的'上善若水',它是个人的修养,也是处事的原则,已经融入我们中华民族的性格之中,成为我们民族精神的一个重要组成部分。"[1] 北京大学哲学系教授及老子学研究会会长王中江补充:"老子的道法自然在两千五百多年后的今天,仍需要我们践行,这也说明了《道德经》具有穿越时空的恒久价值。"[2] 在遥远的函谷关,老子对宇宙、社会和人的生命之理的思索,为子孙后代铸造了一种永恒的精神遗产。文化思想的传递并非仅限于节目的传播,更关键的是给受众心中带来的文化安慰。观念的发展和传承使得中华优秀传统文化得以持续,而民族精神的培育赋予了文化体系一种与时代相契合的感觉。只有深化观众对文化思想的归属感和认同感,我们才能够真正地引导社会前行。

---

[1] 蒙曼. 寸草春晖:传统文化典籍中的家学智慧[M]. 北京:中国妇女出版社,2022:54.
[2] 王中江. 老子学集刊(第7辑)[M]. 北京:中国社会科学出版社,2022:211.

（二）一脉相承的传统文化

1. 造型、舞美、音乐，沉浸式的视听体验

《典籍里的中国》作为一档深度挖掘中华优秀传统文化的电视节目，以其独特的舞台设计和戏剧化的表现手法，得到了广大观众的热烈响应。其舞台呈现的设计理念结合了古典与现代，采用了多重元素相互融合的技法，既展示了文化的丰富内涵，又不失现代审美趣味。在节目的舞台呈现上，团队深入研究各种舞台艺术元素，如灯光、音乐和色彩等，旨在实现一个和谐、统一且具有高度创意性的舞台视觉效果。其中，通过灯光与音乐的设计，将传统文化与现代审美相结合，形成了一种天人合一的艺术效果。特别是在节目中对中华古典舞蹈的展现，不仅彰显了中华文化的深厚底蕴，更使得整体叙事更为流畅和富有动感。以第六期《孙子兵法》为例，节目中对于舞台的利用做到了极致。舞台被划分为多个独立的区域，每个区域都与不同的故事情节相对应。观众坐于仿佛穿梭时空的隧道的两侧，可以亲历舞台上的场景变化和角色的呈现，独特的舞台设置使得观众仿佛穿越回古代，与历史人物进行面对面的对话，感受那段历史的氛围和情感。除此之外，为了丰富舞台表现，节目在单一的舞台空间之内，创设了多个小型舞台，不仅增强了节目的观感层次，还能够更好地根据不同的典籍内容，灵活切换场景，展开相应的叙事。为了让观众更加沉浸于节目中，节目组还特意设计了可灵活调整的观众座位，使得观众能够从不同的角度，全方位地体验到节目所带来的视听震撼。

2. 内容、形式、修辞，文法里的妙笔生花

中华优秀传统文化如古籍、唐书、宋词、文物和乐理等，都是先祖们所积累的深厚文化遗产，这些文化遗产目前成为许多文化类电视节目的共通传播内容，也是推进中华民族精神建设和继承传统文化的核心要素。《典籍里的中国》正是将这些典籍文化置于主导地位，为现代观众呈现丰富的文化宴席，满足了大众对于文化精神的深层次需求，可谓近

第六章　推动中华优秀传统文化"两创"的代表——《典籍里的中国》

年电视领域中的一抹清新之风。电视作为当代主要的传媒工具,其与传统文化的结合,不仅让传统文化焕发新的生机,更在深度上挖掘了中华典籍中包含的敦促奋进、涵养性情的深厚内涵。此类节目在内容设计、形式创新及修辞技巧上都刻意强调对传统典籍思想和民族精神的提炼与传承,在视觉和听觉上满足了现代观众的审美需求,更在内容深度上增强了人们的文化自信。以《典籍里的中国》中的一期为例,其中引述了一段源于《史记·太史公自序》的文案:"维昔黄帝,法天则地,四圣遵序,各成法度;唐尧逊位,虞舜不台;厥美帝功,万世载之。"这段经文展现了深沉的文化底蕴,为观众带来了独特的视听享受与丰富的历史感悟,更展示了中国古代浓厚的文化积淀和文化传承的宝贵性。

3. 人物、文物、故事,典籍里的前世传奇

《典籍里的中国》在首期以《尚书》为题,重点揭示了西藏洞窟的重要考古发现,进而探讨这部古籍是如何在文化传承的进程中被重新发掘的。电视节目将古籍的流传历程以戏剧的艺术形式进行呈现,并逐渐成为当代文化节目的标志性风格。通过对人物、事件及其背后的古今对照,这种戏剧表现为广大观众提供了一个独特而生动的视角,以刷新的叙事手法让典籍重生,真正达到了绝妙之境。在《典籍里的中国》的第一期中,古籍《尚书》被赋予了新的生命,通过戏剧性的呈现,不仅展现了其无可估量的历史价值,还深入挖掘了其中所包含的丰富哲理。这部古籍,尽管起源于千年之前,却能为人们揭示"知先贤治政之本,知朝代兴废之由,知个人修身之要"。一部跨越了长河历史的"书",为世人呈现了治理的智慧之核,揭示了王朝盛衰背后的机制,同时也教诲人们关于个体修养的重要性。随着时光的推移,《尚书》不仅仅是一部千年的古籍,它与现代思想的融合体现出中华文化深厚且持久的根基,对于中华民族的文化传承与发展产生了深远的影响。

(三)古今交融的创新传播

《朗读者》《国家宝藏》《中国诗词大会》等文化类电视节目频繁呈现,掀起了公众的热烈讨论,为文化类节目的收视率塑造了一个高峰。这种受众满意度既源于制作者的精心制作和对细节的追求,归因于其对

典籍展示方法的创意变革,尤其是对节目内容的精心筛选。在节目的展示方法和创新中,其核心往往聚焦于"古"与"今"的对话,体现了古代文献与当代技术的完美结合,从而成功地吸引了大众的关注。近年来,随着制作人员对节目形态的不断尝试和对内容的深思熟虑,结合传统与原创的电视节目似乎面临了某种发展瓶颈。然而,将传统与当代元素相融合的表现方式,增强了二者间的联系,使其更易为大众所接纳。

《典籍里的中国》这一节目旨在吸引观众的注意力,更关键的是为观众揭示和解读古籍背后的深厚文化内涵。节目通过和谐的音乐、庄严的灯光、戏剧性的表现以及融入现代技术的立体舞台呈现方式,为观众深入剖析每一部典籍背后的故事。以该节目的第三期为例,由撒贝宁这位"当代读书人"引导,他带领观众跨越时空的界限,深入探讨《史记》这部"善于条理、明确而不过于华丽、真实而不俗气"的经典。在节目中,他与《史记》相关的众多英雄豪杰进行了"面对面"的交流,充分展现了节目对知识深度和时间维度的广泛涵盖。深入典籍,体验其中的极致之美,将典籍中的人物与当代进行关联,为观众呈现了一个既客观又主观、宛如身临其境的沉浸体验,使他们沉醉于这种细致入微的感受中,并且古与今相交融的呈现方式,使该节目实现了一个重要的突破,能够更加精确地传达节目的意图,展现了一种与历史相结合的视角。

三、节目的创作特色

(一)至真至善:守正原创典籍,宣扬华夏文明

1. 深入典籍,活化历史

《典籍里的中国》的核心特色之一便是其对古代典籍的深入研究与解读,其并不仅仅停留在文字的表面,而是真正地挖掘典籍背后所蕴含的哲学思想、历史背景和文化内涵,使得古代的文字和故事在当代观众眼中焕发出新的生命力,成为一种与现代生活紧密相连的文化资源。

中华文明历史悠久,典籍繁多。众多典籍记录了中华民族的历史变迁、哲学思想、文化艺术、社会制度等各个方面的内容。然而,随着时间

第六章 推动中华优秀传统文化"两创"的代表——《典籍里的中国》

的推移,许多古代典籍已经被遗忘,或者被误读。为了更好地传承和发扬中华文明,有必要对这些典籍进行深入的研究和解读。《典籍里的中国》正是基于这样的背景和目的而诞生的。节目中的讲述者结合现代的研究成果,对古代典籍进行深入的解读和分析,为观众呈现一个更加立体、生动的古代中国,还可以纠正一些对古代典籍的误读和误解。

而活化历史并不是简单地将古代的事物搬到现代来展示,而是要在尊重历史真实性的基础上,结合现代的语境和观众的需求,为古代的典籍赋予新的解释和意义。例如,当讲述古代的哲学思想时,节目会结合现代的社会现象和问题,使这些古老的思想在当代社会中发挥出新的作用。并且在现代社会中,人们面临着各种压力和挑战,有时候可能会感到迷茫和困惑,而古代典籍中的智慧和哲理,可以为人们提供一种指引和启示,帮助人们找到生活的方向和意义。除此之外,节目在对典籍的解读中,每一段文字、每一个故事都是在深入研究的基础上,结合古代的语境和背景进行解读的,对原文的尊重和忠实,使得节目在活化历史的同时,也能够真实地传达典籍的原始意义和价值。

2. 聚焦经典,深入传统

《典籍里的中国》通过对经典文献的深入研究,为观众展现了中华文明的核心思想和价值观。对于许多现代观众来说,古代经典文献可能显得晦涩难懂,但《典籍里的中国》却能够将这些文献中的故事和知识以生动、有趣的方式呈现出来,使其在现代社会中重新焕发生机。节目还特意挑选了中华文明中的经典文献,如《诗经》《易经》《左传》《道德经》等,这些文献不仅仅是中华文明的代表,更是中华民族精神的载体,通过对经典的深入探讨,节目希望能够引导观众更加深入地了解和欣赏中华优秀传统文化。例如,《典籍里的中国》的第九期节目选择了《道德经》作为主题,这本经典的古籍是中国哲学鼻祖老子的代表作,也是道家哲学的核心经典。《道德经》是一部探讨宇宙、人生、道德和政治的哲学著作,它的内容深邃,语言简练,充满了哲理。在《典籍里的中国》这一期节目中,节目制作团队精心策划,将《道德经》中的核心思想和哲学观点进行了深入的解读和展现。节目中,通过对《道德经》的逐章解读,观众得以更加清晰地理解老子的"无为而治""道法自然"等核心思想。同时,节目还结合现代社会的实际情况,探讨了《道德经》中的哲学观点对于现代人的启示和意义,为观众提供了宝贵的智慧和启示。节目还邀请了多位学者和专家,对《道德经》进行了深入的探讨和分析,学者和专家从不同的角度,为观众展现了《道德经》的多面性和深度,使得观众能够更加全面地了解这部经典著作。

3.人物指南,致敬智者

《典籍里的中国》每期均根据古代圣贤的指引,深入探讨中国古代的经典典籍。例如,第六期节目以孙武的《孙子兵法》为核心,节目起初引述了"兵者,国之大业也,死生之地,存亡之道,不可不察也"的铿锵之言。而"当代读书人"撒贝宁负责主持,细致讲述《孙子兵法》的深远渊源,众多文人齐聚为观众揭示这部千古之作的背后之谜。再如,节目在解读《周易》时,以孔子为引导,横跨上古、中古及近古三大时代,深入挖掘这部被誉为"群经之首"和"大道之源"的古籍,带领观众体会其深奥的东方哲学,赞美古代先贤那种为人民服务、秉持正义的伟大精神与美德。

电视节目《典籍里的中国》精准传达了古代圣贤们的哲思与高远的精神风貌,展现了经典典籍所蕴藏的广博知识与跨时代的贯通,其内容就仿佛是一场寻根问源的文化盛宴,通过时空交织的叙述方式,利用古今相映的戏剧传递手法,生动再现了古籍的形象和古代圣贤们坚定不移的信念。经典典籍是历史洪流中闪耀的篇章,代表着中华文明的根基,也是一代代"读书人"对前辈遗愿的深情缅怀与继续承传。

(二)独具匠心:嫁接穿越剧情,打破时空隔阂

1.利用话剧演绎辉煌历史

《典籍里的中国》是中央电视台发布的文化类电视节目,以独特的手法将话剧艺术与传统电视展示融为一体,成功地将中华优秀传统文化的核心理念表现在观众面前。该节目不仅为传扬我国传统文化提供了重要平台,更使古代文化典籍的美学得到充分再现。

以《尚书》节目为例,完美地体现了话剧与电视节目的结合。《尚书》

第六章　推动中华优秀传统文化"两创"的代表——《典籍里的中国》

这部古籍,因其内容博大精深、文辞见微知著而对当代读者来说难以直接理解,而单纯地采用传统电视播放的模式去解读它可能导致观众体验的下降。为此,《典籍里的中国》在制作上展现了开创性,将戏剧化的手法与典籍中的人物和故事相结合,利用新媒体技术,为观众营造出仿佛亲临其境的视听感受,还促使他们能更为深入地理解和感悟典籍中所隐含的丰富文化与思想理念。

2. 以穿越形式打破时空隔阂

《典籍里的中国》通过采用"穿越剧"这一广受欢迎的艺术形式,将我国历史上真实的事件以话剧的方式展现给观众,体现了文化电视节目的创新精神。此节目成功地将古代与现代的对话融合,打破了历史与现代时空的界限,使得古代历史画面直观地呈现给观众,也使得古籍中所描述的故事更具人文情怀,且为观众提供了一种深沉的感受体验。

在设计穿越的剧情时,节目特别采纳了双向穿越策略,使得古代人物与现代人物能够在同一时空内互动,表达各自所处时代的思考和见解,进而突显中华文明的延续和其卓越的文化成果。值得一提的是,在第二期名为《天工开物》的节目中,作为"读书人"的撒贝宁率先登场,为宋应星与袁隆平这两位历史与现代的代表性人物搭建了一座时光之桥。此种古与今的交汇手法,展现了我国古代与现代在科技领域的传承与持续发展,不仅打破了时间与空间的障碍,更激发了观众的情感共鸣,让他们深切体验到科技探索过程中的种种挑战与不懈努力。

3. 借助于现代科技打造优质文化节目

如何确保制作的文化类电视节目能够受到观众喜爱,对此需借助于创作者独特的艺术表现和新媒体技术的创新运用。随着我国社会快速进步,前沿技术不断渗透并改变着人们的日常生活及思维方式。通过结合现代科技与古老的中华文化,使之互补,达到双方提升的效果。文化节目在展现中,新媒体技术带给观众更为丰富的视听体验。例如,《典籍里的中国》通过出色的舞台效果,将观众带入一个时间与空间交织的维度,让人们感受到的视听冲击更为真切,这都归功于新媒体技术的巧妙运用。在节目中,搭配柔和的背景音乐、情感丰富的文言诗词朗读,与精致的舞台设计相互呼应,为观众营造一段穿越时空的旅程。与此同时,细致入微的摄影构图使观众仿佛身处古代。传统的主持人演说模式得以更新,采用了舞台互动、大屏呈现和AR虚拟技术,让观众更加深入地体验远古时代的生活情境。在首期《尚书》节目中,观众得以一睹"伏生护书"的经典故事。利用先进的科技作为节目创作基石,运用舞台变换、倒叙和插叙等叙述方式,巧妙地还原历史瞬间。而且,节目采纳互动式的沟通机制,利用实时互动、微博互动、微信平台等多种途径,观众能够直接表达对节目的感受和意见,助推了中华优秀传统文化的传播,也让国人再次对古代文化产生浓厚兴趣,从而增强了民族的文化自豪感。

(三)扣人心弦:创作精益求精,打造文化精品

1. 基于观众视角,设置文化看点

为了使公众深入了解中华优秀传统文化并培养文化传播的责任感,电视节目起到关键的桥梁作用。然而,当前我国的文化类电视节目因同质化问题日益严重,观众对此类节目的关注程度持续下降。因此,面对这一情境,电视节目创作需持续创造性转化,以打造出更加符合观众口味的文化节目,进而丰富其精神生活。在设计文化节目时,制作团队应首先针对观众的文化消费趋势进行深入研究,并对社会对文化的关注动向进行搜集。利用新媒体技术,展示文化的多样性,并在此基础上进行持续优化和调整。《典籍里的中国》这档节目正是这样创作出来的。它脱离了传统真人秀的喧嚣,将文化传播置于核心地位,旨在缩短节目与观众的距离,并为观众带来互动体验。它采取舞台穿越剧的模式,生动地呈现了历史文化的独特魅力。该节目播出后,受到了广泛的好评,观众对中华优秀传统文化的兴趣显著上升,全国各地涌现了一股热衷于传统文化的潮流。

2. 把握文化精髓,丰富节目内容

文化类电视节目的策划和制作,要求其内涵深厚、具有高度的学术与审美价值。在策划之初,定位节目的核心创作方向和预期效果是至关

第六章 推动中华优秀传统文化"两创"的代表——《典籍里的中国》

重要的,同时需考虑到观众的文化审美需求和接受水平。为确保观众在观赏后能深刻感悟节目中所蕴含的深意及中华优秀传统文化的魅力,节目表现形式的创新与完善显得尤为重要。为了达到这一宏伟的目标,节目的主创团队不仅需要对典籍有深入的研究和认识,还需具备文献整理、分析与提炼的能力。在本节目的初期策划阶段,团队积极与65位文化学者深入交流,查阅了相关的68部文献并深度研究了超过1000篇学术论文,整理出的笔记字数甚至超过了一百万。经过深入的研究与考证,团队最终决定采用"穿越式"舞台剧的方式来呈现节目。在舞台剧脚本的撰写过程中,团队也持续追求卓越,进行了53次的修订与完善,确保其内容真实、精确且具有观赏价值。这种对待文化的敬重与追求完美的态度,最终使得节目达到了预期效果,赢得了广大观众的普遍好评与赞誉[①]。

3. 用心演绎戏剧,真诚感染观众

电视节目《尚书》经由深度研究和精心编排,呈现了中华优秀传统文化中的一段段历史故事,旨在弘扬古人之智慧与品质。在节目中,杰出的演员们通过对历史人物形象的细致塑造,让这些伟人的形象栩栩如生,为观众展现了古人的风采。首季节目特邀了众多实力派演员,其中包括倪大红和李光洁等。在这一季中,倪大红饰演的伏生展现出了一种仿佛历史上真实存在的气质,尤其是他口中所述的"而今将书还于天下,我已无憾矣",无疑使得观众情感达到了顶点。而后续季中的《天工开物》选择了李光洁来塑造宋应星的角色,他成功地揭示了宋应星那种矫健风流的风范,为观众带来了一种历史与现实融合的震撼。撒贝宁与王嘉宁作为主持人,均表现出色,不仅为观众展示了知识性的内容,更是为整个节目增加了丰富的情感层次。值得一提的是,第七期中,以公元前296年楚怀王被扣押在秦国为背景,演绎了楚怀王与屈原之间深厚的友情。撒贝宁站在历史的角落,以一名旁观者的身份,引领观众走进这一段感人的历史。楚怀王的台词"我最大的遗憾就是无法再回到楚国的土地",充分展现了他那份对故土的深厚眷恋。而屈原,由王洛勇扮演,他的眼中满是对友人的惋惜:"我最大的遗憾,是没能劝你留在楚

---

① 郑雪寒.电视节目《典籍里的中国》的文化意蕴与艺术表达研究[D].曲阜师范大学,2022:23.

国。"在这场景中,两位角色都深情满溢,瞬间触动了观众的情感。更为深入人心的是,节目中对于友情的细腻处理,王洛勇饰演的屈原在悲伤之中,却又回忆起与楚怀王的点滴,特别是他们曾共同的梦想——种植橘子。而橘子,则成为两人之间深厚友情的象征。王洛勇在节目中的演技,无论是语言、表情上,还是情感上,都达到了一个很高的层次。《典籍里的中国》不仅仅是一个展现历史的节目,更是一个对中华优秀传统文化的创造性转化,通过对古代故事的再现,唤起了现代人对传统文化的关注与思考,真正达到了感动观众的目的。

第二节 《典籍里的中国》节目的主题文化意蕴

一、认知重构:体验强烈的文化认同

(一)勇于创新:打造中国"偶像"

在中国的电视节目制作中,《典籍里的中国》虽然是一个新的尝试,但在此之前,已经有如《故事里的中国》和《朗读者》等文化型节目登陆荧屏。然而,与《乘风破浪的姐姐》《王牌对王牌》和《快乐大本营》这些以娱乐为主旨的节目相比,纯粹的文化类节目在数量和影响力上均显得较为有限,上述这些现象的存在,某种程度上反映了我国电视节目在类型与表现手法上的不足,也暴露出大量非我国原创节目占据荧屏的现象,并且值得深思的是,国内在内容创作上曾过度依赖引进国外节目,尤其是文化类的节目在"引入"阶段往往因文化、社会和历史背景的差异而受到挑战。

中华优秀传统文化中儒家思想的影响深远,在当代电视节目中随处可见儒家思想的踪迹。中国的文化传统蕴含着丰富的智慧,有助于解读古代的政治、文化和教育问题,为现代社会提供独到的视角。例如,"仁者,爱人"这样的经典语句不仅展现了崇高的人生追求,也在现代社会中仍有深刻的意义。儒家文化的博大精深,自古至今都能在各个领域中找到其应用,这为电视节目提供了丰富的思想基础和多样的文化背景。

第六章 推动中华优秀传统文化"两创"的代表——《典籍里的中国》

儒家文化对电视节目的制作起到了至关重要的作用,它为节目注入了文化的灵魂,提升了其内涵,并塑造了鲜明的人物形象。

电视媒体,在现代社会的文化传播领域占据着不可替代的地位。作为这一领域的佼佼者,电视利用其"拟态现实"的特质为受众呈现生动而有影响力的内容,逐渐替代了古籍的直接阅读,让青年一代能够更直观地感受到中华优秀传统文化的熏陶。尽管这种变迁方式可能暂时使得古籍的直接阅读受到影响,但从更宏观的角度看,实际上是一种现代技术与古代文化的有益碰撞,为传统文化的传承和创造性转化提供了全新的路径。作为国家级媒体机构,中央电视台制播的文化内容和形式直接或间接地影响着广大受众的价值观和审美取向。电视节目因其特有的互动性和共鸣力,能够让观众产生强烈的认同感和信任感。当这种媒介力量与传统文化相结合,其影响力和传播力将会得到无与伦比的放大。在重视中华优秀传统文化研究的同时,国家需要进一步挖掘和利用文化的核心价值,引导和推动电视媒体向更有深度、广度和高度的方向发展。电视节目《典籍里的中国》就是在这样的背景下应运而生的。该节目通过挑选典籍中的经典人物,并对其进行合理的艺术化处理和提炼,创造出与时俱进的"优质偶像"。不论是"白发婆娑、垂垂老矣"的伏生,抑或"民生为先"的周武王,抑或是致力于农业科研的袁隆平院士,还是被誉为"钱尚书"的尚书学会会长钱宗武,他们都代表了中华优秀传统文化中那一份"仁者,仁心也"的精神内核。节目中的这些"偶像"不仅为受众带来了深刻的文化启示,更将儒学的仁义之道融入了日常的节目演绎中,形成了一种与众不同的、"情景合一"的文化展现模式。这种模式不仅加深了国内受众对传统文化的认同,更使得中华文化在国际舞台上得到了广泛的传播和赞誉,为全球观众呈现了一个真实、多维、魅力四溢的"中国偶像"和中华优秀传统文化。

《典籍里的中国》这一电视节目独具匠心地对古代经典人物,如儒家与道家经典中的人物进行了再塑与重述,节目借助先进的声、光、电等技术手段,在节目中重新解读与呈现了我国古代经典中的人物形象,为之赋予新时代的情怀,从而呈现出一个旧时代的"新偶像"。这一呈现模式无疑受到了后现代主义的解构主义影响,特别是在纪录片中的人物塑造上,节目将深入的人物形象以简洁、直观的方式展示给观众,使观众在短暂的时间内能够深刻感受到人物的真实、立体,进一步实现了节目的核心宗旨:"为历史人物赋予现代情怀,进而树立新的民族偶像。"

在第九期,国家大剧院的田沁鑫导演、王庆祥教授和张桐教授分别塑造了老子在不同年纪阶段的形象。节目中巧妙地运用碎片化的历史回溯,简明扼要地突出了老子的核心形象,避免了人物形象的"二元冲突",使得典籍中的人物形象得以更为鲜明的展现。节目团队之所以采取这种方法,重点是为了对人物形象进行重塑,而非深入分析道家复杂的思想体系或人物的内部冲突。而在展现老子的《道德经》时,制作团队同样借鉴了后现代主义的平面化叙事技巧,用简明易懂的方式进行演绎。尽管这可能牺牲了对道家深层学说的挖掘,减弱了文化深度和历史沉淀感,但它确实增强了对主要人物的塑造力度,提升了节目的观赏性,并简化了观众的解读过程,并降低了观众的认知门槛,也满足了广大观众的观赏需求。

电视节目《典籍里的中国》在制作过程中,十分注重深入挖掘和呈现中华优秀传统文化的内涵。在揭示老子思想的那一期节目中,为了更加准确地传达"上善若水,水善利万物"的理念,演员在拍摄前深入研读相关文献,探索老子与水元素之间的深厚联系。在总导演的指导下,团队选择了老子"守藏之室"的经历作为重要的演绎焦点,系统地展示了老子求道、悟道以及传道的整个生命轨迹。此过程不仅是对这位杰出哲学家的敬意,更是对其智慧人生的精妙呈现。老子的哲学观念"道生一,一生二,二生三,三生万物"具有长远的影响力。身处王朝动荡、周王朝衰落的历史背景下,老子编撰的《道德经》五千余字,传承了生生不息的文化精神。节目中,"道法自然"的道家思想得到了完美的诠释,为现代观众呈现了与生俱来的哲学真谛。对于演职人员来说,如何将"法天、法地、法自然"的深沉思想通过戏剧化的手法展现出来,无疑是一次巨大的挑战。王庆祥老师成功地塑造了一位坚韧不拔、形象鲜明的老子,为观众展示了一位具有坚定信念的中国"偶像"。

另外,该节目在介绍《本草纲目》的那期中,通过创意的手法重现了李时珍的传奇人生:"白天跋山涉水采草药,晚上挑灯夜战撰图书,四十余载铿锵坚持。"当李时珍握着精美的"刊印版"《本草纲目》时,他感慨地说:"这一刻,我等了一辈子。"节目巧妙地利用视听技术和音效,将这一深情的瞬间传递给了观众。通过对这些历史人物形象的重构和创意呈现,成功在新时代树立了中国的新偶像形象。微博上的话题"李时珍穿越400年看刊印版本草纲目"的火爆热度进一步证明了,通过对历

第六章　推动中华优秀传统文化"两创"的代表——《典籍里的中国》

史人物进行结构重塑的创意方法,能够激发中国青年及学术界对"中国偶像"的高度关注,这也是中华优秀传统文化传承与发展的核心要义。

在探讨"中华五千年文明绵延不息"的深厚内涵时,李时珍的人生经历与贡献无疑为其增添了鲜明的一笔。决策经常意味着在复杂的环境中权衡得失,李时珍的决定,从勇敢选择医学之路到毅然决然地重新整理医学经典,正是这样的决策体现。在寻找珍贵草药、研究行医技艺和编纂《本草纲目》的过程中,他历经困境,克服重重障碍,为此受到了广大人民的敬重。尽管李时珍自小健康状况欠佳,但他仍然怀有强烈的医治愿望,这在很大程度上是受到家族的医学背景和父亲的潜移默化影响。他十四岁时中了秀才,返回家乡。但值得注意的是,尽管其家族背景深厚,其父亲却并不鼓励他追求医学事业。原因在于,父亲在长期的医疗实践中已深知医学之路的艰辛,因此出于对儿子的关心与保护,不希望他也经受同样的困境与苦楚。

电视节目《典籍里的中国》深入解读了李时珍从少年到壮年,经历的种种挑战与情感纠葛。其中,他在面对家庭压力时展现出的决心,更是令人印象深刻。那句"身如逆流船,心比铁石坚"精准地描绘了李时珍在医学事业上的坚定与执着。王劲松在剧中所塑造的李时珍形象,尽显其在丧父的巨大打击下,仍能坚韧不拔,持续前行的勇气,这无疑是对真正的历史人物、对真正的"中国偶像"的最好致敬。

(二)情节设置:强化互动讨论

电视节目《典籍里的中国》采用了当代文学的表达技巧,结合戏剧化的演绎手法,深入挖掘古代典籍中的精髓,将其复杂的内容简化并呈现给观众。这一过程不仅使经典文献得以永续传承,而且展现了历史文化与当代思想的交融。该节目成功地将儒家、道家、佛学等多元的中华优秀传统文化融为一体,展现了中国传统文化的深厚内涵和包容性。中国的传统文化,如同一艘载满精美内容、思想广泛的巨大航船,为文化类电视节目提供了源源不断的创意灵感,从而提高了节目的整体质量。儒、道、佛等文化,都在节目中得到了长远的传播,使观众仿佛身临其境地经历了一场文化之旅。乘坐"典籍"这一文化列车,观众得以一览古今的文化风貌,体验文化的原始魅力,与古代智者进行深入的交流,并在轻松的语境中参与相关话题的讨论。值得注意的是,尽管节目的更新节奏并不快速,但其收视热度持续攀升。在节目完结之际,观众并未出现常见的观看疲劳现象,反而对节目的关注度逐日增强。此外,文化类图书在网络书店的销量也呈上升趋势,预示着全民阅读典籍的新时代已经拉开帷幕。这不仅是古今文化的交汇、融合和交流,更是主流媒体在当前文化消费背景下,对节目内涵的深度解读和对多元价值的挖掘。《典籍里的中国》不仅让古籍"活"起来,激发了观众的共鸣,还引发了人们对典籍的广泛讨论和思考。

以下是电视节目《典籍里的中国》在微博和抖音平台上的话题数据的柱状图(详见图6-1和6-2)。

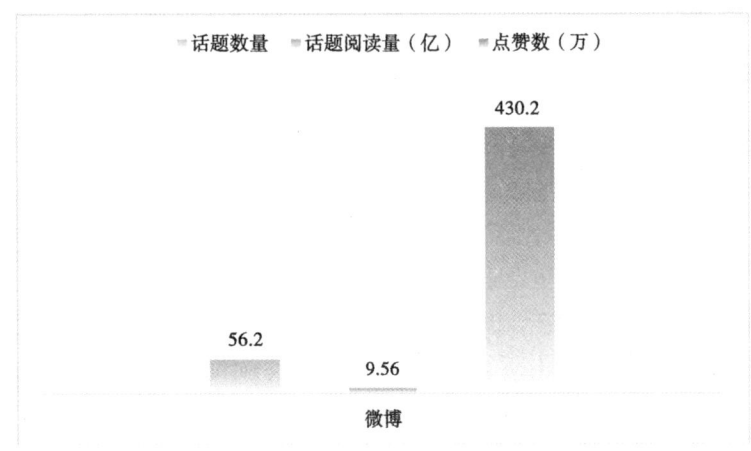

图6-1 《典籍里的中国》在微博平台的话题数据

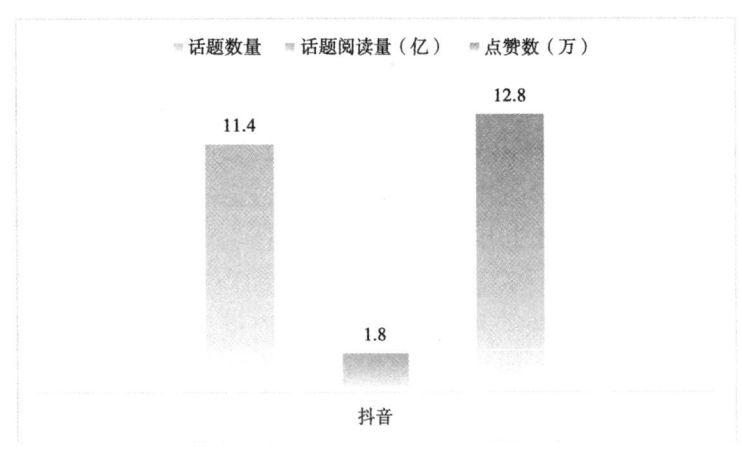

图6-2 《典籍里的中国》在抖音平台的话题数据

第六章 推动中华优秀传统文化"两创"的代表——《典籍里的中国》

上述的柱状图展示了电视节目《典籍里的中国》在微博和抖音两个社交媒体平台上的话题情况。在微博平台上,这个节目的话题数量达到了56.2万个,话题阅读量达到了9.56亿次,点赞数也达到了430.2万。这些数据表明,《典籍里的中国》在微博上受到了广泛的关注和讨论。作为中国最大的社交媒体之一,微博的用户覆盖面广,参与度也高,这个节目在微博上的高热度和高讨论度也侧面反映了其受观众喜爱的程度。而在抖音平台上,虽然话题数量、话题阅读量和点赞数相比于微博有所降低,但也同样有着相当高的关注度。抖音数据表明《典籍里的中国》在抖音上也受到了广泛的关注和讨论。抖音作为中国最受欢迎的短视频和社交媒体平台之一,拥有大量的年轻用户,而《典籍里的中国》的话题度和热度也显示出了其对于各个年龄段和不同社交媒体用户的吸引力。"典籍热"引破圈层传播,自发形成新媒体语境下的口碑传播,拉近典籍与年轻人的距离,激发用户个人成长。传承过去,开启未来。

（三）重塑认同:传达主流价值

方李莉指出:"文化直接要求我们做到两方面,第一,重新认识传统文化,激发民族主体意识,增强文化的认同感。第二,让传统文化转向现代化发展。同时使文化能够借《典籍里的中国》快速融入全世界文化体系当中,这个节目抓住了这样的机会。"[1] 随着娱乐化的节目内容充斥电视屏幕,受众的注意力被五花八门的娱乐节目所吸引,导致对传统文化的关注和认知逐渐减弱。然而,文化类电视节目作为传播中国思想和文化的重要渠道,其在文化传播中的作用不容忽视。利用电视这一媒介,结合多媒体和图文形式,可以生动、形象地将中华优秀传统文化呈现给全球观众。为了更有效地传播中华优秀传统文化,需要深入挖掘受众的心理需求,将传统文化与现代表达方式相结合,帮助受众更好地认知历史文化,加强他们对文化的认同感,传递主流价值观,并展现传统文化的精神内核。典籍,作为了解传统文化的重要途径,应被广泛引入各大电视节目中,使之成为传播文化的桥梁。以中国传统文化中的"儒释道"三教为例,各自在思想上都展现出了博大的包容性。其中,"三教归一"

---

[1] 方李莉."文化自觉"与"全球化"发展:费孝通"文化自觉"思想的再阐释[J]. 民族艺术,2007(1):80-87.

的文化思想为节目内容提供了多元化的表达方式。诸如儒家的"仁者爱人",道家的"道法自然",以及法家的"法、术、势"等思想,虽然各具特色,但都是中华文化的重要组成部分。在这样的文化背景下,节目应以文化的精髓为基础,提炼其精华,去除其糟粕,从而传达主流的文化价值观,并重塑文化经典。特别是在"娱乐至死"的时代背景下,《典籍里的中国》这档节目有机会展示古代先贤的卓越智慧与现代文化价值观的完美融合。例如,《周易》中的"天行健,君子以自强不息"正好与中华民族的"刚健有为,自强不息"的精神相呼应,为观众打造一个跨越古今的文化认同,激励他们积极向上、不断进取。这不仅能够弘扬传统文化的核心价值观,还能为治国安邦提供有力的文化支撑。

在《典籍里的中国》系列节目的第八期中,重点探讨了《徐霞客游记》这一重要典籍。徐霞客出身于显赫家族,但他对中华大地的深沉热爱使他决定以地理探索为己任。尽管他曾经身无分文,甚至需要"袜裙三事悬于寓外,冀售其一,以为行资"以维持基本的生活需求;尽管他在湘西的旅途中遭遇盗贼,财物被劫,即便友人劝其返回,他仍坚决表示:"不欲变余去志。"这种坚韧不拔的精神,使他勇于挑战传统地理观念,特别是对儒家经典《禹贡》中关于"岷山导江"的错误看法,他通过实地考察为之提供了有力的反驳。徐霞客用了三十余年的时间,完成了他的《徐霞客游记》。这部作品不仅是他对自然的观察记录,更是他对科学真理探索的坚持和勇气的体现。他的这种对科学事业的毫无保留的奉献和对科学高峰的不懈追求,向我们传达了一个深刻的信息:"朝碧海而暮苍梧",追求真理和知识的决心是当代最核心的价值观,这种价值观应当被广大受众所继承和发扬。《典籍里的中国》这一系列节目,每期都为观众带来了丰富的历史经验和文化内涵。历史,如同一幅生动的画卷,其中蕴含了丰富多彩的人物和民俗风情。该节目成功地将现代视角与中华五千年的优秀传统文化相结合,为观众展现了一幅幅描绘中华文化盛衰兴亡的壮丽画面。"立时代之潮头,通古今之变化,发思想之先声",这一理念在历史的长河中贯穿了古今的思想变迁,凝结了中华民族的集体精神。一系列节目在文化领域引发了一场"典籍热"和"文学热"的热潮,旨在传承古代的文化思想,培育现代的独立文化思维,并弘扬"仁者"的主流价值观。

第六章　推动中华优秀传统文化"两创"的代表——《典籍里的中国》

二、情感演绎：领悟有形的文化建构

（一）情感建构：传递家国情怀

典籍在揭示历史事实和传递民族情感方面具有不可替代的价值。电视节目《典籍里的中国》不仅是文化传播的渠道，它还更多地扮演着传统的守护者和历史的见证者角色。该节目采用多元化的叙事视角，构建了丰富的叙事层次，深入探讨了我国古代经典文献背后那些触动人心的历史故事。通过一系列生动而有深度的研究案例和奉献精神的展现，成功地向观众传递了其对工作的敬重和深沉的爱国情感。中国的传统文化在儒、佛、道、易以及中医学说中均有深入的研究和体现，这些文化精髓基于传统文化的理论体系，被巧妙地融入节目内容中。通过艺术化的呈现，赋予了节目丰富而深邃的文化底蕴，展现了持续不断的科学探索精神。该节目并未采用简单直接的教育式传播方式，而是选择以古典文献故事为核心，巧妙地将现代观众与古代经典文献相结合。这种方式使观众能够深入地感受故事中的细节和情感，从而触动其内心深处的情感，实现一种"润物细无声"的艺术效果，进而通过情感的引导，传达了深厚的家国之情。

电视节目《典籍里的中国》里选取的典籍书目不仅具有深厚的教育价值，更是中华优秀传统文化中"豁达乐观，宽容和平"思想的体现。其中，《论语》《道德经》以及《传习录》等经典之作，均为中华文明的代表，融合了儒家与道家的文化精髓。正是基于这些传统文化的根基，中国文化在精神层面得以迅猛发展，如"仁、义、礼、智、信"，不仅是人们生活中的精神支撑，更是人生价值的真实体现。正如孟子曾经指出："天将降大任于斯人也，必先苦其心志，劳其筋骨，饿其体肤，空乏其身，行拂乱其所为，所以动心忍性，增益其所不能。"深刻地揭示了他对于坚韧不拔的追求精神。为了进一步唤醒中华优秀传统文化的热情，需要相应的电视节目进行配合，以防止"知及之，仁不能守之，虽得之，必失之"的情况发生。合理地运用"仁者"的思维，可以使节目更好地传达"豁达乐观，宽容和平"的核心精神。此外，节目巧妙地利用意象作为传达手段，通过对典籍中的人、事、物进行意象化的描述，进一步强化了典籍的思想内涵和精神价值。这种方式不仅丰富了节目的内容,更使观众能够更深入地理解和感受到典籍中所蕴含的哲学和智慧。

在电视节目《典籍里的中国》的第七期中,节目重点探讨了《楚辞》中的《离骚》与《橘颂》两大篇章。该节目通过深入剖析屈原的外在形象,试图为观众呈现其卓越的人格魅力、人性的辉煌以及深沉的家国之情。以《橘颂》为例,节目巧妙地运用了橘子这一意象,展现了屈原对于国家的深沉热爱和对于民族的深厚情感,进一步揭示了他"天下为公,尊崇大同"的崇高理想。在整个节目中,"橘子"这一意象出现了五次,可见其在节目结构中的重要性。实际上,橘子不仅仅是一个简单的意象,更是串联整个节目,展现事态发展各个阶段的关键元素。通过这种创造性转化,观众得以深入理解《橘颂》中所蕴含的丰富文化内涵,感受到屈原视天下、国家为己任,将困境、磨难、凌辱视为磨砺自己意志的试金石。

节目中,撒贝宁手持现代的橘子,仿佛穿越时空,通过《橘颂》为观众解读《离骚》背后屈原的思想深度和人生追求。这种独特的呈现方式,正是中华优秀传统文化的体现。在《离骚》中,屈原的经典名句"路漫漫其修远兮,吾将上下而求索"以及在《天问》中对宇宙万物的探索精神,都被巧妙地引入到节目中。当观众目睹天眼和宇宙飞船升空的壮观景象后,屈原的声音响起:"我把我的诗句写在了竹简上面,但他们却将诗写在了太空。"这种创意的表现手法让观众对屈原的家国情怀肃然起敬,更是深深地感受到了那种充满激情的中国情,激发了人们的奋发向前、昂扬进取的精神。

《楚辞》被誉为古代浪漫主义诗歌的代表性总集,其中蕴含的道家思想"淡无为而自得,虚与待之兮,无为之先"强调了与自然和谐共生的哲学。这种"无为"之思,即是不违反自然的原则。当深入解读这种哲学时,不难发现,只要中华民族坚守团结,持续进行创造性转化,遵循社会的客观规律,不背离社会的道德伦理,那么国家必将稳固地立于世界各民族之中。《论语》作为儒家学说的经典,其地位之崇高,与《楚辞》在道家文化中的地位相当。在某期《论语》的节目中,我们可以看到如何继承和传播"己文化",同时也展示了如何利用现代科技手段来传播"他文化"。节目中孔子与弟子们围坐一起喝粥的场景,展现了师生间深厚的情感纽带,他们之间的相互谦让,使我们深感师生之间的关心与关怀。而"三人行,必有我师焉"这句话,更是让我们认识到追求真理和普及大道的过程中所遭遇的种种困境。再如,节目《天工开物》中,展示了

第六章　推动中华优秀传统文化"两创"的代表——《典籍里的中国》

一个科学家如何为人类谋福利的梦想。这些生动的意象,都是为了强调大情怀,通过具体的小事来衬托出来。而在《本草纲目》这一期中,我们看到了李时珍这位伟大的医学家,他为国家、为人民,不畏艰难,坚持不懈,将人民的生命安全视为己任。另外,在《孙子兵法》这期节目中,更是展现了对战争持有的谨慎态度。在战前的策略分析中,如果发现战争的条件不成熟,那么和平是最宝贵的选择。这种战略思维与我国现行的和平外交政策是相辅相成的。在这些典籍中,还有许多广为人知的故事或人物,如"力拔山兮"勇猛的项羽、坚韧不拔的勾践等。电视节目《典籍里的中国》正是通过这种方式,来塑造和引导我国国民的价值观、世界观和人生观。它不仅解读了中华民族传统五千年文化的精髓,还将其与多元文化相结合,为观众呈现了包含哲学、仁爱、与自然和谐共生的中华优秀传统文化。

(二)思想建构:回溯集体记忆

在社会学领域,记忆被视为一种集体行为,不只是个体的思维反应,更多的是群体的共鸣和共识。当一个社会现象被群体所记忆,往往代表了该群体对于某一历史事件或文化符号的共同认知。《典籍里的中国》便是一个典型的例子,该节目通过双重解读的策略,将文化符号和意义呈现给观众,进而触发观众的集体记忆,产生深刻的共鸣。

文化记忆不仅仅局限于文字,还可以通过民俗、礼仪、图像、口述等多种形式得以传承,这些记忆载体往往反映了一个群体在某一时期对于某一社会现象的共同理解和评价。例如,当某一社会事件被广大人群所记忆时,这一事件的特定细节和意义可能会被刻画在某一文化符号或物品上,成为后人研究和解读的重要线索。电视节目《典籍里的中国》采用了一种独特的叙述策略,以"政书之祖,史书之源"的《尚书》为起点,逐步深入到《论语》《天工开物》和《本草纲目》等典籍,节目通过舞台演绎的方式,将这些古籍中的经典故事生动呈现,触发了观众的集体记忆,产生了强烈的共鸣,这种创造性转化的叙述方式,结合了现代技术手段,成功地还原了古代社会的真实面貌,传播了古籍中的文化精髓,更重要的是,唤起了观众的文化记忆,使那些家喻户晓的古代故事在当代得以传承,成为社会公众共同的文化遗产。通过对传统文化的创造性转化和现代化呈现,可以更好地理解和传承中华优秀传统文化,更可以激活公众的文化认知,使这些文化符号在现代社会中得以延续和发扬。

在当代社会中,众多经史典籍在人们的心中往往仅留下了碎片化的印象,导致其深层的故事和文化内涵难以被完整地领悟。电视节目《典籍里的中国》旨在对社会大众碎片化的记忆进行整合,构建一个完整的文化记忆体系。节目通过精心策划,采用倒叙、插叙等叙事技巧,对典籍中的人物故事进行深度的演绎,旨在为观众提供一个原汁原味的历史体验。"读一本书,识得一人"这一古老的理念在节目中得到了充分的体现,节目不仅重现典籍中的故事情节,更通过节目制作组的创意想象,对历史人物进行了细致入微的刻画。为了增强观众的沉浸感,节目组特地选择了演技出众的演员,并为他们设计了个性化的造型,演员通过对历史事件和人物的现场还原,使观众仿佛穿越时空,进入那个历史时刻。值得一提的是,每当故事演绎接近尾声,都会有学者以旁白的形式进行深度解读,为整个故事"画龙点睛"。而结尾的点评则保持了中立的态度,不加入个人情感色彩,意在引导观众进行多维度的思考。

以《本草纲目》这期节目为例,节目详细描绘了李时珍的一生,从他的童年经历到晚年岁月,展现了一个历史人物丰富而立体的一生,时空的流转不仅使得人物更具层次感,同时也增强了其历史感和时代感。更为重要的是,节目通过对李时珍尝试各种草药,为中医药事业做出的巨大贡献进行了深入的展现,使观众能够深刻感受到他那种为国为民的家国情怀。

在电视节目《典籍里的中国》中,导演巧妙地运用了立体舞台设计,旨在重塑观众对于古代文人的集体记忆。该节目的舞台布置巧妙地融合了古今元素,为观众提供了一种沉浸式的观赏体验。舞台的中心部分是一个充满古韵的书房,撒贝宁坐在其中,房间的角落点亮了一盏微弱的灯,为整个场景增添了一丝神秘和历史的沉重感。在这昏暗的书房中,撒贝宁沉浸于古籍的阅读中,完美地再现了古代文人在静谧夜晚的读书情境。此外,节目中的服装设计也是一大亮点。演员们在服装间忙碌地更换着各种风格的服饰,这些多样化的服饰造型不仅展现了节目组的精心策划,更是对中华优秀传统文化的一种创造性转化。当身着古代服饰的演员与身穿现代服饰的演员相遇并互相行礼作揖时,这一场景仿佛打破了时空的界限,将古今两个时代完美地融合在了一起,为观众提供了一种全新的视角,使他们能够重新审视和理解古代典籍中的人物形象。

第六章　推动中华优秀传统文化"两创"的代表——《典籍里的中国》

（三）文明建构：激发文化自信

在历史的长河中，中华五千年的文明历程展现了国人在面对困境时的坚韧与毅力，这种持续的文化自信与生命力，是中华优秀传统文化得以连绵不断、日益繁荣的关键因素。华夏大地上，五千年的历史留存了无数的文化珍宝，其中包括深厚的文化精髓，如儒家、道家、佛家等思想体系，它们均展示了中华文化的深厚底蕴，这些古典文献和故事，至今仍具有深远的教育意义。电视节目《典籍里的中国》精选了一系列大众熟知但对其内涵仅有片面了解的经典作品，这些作品不仅在国内广为传颂，而且在国际上也享有盛誉。在《典籍里的中国》节目中，当代"读书人"撒贝宁的参与，为节目注入了青年的视角。他通过朗诵典籍，与古籍中的历史人物展开对话，这不仅是对古人思想的传承，更是对中华文化力量的再次释放。撒贝宁在朗诵中展现了对古圣先贤的深厚敬意，同时也彰显了对科学精神的崇尚。他的行为为当代青年提供了一个学习的典范，成为现代青年追随的方向标。特别是在节目《尚书》一期，撒贝宁以"读书人"的身份，与古代学者伏生进行了一场跨越时空的对话，深入探讨了伏生的学术成就与成长经历。

在节目《天工开物》中，撒贝宁以现代人的身份出现，与宋运星通过现代文明的标志——电子书进行了文化交流，这种古今的碰撞一定程度上反映了当下青少年在阅读中的实际情境。在《论语》的节目环节，孔子曾探询："你们能够想象两千年之后的时代是怎样的一个时代吗？"撒贝宁回应："两千年后的今天，是一个每个人都可以手捧电子书进行读书的时代。"孔子除了露出惊讶的表情，更有深深的羡慕与期待。中国传统文化所蕴含的包容与博大，经由历史文明的积淀，助力提升了国民的文化自信。《诗》《书》《礼》《乐》《易》与《春秋》为六经之列，其中《易》位列首位，其所传达的哲学辩证思维为："积善之家，必有余庆；积不善之家，必有余殃。"在第十期的《周易》节目中，它被塑造为中华优秀传统文化的源泉，为中华文化确立了宇宙观、世界观及价值观，彰显了中华民族对祖先的深厚敬仰和文化的深沉渊源。对《周易》的深入研究和解读，使我们能够透过它感受到跨越千年的天文、艺术和宗教，深入体验中华"天人合一"的核心价值。这样的研究不仅能够巩固文化基础，追溯文化源头，更能确保文化价值观的世代传承。

文化构成了中华民族立国的基石。在《典籍里的中国》中,通过戏剧化的表现形式,将古籍中的故事生动地呈现出来,旨在让现代人更为深入地理解古代圣贤的坚定信仰与追求,以及他们所达到的崇高境界。该节目不仅传达了中华优秀传统文化的核心价值观,还展示了我国丰富的文化遗产,鼓励青少年从中汲取自信,真正地担当起继承和创造性转化传统文化的责任。节目中所选取的经史典籍,如同点缀在中华五千年历史长卷中的璀璨明珠,代表了我国文化的真正精华,并为未来的发展指明了方向。如节目中所述,我们的生命起源于何方?我们的生命将要往何去处?这实际上强调了现实与历史关系的处理之重要性。

三、价值升华:认知无形的文化品格

(一)传承性:培育时代新人的价值观念

在现代社会中,青少年代表着国家的未来和希望,他们不仅是正在积极学习和进步的新一代,更有许多已经成为国家的中坚力量。要想实现国家和民族的振兴,关键在于培养和加强青少年的力量,使他们成为国家的坚强脊梁。为此,需要为他们提供一个充满中华优秀传统文化的文化环境。

电视节目《典籍里的中国》不仅仅是一档普通的节目,更是中华优秀传统文化和价值观的传播者。在首期的《尚书》中,节目深入探讨了与我国社会主义核心价值观相对应的古代思想,如"克明俊德"与友善,"允恭礼让"与诚信,"协和万邦"与和谐。节目进一步指出,国家的稳固和安宁建立在以民为本的理念之上。在第五期的《离骚》中,诗句"后皇嘉树,橘徕服兮,受命不迁,生南国兮"展现了诗人深厚的爱国情感。真理的追求不仅需要坚定的信仰,更需要完善的人格支撑。这种人格不仅融入了真理的探索中,更在真理的传递中得到了体现。第二期节目中的《天工开物》讲述了宋应星的人生经历。尽管他多次参加科举考试均未成功,但家人始终坚定地支持他。最终,宋应星凭借自己的努力和家人的鼓励,成功编写了《天工开物》,为农民提供了宝贵的农业技术指导。他的人生哲学是淡泊名利,始终将人民的利益放在首位,展现了一种超脱世俗、胸怀壮志的伟大人格。

第六章　推动中华优秀传统文化"两创"的代表——《典籍里的中国》

在探讨世间的宏大真理时,不得不提及敬畏自然与爱护人类的重要性,这是文明得以绵延不断的基石。西汉著名历史学家司马迁坚持真实记录历史,不为虚伪所动,不掩盖恶行。他耗费毕生精力,完成了被誉为"史家之绝唱"的《史记》。在对待历史事件时,他始终保持客观公正的立场,不让个人情感影响其公正性,由此赢得了唐太宗的赞誉:"以史为鉴,可以正衣冠。"在当代青年的价值观构建中,"以史为鉴、以铜为镜"已经成为文明传承的核心理念。在《典籍里的中国》的第九期中,得以一窥老子的传世智慧。在郭店楚简中,发现了老子战国时期的《道德经》,这部作品深刻地展现了中华优秀传统文化的深厚底蕴。《道德经》传递的是老子两千五百多年的智慧,强调了主流文化在各个时期、各个国家的发展中的重要性。这部经典文献不仅涵盖了宇宙论、文学论、政治学的精髓,更是一部不可或缺的哲学巨著,引导读者深入探索中国哲学,解读东方的智慧,并向青年传达主流文化的价值,探索宇宙的根本。

在轴心时代,希腊涌现出了如苏格拉底、柏拉图等思想巨匠,而在中国,老子和孔子则是当时的代表性人物。《道德经》所蕴含的文化思想不仅包括了宇宙论、文学论、政治学的精华,更是一部引领受众探索中国哲学、解读东方智慧的重要著作。托尔斯泰对老子的评价为"上善若水",所有事物都应遵循自然的法则。老子的文化思想,如柔克刚、变化无常,也对孔子的思想产生了深远的影响。中华优秀传统文化为国民思想的构建提供了方向,对新时代青年的主流价值观的形成起到了至关重要的作用。

自古以来,中华优秀经史典籍在历史的长流中似乎逐渐被遗忘,其中一个重要原因是古籍的深奥与晦涩。现代青年对这些古籍尊重与敬畏并不意味着他们能够真正理解和接近它们,这无疑是一个文化遗憾。电视节目《典籍里的中国》正是基于这样的背景,以中华优秀经史典籍为创作蓝本,巧妙地将我国古籍中的历史人物和事件进行戏剧性的再现。通过结合现代媒体技术和科技手段,该节目将古籍的魅力重新展现在青少年观众面前,让他们能够如身临其境般深入感受古代文化思想和人物魅力,这不仅为青少年带来了宝贵的历史教育资源,更是对中华优秀传统文化的创造性转化与创新性发展。

（二）指引性：坚定人民群众的理想信念

在电视节目《典籍里的中国》中，我国丰富的历史文化演进被生动地呈现。该节目倡导深入研究中国古代文化，并致力于成为这一文化的继承者，以此来对抗西方文化的冲击。有了坚实的文化基石，我们便拥有了坚不可摧的意识形态。自古以来，我国展现出了无与伦比的创造力，如大禹"敷土，随山刊木，奠高山大川"的治水智慧，以及"先列饲蚕之法，以知丝源之所自。盖人物相丽，贵贱有章，天实为之矣"的纺织技艺。又如司马迁的卓越记忆力，他的过目成诵令人叹为观止。每一项技术的诞生都伴随着挑战，但也彰显了我国深厚的创新精神和动力。

这些文化成果的缔造者，大多源于我国的基层劳动人民。正因为他们，我们得以认识到，基层劳动者是我国文化的真正传承者，他们构成了实现中华民族伟大复兴梦想的基石，也是我国在世界各民族中坚定立足的关键。只有当我们的心中充满信念和力量，我们才能维护坚固的意识形态和信仰，将中华民族紧密团结。民众在追求国家梦想的道路上，必须勇敢面对并克服各种困难，才能最终肩负起民族的重任，走向民族的复兴。节目中提及大禹治水的故事，特别强调了他三过家门而不入的坚定决心，这正展现了大禹为民众福祉而不顾个人的高尚品质。正是因为有如大禹这样的无数劳动者，中华文明才得以在世界东方屹立数千年，中华文化才得以流传至今，不曾中断。

为了继续传承和发扬这一文化，我们必须坚守文化的根基，培养文化自信。我们还可以从节目中了解到司马迁的智慧、蔺相如的大局观、尧舜的谦逊和黄帝的爱国情怀，还有宋应星为人民写下实用之书的决心。节目通过现代化的传媒技术，为观众呈现了一系列生动的历史故事，触动人心，激发了观众的理想信念。

（三）联接性：凝聚华夏子孙的精神纽带

《天工开物》中的"逢山开路，遇水架桥"理念，深刻地体现了中华优秀传统文化的核心精神，这不仅是对我国独特的精神特质的展现，更是对全球的一种文化宣示。一个国家的精神力量，不仅是其独特的标识，更是国民之间的共鸣和认同。当国民共享一种精神特质时，他们便能形

第六章 推动中华优秀传统文化"两创"的代表——《典籍里的中国》

成一致的意识形态。这种意识形态,源于对文化的深厚认同,为中华民族的复兴提供了持续的动力。民族的核心精神,在这种意识形态中得到了充分的体现,为我国文化的创造性转化注入了不竭的活力。

在《典籍里的中国》中,历史典籍的故事成为叙事的主要工具,它通过精彩的叙述,传达了主人公所代表的民族精神。这种叙述,通过对角色的细致刻画,使得人物形象更为丰满和立体,从而达到了使观众产生情感共鸣的效果。例如,《天工开物》中的宋应星与护书人伏生,都是情感丰富、形象饱满的角色。他们通过对"精忠报国"的深沉诠释,展现了历史人物的崇高奉献精神,进一步推动了民族精神的持续发展。节目中的多样化叙事策略,使其超越了时空的限制,成功地将古代与现代文化融为一体。

电视节目《典籍里的中国》深度探索了中华优秀传统文化,其编排中融合了多种艺术手法,为观众呈现了古籍中的经典故事。该节目不仅具有浓厚的文化底蕴,更通过精湛的演技,使观众产生了如身临其境的沉浸体验。

在第一期的《尚书》中,节目展现了伏生在战乱纷飞的时代,如何凭借一家之力,坚守对古籍的保护。尽管在逃难过程中,古籍的沉重给他带来了不小的困扰,但他始终未曾放弃。旁白的解读与评价为叙事增加了深度,也进一步激发了观众的探索与求知欲。

第九期的《道德经》则探讨了学术界中对待问题的多元看法。在这一期中,撒贝宁扮演了一个时空旅行者的角色,他将古代与现代的文化思想巧妙地融合在一起。基于对古代思想的深入研究,撒贝宁仿佛穿越时空,与古人进行对话。他来到了老子的时代,聆听老子关于"道"家思想的解读。老子认为,"道"是天地万物的根源,它无处不在。不同的人会有不同的解读,从各种角度都能洞察"道"的真谛。

节目的舞台设计巧妙地展现了老子一生的不同阶段,包括老年和中年的老子。这种戏剧化的呈现方式为观众提供了一个深入体验老子思想的机会。通过"古"与"今"的时空转换,观众能够领悟到人生充满了哲学意义,这种历史性、客观性、严肃性和学术性的节目定位,为观众提供了一个全新的视角,帮助他们理解和欣赏中华优秀传统文化。

逆流而上的思维方式,使得中华文化得以世代传承。老子所强调的"自然"观念,实际上无处不在。例如,现代人在山东省济南市章丘区发现的周代城墙遗迹,向我们展示了一些曾经被埋藏的历史,遗迹都经过了后期的修复和处理,但仍然提供了宝贵的历史信息。"道法自然"的观念,实际上从战国时期就开始被广泛应用。无论是当下的、还是未来的,无论是主观的、还是客观的,文化创作都是连接受众精神的纽带。

第三节 《典籍里的中国》对中华优秀传统文化"两创"的探索

一、古为今用,挖掘优秀典籍中具有当代价值的文化精神

《典籍里的中国》每期精选一篇历经岁月、受到国内外赞誉的经典之作,深度解读其所蕴藏的具备现代意义的文化理念。采用创新的传播策略和呈现技巧,使得古籍中的文言文与古诗词"生动"地展现在眼前,赋予尘封的经典新的生命力,不仅让古籍中所包含的哲学内涵更为直观,触动人心,更为当代人们指引了精神的方向,中华优秀传统文化在此得到创造性转化,为读者带来深刻的启示。

(一)权威论证,遴选优秀传统典籍

中华文明历史悠久,其深厚的文化底蕴在众多古籍中得以体现。古籍不仅记录了中华民族的漫长历程和文明进程,更是中华智慧与文明的集大成者。经过历史、文化、传播等多领域的学者与专家的深入研究与评析,《典籍里的中国》精选了一系列具有代表性的古籍。其中,《尚书》被誉为"政书之祖,史书之源",《天工开物》是中国首部涵盖农业与手工业的综合性百科全书,《史记》被称为"史家之绝唱,无韵之离骚",这些历史巨著,都是中华优秀传统文化的瑰宝。这些典籍不仅讲述了感人的传承故事,更蕴藏了丰富而深邃的思想内核,充分展示了中华文明中所蕴含的智慧、精神和价值观念。这些古籍是中华民族的宝贵财富,它们提供了一个"理解中华文明、感受中华智慧"的窗口,也是对未来进行"创造性转化"的基石。

第六章 推动中华优秀传统文化"两创"的代表——《典籍里的中国》

(二)观照当下,挖掘当代价值

在解读古代典籍的过程中,《典籍里的中国》以当代价值为核心标准,精选古籍中与现代社会文明契合的卓越思想进行深入的解读和广泛的传播。首期内容以伏生在秦时期保护、传递《尚书》的故事作为引子,详细叙述了《尚书》的传世之谜,以及大禹治水、武王伐纣等重大历史事件。这不仅生动地展现了中华民族如何代代相传、守护其文化遗产,确保民族精神的连续性,而且也揭示了华夏自古以来的统一历史和文化渊源。更为重要的是,典籍为我们揭示了"民惟邦本,本固邦宁"这一深植于中华民族心中的民本哲学。中国共产党始终秉持为人民服务的宗旨,坚决维护人民的权益、关心人民的感情、追求人民的利益,并始终坚持人民为中心的发展方针,这正是中华优秀传统文化中"民惟邦本,本固邦宁"思想的现代诠释和实践。

《天工开物》则着重探讨了"贵五谷而贱金玉"的农业中心思想,以及格物致知和经世致用的科学哲学。通过宋应星的生平,生动地解读了《天工开物》序言中"此书于功名进取,毫不相关也"的核心价值观。这种对技术进步的尊重、对科技创新的热忱和对人生目标的追求,即使跨越了数百年,仍与现代观众产生深刻的思想共振,触动人的内心。历史是最好的教科书,通过回顾历史,可以从中吸取智慧,更加深入地理解当下的中国。

重温古典文献,不仅是为了汲取古人的智慧,更是为了帮助我们更加深入地理解和解读当下的中国。在这个过程中,可以更好地理解中华优秀传统文化的真正价值,以及它在现代社会中的重要地位和作用。

二、模式创新,以跨越时空的古今对话激活典籍生命力

《典籍里的中国》打破电视节目制作常规,以"文化 + 戏剧 + 影视"的模式,充分融合电视、戏剧、影视表现手法,运用新技术、新手段完成跨越时空的古今对话,将蕴含在典籍中的中国智慧、中国精神、中国价值,进行故事化、可视化、场景化的艺术呈现,令流传千年的典籍真正"活"起来。

(一)典籍人格化,激发观众共情共鸣

《典籍里的中国》采用以一部经典文献、一位关键人物、一段历史故事为核心的叙述策略,将古籍赋予了人性化的特质,为其注入了生命力与情感深度。当面对中华民族的经典之作《尚书》时,该节目不走寻常路,而是选择以伏生为书付出、为书传承的历史为主轴,采用戏剧化的叙事结构和影视化的呈现手法,深入挖掘《尚书》的传世之路。演员倪大红以其感人的演技,成功地展现了伏生为保护古籍无私传承的崇高形象,令人为之动容、为之震撼。明代的科学家宋应星,作为《天工开物》的作者,他为了天下百姓的幸福与安康,毅然决然地放弃了仕宦之路,决心撰写一部"既益于国家又利于百姓"的杰出之作,他那种超越时代的宏观视角和为大众着想的胸怀,令人深受感动。

该节目着重展现了古籍与其关键人物命运之间的密切联系,通过戏剧化的表演手法,生动地描绘了人物经历的种种波折与坎坷,让观众在情感的起伏中深入到特定的历史背景之中,与历史人物产生深厚的情感共鸣、共情与共振。

(二)古今对话,完成典籍奥义当代转化

在古代,《尚书》晦涩难解,伏生曾言:"书难懂,要讲。"这位年逾九旬的学者,向晁错详细解读了此书,因此有言:"汉无伏生则《书》不传,传无伏生则不明其意。"三千年后,《典籍里的中国》承担起了与伏生相似的"讲书人"之责,采用现代的表达方式,使得古代典籍中所蕴藏的古人的智慧与精神价值与当下的文化背景相得益彰、和谐共生。

对于古籍的现代解读,我们既要尊崇原文,又要尊重历史的真实性,同时还需考虑到现代观众的接受方式和习惯。《典籍里的中国》成功地解决了这一问题,由撒贝宁扮演的"当代读书人"不仅仅是戏剧中的一个角色,更融入了电视主持人的特质。这位"当代读书人"作为连接古今的桥梁,带着现代的视角,跨越时空,探访不同的历史时期,引导观众共同感受那个时代的故事,与古代的圣贤进行思想上的交流和提问,并用现代的思维方式进行解读和评论。

这种古今对话的方式,使得古代典籍的思想得以在当代得到创造性

第六章 推动中华优秀传统文化"两创"的代表——《典籍里的中国》

转化,将那些千百年前的古汉语重新"翻译"为现代观众所能理解和喜爱的语言。例如,在"大禹治水定九州"的章节中,撒贝宁与伏生采用这种古今对话的形式,在戏剧的演绎中,为观众详细地展示了古九州的地理特征和风物志,并解释了其与现代地理的对应关系及其千年的历史变迁。更重要的是,他们还深入地探讨了中华民族自古以来的一体性渊源。

(三)多空间舞台,实现跨时空穿越

《典籍里的中国》以创新的手法融合多重舞台空间设计,借助环幕投影、增强现实(AR)及实时追踪等前沿科技,巧妙地勾勒出现实与历史的双重时空,呈现各个历史阶段的故事情节。舞台中央的甬道设计,象征着历史的长河,连接了不同的时代背景,使得历史人物能够在这千年的时空中自由穿梭,构建了一个跨时空的古今对话场景,形成了一个独特的"叙事空间"。

此甬道不只是为了让"现代读者"体验历史的穿越,与古代圣贤进行对话,同时也为古代人物提供了一个机会,步入现代,目睹后代对中华文明的忠诚守护和文化的繁荣发展。这使得他们能够"见证"当代中国的文化繁盛和国家的强盛,为现代人对古代的尊敬和告慰提供了一个平台。这种连接多个时空的甬道设计,确保了古今交流的自然、和谐与连贯,完全没有违和之感。

在节目中,伏生被引导至现代的图书馆,亲眼看到后人对《尚书》的传承和尊重,这不仅是对那些守护古籍的前辈的敬意,更展现了现代人对中华文明传承和发扬的坚定决心。当宋应星跨越数百年,与袁隆平院士交接那颗"超级稻"时,展现了中国人对粮食丰盈的深厚期望。这两位怀有"天下富足、禾下乘凉"理想的科学家跨时空的握手,不仅展示了中华民族的创新传统,更彰显了历代中国科学家的共同愿景——推动科学进步,服务民众,造福全人类,促进文明的发展。

三、融合传播,再造流程,协同创新,助力文化传承

典籍是国之瑰宝,不能只是"活"在藏书馆、"活"在学者的论著中,还应该"活"在年轻人心中。《典籍里的中国》以时尚新潮的表现手法,

令高冷的典籍接地气、贴人心,吸引年轻受众关注典籍、热爱典籍。同时,《典籍里的中国》打破了节目制作常规,以一体化发展理念,再造节目生产流程,精心打磨锤炼,使大屏节目高端大气、小屏节目精致细腻,迅速引发破圈层传播。

(一)打磨细节,提升节目贴近性

《典籍里的中国》在舞台美术、服饰、舞台道具以及礼仪等细节上都经过了深入的研究和打磨,力求重现历史时代的真实氛围。此外,该节目在剧情和台词设计上也进行了精细的调整,通过小细节来展现大主题,达到深入人心的效果。例如,"现代读者"向古人展示手机,向跨越千年的"秦博士"伏生演示随手可得的阅读方式,或是为明代的宋应星展示《天工开物》的电子版,这不仅生动地呈现了现代人对中华优秀传统文化典籍的尊重和传承,还巧妙地展示了由于技术进步带来的阅读和传播的便利性,瞬间缩短了其与观众之间的情感距离,实现了与观众的深度情感交流,使人感受到亲切与愉悦。

(二)再造流程,提升节目交互性

《典籍里的中国》在资料搜集、剧本修订以及节目录制等方面都投入了巨大的工作量。仅《尚书》这一期,节目组就咨询了65位相关领域的专家,查阅了68本相关书籍和上千篇学术论文,整理出数百万字的资料,并对剧本进行了50多次的修订,整个录制过程也耗费了十多天的时间。因此,与传统的电视节目制作流程不同,该节目选择了一种边录制边播出的模式。这种创新的生产流程,使得节目在制作过程中能够实时听取观众的反馈,并根据反馈进行相应的调整和完善。例如,首期节目《尚书》播出后,有观众反映伏生角色的手部肤色与其年龄不符,节目组在收到这一反馈后,迅速对第二期节目《天工开物》中的宋应星角色的老年造型进行了细致的修正,并在节目中展示了这一修正过程。宋应星的扮演者李光洁也表示,"这是我第一次为了角色需要刮掉汗毛"。这种创新的生产流程,确保了节目能够在制作过程中及时吸纳各方的建议,迅速进行调整,从而减少了艺术创作中可能出现的瑕疵。这种与观众之间的及时反馈和互动,真正提升了节目的互动性,形成了双向的创

第六章　推动中华优秀传统文化"两创"的代表——《典籍里的中国》

作驱动,进一步提高了节目的观众吸引力。

(三)媒体赋能,提升节目传播力

中华优秀传统文化"两创"需要传统文化与现代文化融圈破壁,而新媒体作为架设在群众和思想之间的桥梁,不仅赋予了中华优秀传统文化新理念、新形式,而且充分发挥了新闻媒介的作用,摒弃了对思想文化照本宣科式的讲解,让中华优秀传统文化更大众化、时代化、形象化。

1.创新叙事模式,提升传统文化感召力

为了确保中华优秀传统文化在现代社会中的持续传承与发展,我们必须对其进行现代性的转化。在这一转化过程中,叙事模式的创新显得尤为关键。新媒体作为当代的叙事工具,提供了一个全新的平台,使得历史的再叙述和再媒介化成为现实。而随着人工智能与虚拟现实技术的广泛运用,古籍经典的文字得以形象化展现,构建了一个跨越时空的桥梁,使得现代人得以与古人进行深入的对话。

在这一过程中,需要将传统文化的叙述进行故事化。将古籍经典中的文字内容转化为情感丰富的画面,从而使观众能够从一个全新的角度,如再现的写作场景、人物心理追溯等,去深入探索传统文化的形成背景和其中所蕴含的精神价值,这不仅能够激发青年观众的学习兴趣,还能够帮助他们更好地理解和领悟传统文化的深厚内涵,更易于与现代生活相结合,从而对青年的价值观和思维方式产生深远的影响,进一步增强了传统文化在社会中的影响力,为中华优秀传统文化的创造性转化和创新性发展打下了坚实的基础。

而在另一方面,还需要注意到,现代社会中,信息的传播越来越呈现出碎片化的特点。因此,在进行文化传播时,也应当遵循这一趋势,将经典名著的内容进行细致的拆解,对具体的情节进行深入的解读,从而将其背后所蕴含的理论和精神内核呈现给读者。此外,还可以通过创意的标题设计,结合当前的社会热点,吸引更多的年轻读者,为中华优秀传统文化的创造性转化和创新性发展提供有力的支持。

2. 注重文化生产,提升传统文化创新力

在当代社会中,中华优秀传统文化所展现的旺盛生机与活力,与其适应时代的进步和文化创新的深度密切相关。随着新媒体技术的持续进步,文化生产逐渐摆脱了刻板的模式,中华优秀传统文化也开始沿着内容创新和形式多样化的道路发展。

从内容角度分析,"两创"不仅是中华优秀传统文化发展的内在驱动,更是中国在面对世界历史性巨变时的策略选择。然而,这种创造性转化与创新性发展,并非盲目或随意的变革。它是在新的历史背景下,结合人民对更高文化生活的追求,对传统文化进行的更新和重构,真正体现了破与立、守与革的辩证法。因此,我们必须坚守正确的意识形态,运用现代信息技术对传统文化进行升级和优化,从中提取文化的核心智慧,融入新时代的思想和内涵,以中国的故事和声音为载体,构建具有中国特色的新时代文化。

从形式上讲,要充分利用传统文化的资源优势,改进传统的传播方式,并使其与现实社会相结合,关键是要准确识别和掌握文化与公众之间的传播关键点。在"两创"的实践中,中华优秀传统文化应遵循明确的顶层设计,这不仅需要国家的宏观指导,还需要多元化的社会参与者共同努力。新媒体凭借其资源丰富、传播速度快和影响广泛的特性,能够迅速并准确地将各种新观点和变化传达给大众,引发社会各方的广泛关注,从而推动经过转型的传统文化更好地融入现代社会生活。

3. 优选载体平台,扩大传统文化传播力

当今互联网时代,新型业态层出不穷,如抖音、快手、小红书等新媒体平台的崛起,导致了青年人注意力的分散。为此,多数主流媒体和党政机关纷纷设立了官方新媒体账户,从而在社会各阶层实现了良好的传播影响。为了更好地传播中华优秀传统文化,应充分利用新媒体的高流量和快速传播的特点,深度触达青年受众。

一方面,文化传播平台的拓展是关键。在中华优秀传统文化的"两创"进程中,应摒除单一、重复的宣传方式,而是应根据各种文化的独特性,融合文化素材及制作技巧,筛选合适的传播形式。结合新媒体的特

第六章 推动中华优秀传统文化"两创"的代表——《典籍里的中国》

性,对传统文化中的典故进行艺术性的再创作,如红色动漫、主题快闪等,这些都是青年人群喜爱的传播手段,为中华优秀传统文化创造了更为广泛的展示空间。

另一方面,资源的整合也至关重要。除了新的传播平台,还应筛选那些具有高度关注、优秀的创作团队和先进的技术设备的媒体平台。这些平台具有广泛的传播渠道和强大的建设能力,可以在其原有的品牌效应和影响力上,集中资源进行内容创作,从而产出高质量的文化作品。

第七章 新时代推动中华优秀传统文化"两创"的保障机制

第一节 推动中华优秀传统文化"两创"的思想保障机制

一、建设中华优秀传统文化"两创"的思想保障机制的意义

(一)基于思想观念与行动关系的思考

人类历史和社会发展的每一个阶段,都离不开思想观念的指导。思想观念与行动之间的关系,如同影子与实体,二者相互影响,相互制约。在中华优秀传统文化的"两创"工作中,思想观念与行动的关系显得尤为重要。

1. 人的行动总是受一定思想观念的影响

在探讨人的行动与思想观念之间的关系时,不得不提到这一核心观点:人的每一个行动,无论大小,都是受到其内在思想观念的影响和指导,这种影响可能是明显的,也可能是潜移默化的,但始终存在,始终在起作用。

中华优秀传统文化作为一个历史悠久、内容丰富的文化体系,其内部蕴含了丰富的思想观念,这些观念如同文化的基因,影响着每一个与

第七章 新时代推动中华优秀传统文化"两创"的保障机制

之接触的人的思维方式和行为模式。因此,当谈论中华优秀传统文化的创造性转化与创新性发展时,必须首先关注这些思想观念,了解它们与人的行动之间的关系。在现代社会中,由于各种原因,人们对中华优秀传统文化的认识存在一定的偏差和误解,往往会导致人们在实践中走入误区,从而影响中华优秀传统文化的创造性转化与创新性发展。为了避免这种情况,必须对这些思想观念进行深入的研究,挖掘其内在的真实含义,从而为人们提供正确的指导。此外,由于文化背景、生活经验、教育程度等因素的影响,不同的文化主体可能对同一思想观念有不同的理解和解读。因此,为了确保中华优秀传统文化的创造性转化与创新性发展,还需要对不同文化主体的思想观念进行统一和协调,使其形成一个有利于推动文化"两创"的共同认识。

2. 人的行动需要科学思想的指导

在中华优秀传统文化的创造性转化与创新性发展中,科学思想起到了桥梁和纽带的作用,连接了传统与现代,理论与实践。中华优秀传统文化中蕴含的哲学、道德、艺术等多种元素,需要在新时代背景下对其进行深入的研究和挖掘,还需要结合现代社会的实际情况,为其提供科学的思想指导。例如,中华优秀传统文化中的"和为贵"思想,在现代社会中可以被解读为"和谐发展、共同繁荣"的理念,这一理念不仅为现代社会的发展提供了有力的思想支撑,还为中华优秀传统文化的创造性转化与创新性发展提供了方向。同时,科学思想还为中华优秀传统文化的"两创"工作提供了方法论,通过科学的研究方法,可以更加准确、系统地挖掘和整理中华优秀传统文化中的各种元素,为其在现代社会中的应用和发展提供理论基础。此外,科学思想还为中华优秀传统文化的"两创"工作提供了评价标准,只有基于科学的评价标准,才能确保中华优秀传统文化的创造性转化与创新性发展的方向和质量,从而确保其在现代社会中的健康、稳定和持续发展。

(二)基于历史与现实的思考

一方面,从中华优秀传统文化的历史发展来看,人们对传统文化的认识影响着他们对传统文化的态度与行动。从古至今,无论是文人墨客的诗词歌赋,还是民间传说中的故事,都在传递着中华民族的文化基因。在历史的长河中,中华优秀传统文化经历了无数的变革和发展,每一次变革都与当时的社会背景、历史条件、人们的思想观念紧密相连。人们对传统文化的认识,往往是基于他们所处的历史时期、社会环境和个人经验,无疑会影响他们对传统文化的态度和行动。例如,在封建社会,儒家思想被奉为正统,人们普遍认为"仁、义、礼、智、信"是为人之本,这种认识促使他们在日常生活中践行儒家的道德观念,久而久之形成了一种崇尚礼仪、注重家族和尊重长辈的社会风尚。而在近现代,随着西方文化的输入和现代化进程的加速,人们的认识开始发生变化,他们开始追求个性解放、平等自由,这种认识推动了社会的进步,但也带来了一些传统文化的流失。在新时代,随着国家的强大和民族自信心的增强,人们开始重新审视中华优秀传统文化,他们认识到,这一文化不仅仅是历史的积累,更是民族精神的体现,他们更加珍视传统文化,形成了一种崇尚传统、注重创新的文化态度。从上述分析可以看出,人们对传统文化的认识,确实影响着他们对传统文化的态度与行动。这种影响既有积极的一面,也有消极的一面。因此,要推动中华优秀传统文化的创造性转化与创新性发展,必须对人们的认识进行引导和教育,使其形成正确的文化观念,从而为传统文化的"两创"提供有力的思想支撑。

另一方面,当前要推动中华优秀传统文化"两创",需有对传统文化的正确认知,需有对中国特色社会主义文化建设的正确认知。一是对传统文化的正确认知。传统文化不仅是中华民族历史发展的产物,更是中华民族精神的体现。要对传统文化有正确认知,首要的是要深入理解其内涵、特点和价值。这需要对传统文化进行深入的研究,挖掘其内在的科学性、时代性和普遍性,从而为现代社会提供有力的文化资源。同时,对传统文化的正确认知,还要求人们对传统文化的局限性和不足有清醒的认识。只有这样才能避免盲目崇拜和片面理解,从而为传统文化的创造性转化与创新性发展提供有力的指导。二是对中国特色社会主义文化建设的正确认知。中国特色社会主义文化建设是新时代背景下中华民族文化发展的重要方向,要对其有正确认知,首要的是需要对中国特色社会主义文化建设进行深入的研究,了解其形成的背景、特点和影响,从而为中华优秀传统文化的"两创"工作提供有力的理论支撑。对中国特色社会主义文化建设的正确认知,还包括人们对其在全球化背景下的地位和作用有清醒的认识,确保中华优秀传统文化在全球化背景下

第七章　新时代推动中华优秀传统文化"两创"的保障机制

的健康发展,从而为中华民族的伟大复兴提供有力的文化支撑。

二、中华优秀传统文化"两创"的思想保障的内容

（一）树立正确的历史观

历史作为一个民族的记忆和经验,对于一个国家、一个民族的发展具有深远的影响,正确的历史观不仅是对过去的认识,更是对未来的指导,在中华优秀传统文化的"两创"工作中,树立正确的历史观显得尤为重要。历史观的核心是对历史事件、历史人物和历史规律的认识,这种认识既要基于事实,又要具有深度、广度和高度,这样才能确保对历史的正确认识,为现代社会的发展提供有力的指导。

1. 对历史事件的认识

历史事件是历史发展的具体体现,是历史规律在特定时空条件下的具体表现。对历史事件的认识,要求人们既要看到事件的表面,又要看到事件的背后;既要看到事件的局部,又要看到事件的整体。要学会运用辩证的思维方式,既要注重事实,又要注重逻辑;既要注重细节,又要注重大局。

2. 对历史人物的认识

历史人物是历史事件的主体,是历史发展的推动者。对历史人物的认识,要求人们既要看到人物的优点,又要看到人物的缺点;既要看到人物的成就,又要看到人物的失误。需要人们具有公正的态度,既要尊重事实,又要尊重人物;既要注重评价,又要注重理解。

3. 对历史规律的认识

历史规律是历史发展的内在机制,是历史事件和历史人物的背后原因。对历史规律的认识,要求人们既要看到规律的普遍性,又要看到规

律的特殊性；既要看到规律的必然性，又要看到规律的偶然性。要确保所选用方法的科学性，既要注重实证，又要注重理论；既要注重分析，又要注重综合。

（二）坚持社会主义文化建设的中国特色

中国特色社会主义文化是在中华优秀传统文化的基础上，结合现代文明的成果，形成的具有鲜明中国特色、中国风格、中国气派的文化体系。它是中华民族的精神纽带，更是现代社会发展的重要支撑。在新时代背景下，坚持建设中国特色社会主义文化，既是对中华优秀传统文化的继承和发展，也是对现代文明的创新和超越，这一建设任务不仅涉及文化的内容和形式，更涉及文化的价值观和世界观。

中国特色社会主义文化的内容包括中华优秀传统文化的精华，如儒家思想、道教文化、佛教文化等，也包括现代文明的成果，如科学技术、现代艺术、现代管理等，既体现了中华民族的历史传统和文化特色，也体现了现代社会的发展需求和时代特征。中国特色社会主义文化的形式则包括传统的文化形式，如书法、绘画、音乐、舞蹈等，也包括现代的文化形式，如电影、电视、网络、动漫等，这些形式是中华民族的艺术审美和文化习惯的充分体现，也在一定程度上展现出了现代社会的技术进步和生活方式。

中国特色社会主义文化的价值观是在中华优秀传统文化的基础上结合现代文明的成果形成的具有鲜明中国特色的价值观，体现了中华民族的历史传统和文化特色，如和谐、公正、诚信、仁爱等，也体现了现代社会的发展需求和时代特征，如创新、开放、绿色、共享等。中国特色社会主义文化的世界观结合现代文明的成果，形成的具有鲜明中国特色的世界观，既体现了中华民族的历史传统和文化特色，如天人合一、和而不同、大同世界等，也体现了现代社会的发展需求和时代特征，如全球化、多元化、网络化等。

（三）正确认识中华优秀传统文化的内涵与发展

中华优秀传统文化的内涵是其独特的文化特色和价值观的集中体现，其中包括了中华民族的哲学思想、道德观念、艺术成果、科技发明等

第七章　新时代推动中华优秀传统文化"两创"的保障机制

多个方面。每一个方面,都是中华民族智慧的结晶,都值得深入研究和传承。例如,儒家思想强调仁、义、礼、智、信五常,为中华民族提供了道德的指南针;道家思想强调与自然和谐共生,为中华民族提供了生态的智慧;佛家思想强调因果报应,为中华民族提供了宗教的信仰。这些思想观念不仅为中华民族的历史发展提供了有力的支撑,更为现代社会的发展提供了宝贵的精神资源。因此,深入理解中华优秀传统文化的内涵,是正确认识其内涵与发展的前提。

中华优秀传统文化的发展是一个不断与时俱进、自我更新的过程。在这一过程中,中华优秀传统文化不仅要坚持其独特的文化特色和价值观,更要吸收现代文化的先进成果,形成新的文化特色和价值观。例如,中华优秀传统文化中的书法艺术,在现代社会中得到了新的发展和创新;中华优秀传统文化中的医药学知识,在现代社会中得到了新的应用和推广。这些发展和创新不仅丰富了中华优秀传统文化的内涵,更为现代社会的发展提供了有力的文化支撑,由此不难看出,关注中华优秀传统文化的发展,是正确认识其内涵与发展的关键。

三、中华优秀传统文化"两创"的思想保障机制的建设

(一)加强马克思主义理论教育

马克思主义理论是中国特色社会主义建设的指导思想,对于培养社会思想具有不可替代的作用。只有从马克思主义立场出发,坚持和运用辩证唯物主义和历史唯物主义的世界观和方法论,对传统文化继承和发展问题加以把握,深化对中华优秀传统文化理解和认识,才能推动"两创",从而更好地继承和弘扬中华优秀传统文化。为此,尤其要注重以下四个方面思想观念的培养。

一是坚持人民为中心的根本立场。马克思主义唯物史观的核心问题就是"为什么人"的问题。坚持为了人民、依靠人民是新时代践行"两创"方针的根本立场,是推动中华优秀传统文化复兴繁荣的动力所在。因此,"两创"方针的践行要立足为广大人民群众服务,致力于满足人民群众的精神文化需求,这样才能根植现实生活,依靠人民激活中华优秀传统文化传承的活力。二是坚持实事求是的唯物论。唯物主义认

为,社会存在决定社会意识,任何一种文化都是根植于一定的经济基础的,既要反对文化复古主义,又要反对文化虚无主义,新时代的文化必然是中华优秀传统文化的传承与升华,不能丢掉中华优秀传统文化这一中华民族的精神血脉。三是坚持唯物辩证的方法论。在传统文化的传承与发展中,要采取批判继承的科学态度,辩证看待传统文化,对于净化部分,要继承、守护、弘扬和发展,要取其精华,去其糟粕;要面向未来,大胆吸取世界各国文明成果,与时俱进,推陈出新,推动中华民族在历史进步中不断实现文化的进步与发展。四是坚持实践论。中华优秀传统文化在时间的长河中潜移默化地影响着人们的思想和行为方式,在新时代,要遵循文化发展规律,大力挖掘中华优秀传统文化中关怀社会实际问题的实践精神,坚持在生活中传承、守护和发展中华优秀传统文化。

(二)引导树立正确历史观

一方面,组织各种形式的历史学习活动,使人们能够深入了解历史。中华优秀传统文化的"两创"工作需要得到社会的广泛参与和支持,为此,组织各种形式的历史学习活动成为一个重要的策略。通过这些活动,可以使人们深入了解历史,从而更好地理解和珍视中华优秀传统文化,为其创造性转化与创新性发展提供有力的思想支撑。其中,历史讲座是一种常见的历史学习活动形式,通过邀请历史学家、专家和学者,为公众讲解特定的历史事件、人物或时期,可以使人们直观地了解历史的真实面貌。历史研讨会是一种高层次的历史学习活动形式。在具体开展过程中,首先要确定研讨会的主题和议题,确保其具有时代性和前沿性。选择合适的参与者,确保其在该领域有深入的研究和丰富的经验。提供充足的研讨材料和资料,确保参与者能够进行深入的研讨和交流。利用现代科技手段,如网络直播、视频录制等,扩大研讨会的影响范围。

另一方面,鼓励历史学者进行深入的研究,挖掘历史的真实面貌,为社会提供有价值的历史资料。历史研究可以帮助人们更加深入地了解中华优秀传统文化的内涵、特点和价值,通过对历史的深入研究,可以挖掘传统文化的科学性、时代性和普遍性,从而为现代社会提供有力的文化资源。历史的真实面貌,是中华优秀传统文化的真实写照。为了挖

第七章　新时代推动中华优秀传统文化"两创"的保障机制

掘历史的真实面貌,历史学者应当采取多种方法,如文献研究、田野调查、口述历史等,确保研究的客观性和全面性。同时,还应当鼓励跨学科的合作,如历史学与考古学、民俗学等的合作,以获得更加全面、深入的研究成果。而历史资料是中华优秀传统文化的重要组成部分,为社会提供了宝贵的知识和经验。为了为社会提供有价值的历史资料,历史学者应当加强对历史资料的保护、整理和利用,确保其真实性、完整性和可用性。可以尝试利用现代科技手段,如数字化技术、网络技术等,对历史资料进行加工和传播,使其更加便于人们的学习和使用。

(三)以现实需要激发人们推动中华优秀传统文化"两创"

第一,深入研究现代社会的实际情况,找出中华优秀传统文化在现代社会中的应用空间。现代社会是一个多元文化并存的社会,各种文化交流、碰撞、融合,人们的文化需求也变得多样化。在这样的背景下,中华优秀传统文化作为中国文化的重要组成部分,有着巨大的应用潜力。深入研究现代社会的文化需求,可以帮助我们找到中华优秀传统文化在满足这些需求方面的应用空间。例如,传统的节令文化可以结合现代的娱乐形式,为人们提供丰富多彩的文化体验;传统的文化价值观念可以为当代社会的道德建设提供有益的借鉴。与此同时,现代社会对人才的要求不仅仅局限于专业技能,更注重全面素养和价值观念。中华优秀传统文化强调的仁爱、孝道、诚信等价值观念,为现代社会的人才培养提供了宝贵的思想资源。因此,将传统文化融入教育体系,培养学生的人文素养和道德观念,具有重要的应用前景。除此之外,现代社会注重创新和创业,中华优秀传统文化中的创造力、智慧和创新思维也有很大的潜力可以发挥。深入研究现代社会的创新需求,可以发现中华优秀传统文化中的艺术、文学、手工艺等方面的传统技艺和创作思维,在当代创新领域中具备广泛的应用空间。例如,传统绘画技巧可以融入现代数字艺术创作,传统医药知识可以应用于现代医学研究,传统工艺可以在创业领域带来新的商机。

第二,鼓励企业、社团等组织开展"两创"项目,为社会提供有价值的文化产品和服务。在新时代,社会对文化产品和服务的需求日益多样化和个性化。人们希望能够获得更具创意和独特性的文化产品和服务,以满足他们的文化消费需求。同时,社会也需要传统文化的创新传承和发展,使之能够与现代社会相契合,为社会进步作出贡献。因此,鼓励企业、社团等组织开展"两创"项目,正是满足这一社会需求的重要途径。企业通常具有丰富的资金、技术和市场经验,可以在文化领域投入创新性的项目并将其市场化。社团则聚集了对特定文化领域有浓厚兴趣和专业知识的人才,他们可以以非营利性的方式推动传统文化的创新发展。因此,鼓励这些组织参与"两创"工作,能够充分发挥其创新潜力,为文化领域注入新鲜血液。

第三,组织各种形式的"两创"活动,如文化创意大赛、文化创新论坛等,为人们提供展示自己才华的平台。文化创意大赛是一种鼓励个人和团队在文化领域展示创意的竞赛活动。参赛者在文化创意大赛中有机会将他们的想法和才华付诸实践,从而激发更多人投身到中华优秀传统文化的"两创"工作中,大赛鼓励创新思维,有助于孕育新的文化产品,如书籍、电影、音乐、艺术品等,丰富了传统文化的表现形式。通过大赛,人们有机会深入研究中华优秀传统文化,理解其核心价值观,将这些价值观融入创意中,有助于传承文化精髓。文化创新论坛是一个集思广益的平台,汇集了各界人士,提供了交流、讨论和合作的机会,它不仅是分享创意和经验的场所,还是激发思想、推动创新的源泉。论坛通过演讲、讨论、展览等方式,将中华优秀传统文化与当代社会联系起来,激发人们参与"两创"工作的热情,且从某种程度上来说,论坛可以为政府、文化机构和私人企业提供一个平台,协同合作,整合资源,推动中华优秀传统文化的"两创"工作。

第二节 推动中华优秀传统文化"两创"的人才保障机制

一、提升中华优秀传统文化"两创"主体的素养价值

人是文化创造与创新的主体,是推动中华优秀传统文化"两创"的主体。实现中华优秀传统文化"两创",对文化主体的素质提出了一定的诉求。

一定社会的文化是一定社会经济、政治发展状况的反映,但这种反映不是自发行为,而是人的有意识的创造行为。如春秋战国时期,思想

第七章　新时代推动中华优秀传统文化"两创"的保障机制

文化领域出现了"百家争鸣"的现象。但这种现象的出现,不是春秋战国时期经济、政治发展的自然产物,而是当时的思想家针对当时社会问题提出不同的解决方案,进而形成了儒家、道家、墨家、法家等思想流派。再比如中华优秀传统文化中"出入相友,守望相助"的互助思想,是古代经济、政治环境的反映,是"百姓日用而不觉的价值观",是古代中国人对如何处理人际关系思考的结果。人不仅创造文化,而且人也通过其有意识的活动推动文化的传承与发展。如儒家思想在古代中国之所以能够得以被大多数人所认可,一个重要原因是统治者的主导和儒学者们的推动。

文化主体对文化的自觉传承与发展需文化主体具有一定的认知观念与文化素养,而且文化主体对文化的传承与发展程度受文化主体认知观念与文化素养的影响。从文化主体在文化传承与发展过程中是否有意识来看,文化的传承与发展可以分为文化主体的自发行为与自觉行为两种。自发行为是文化主体对社会发展在文化方面的不自觉反映。如民俗的变迁,就在一定程度上反映了人在文化传承与发展中的不自觉行为。自觉行为是文化主体根据社会发展在文化方面作出的有意识的反映,如教育者们的文化教育活动、文化创作者们的文化创作活动等。其中,文化主体对传统文化的观点决定了文化主体对传统文化的态度与行为;文化主体的文化素养在一定程度上决定了文化主体对传统文化的理解程度,并在一定程度上决定了文化主体将传统文化与现实联系的程度,进而影响对传统文化的传承、转化与发展。

推动中华优秀传统文化"两创"是一项文化主体有意识的实践活动,文化主体的文化观、历史观以及文化素养,特别是传统文化素养,对中国特色社会主义建设的认识,都在一定程度上影响着文化的发展。

二、中华优秀传统文化"两创"主体的素养诉求

(一)正确的传统文化观是推动中华优秀传统文化"两创"的前提

第一,正确的传统文化观是对中华优秀传统文化价值的深刻理解和尊重。这不仅包括对传统文化的历史价值的认识,还包括对文化的内在精神和智慧的尊崇。传统文化观要求人们不仅看到传统文化的博大精

深,还要能够理解其中蕴含的价值观念、道德准则和哲学思想,只有深刻理解并尊重传统文化,才能够在"两创"的过程中真正汲取传统文化的精华,避免将其简单地视为历史遗产而缺乏现实意义。

第二,正确的传统文化观是传承与创新的有机统一。传统文化观并不是僵化守旧的观念,而是要求在传承中寻找创新的可能性。传统文化观要求人们在传承中保留传统文化的核心价值,但同时要积极寻找传统文化与现代社会的交融点,需要人们不仅尊重传统,还要有对现代社会需求的深刻理解,以便将传统文化与现代社会有机结合,创造出新的文化表达方式和形式,正确的传统文化观鼓励人们不断探索,勇于挑战传统观念,寻找传统文化的活力和生命力。

第三,正确的传统文化观是文化自信的体现。文化自信是国家和民族自信的重要组成部分,也是中华文化"两创"的坚实基础。正确的传统文化观要求人们不仅要深刻理解和尊重传统文化,还要有自信地将其传播到国内外,让更多人了解和欣赏中华文化的独特魅力。文化自信意味着不因外来文化的冲击而动摇,而是坚定地坚守自己的文化立场,同时也要包容其他文化,促进文化多样性的交流和共存。

第四,正确的传统文化观是推动国际文化交流的桥梁。中华优秀传统文化具有丰富的历史和内涵,是世界文化宝库中的一部分。通过正确的传统文化观,人们可以更好地介绍中华文化,促进国际文化交流。这不仅有助于中华文化在国际上的传播和认可,还有助于各国文化的互鉴和交流。在国际文化交流中,正确的传统文化观可以成为友好交流和相互理解的桥梁,推动不同文化的融合和共生。

(二)文化素养是推动中华优秀传统文化"两创"的基础

文化素养作为推动中华优秀传统文化的"两创"的基础,扮演着至关重要的角色,涵盖了个体对文化的认知、理解、感悟和实践,包括对中华优秀传统文化的深刻了解以及在其基础上进行创新和发展的能力,不仅为个体提供了在传统文化领域深入发展的可能性,还对整个社会的文化传承和创新贡献着重要力量。

首先,文化素养需要建立在对传统文化的深刻了解之上,包括对中国几千年的文化历史、哲学、艺术、道德、宗教等多个领域的基本认知。了解传统文化的历史渊源、发展过程以及其中蕴含的核心价值观是文化

第七章　新时代推动中华优秀传统文化"两创"的保障机制

素养的第一步,这种了解不仅仅是对知识的获取,更是对传统文化内涵的感悟,是对传统智慧的理解和尊重。

其次,文化素养需要在传统文化的基础上培养创新能力。传统文化的"两创"要求在传承的基础上进行创新,将传统文化与现代社会相结合,以满足当代社会的需求。文化素养的培养应当包括培养个体的跨学科思维,使其能够将不同领域的知识和观念融合,创造出新的文化形式和价值,需要培养个体的创造性思维、批判性思维和问题解决能力,使其能够在传统文化的基础上进行有益的创新。

再者,文化素养还需要培养个体的文化感受力和情感连接。对传统文化的感悟不仅仅是知识的传递,更是情感和文化认同的传递。个体需要能够从传统文化中获取情感共鸣,将其融入自己的生活和创作中。这种情感连接不仅仅是对文化的理性认同,更是对文化的情感认同,是对文化传承的内在动力。

此外,文化素养还包括对文化多样性和文化对话的理解和尊重。中华优秀传统文化在千百年的发展中吸纳了众多文化的精华,具有多元性和包容性。文化素养要求个体不仅要了解中华优秀传统文化,还要尊重和理解其他文化,参与文化对话,促进文化交流与融合。只有在多元文化的背景下,中华优秀传统文化的"两创"才能够更加丰富和深化。

最后,文化素养的培养不仅仅是个体的任务,也是社会的责任。教育系统、文化机构和社会环境都应当为文化素养的培养提供支持和机会。教育机构可以设计多样化的课程,包括中华优秀传统文化的基础知识、创新方法和文化感悟的培养。文化机构可以组织各种文化活动,如展览、演出、讲座等,让个体有机会深入体验传统文化。社会环境应当鼓励个体参与文化创新和传承,提供文化创新的平台和机会。

(三)文化创新意识和能力是推动中华优秀传统文化"两创"的必要条件

对于中华优秀传统文化而言,它不仅仅是历史的记载,更是代表着一个民族的精神和价值观。因此,对于这一文化的创造和创新,必须充分尊重其内在的价值,同时又要具备创新的勇气和视野。这正是为何文化创新意识和能力如此关键。

文化创新意识首先体现在对传统的敬畏和尊重中。这不意味着对传统的盲从和教条主义,而是在充分理解和掌握传统文化的基础上,发掘其深层的价值,从而为创新提供充分的土壤和资源。只有当一个人深入地理解中华优秀传统文化的精髓时,他才能真正地进行有意义的创新。

然而,仅仅对传统文化理解和尊重还不足以实现文化的创新。真正的创新需要一个开放的视野和大胆的实验精神。创新者需要具备跨界思维的能力,能够从不同的文化和知识领域中汲取灵感,进行跨学科的整合与创新。在这个过程中,文化的边界变得模糊,传统与现代、东方与西方都可能在创新者的思维中发生碰撞和融合。

此外,创新者还需要具备一种批判性的思维,能够对现有的知识和文化进行反思和挑战。只有这样才能够不断地挖掘出传统文化中被忽略或被遗忘的部分,从而为创新提供新的方向和动力。

除了文化创新意识,创新能力也同样重要。创新能力包括了对知识的掌握、创意的产生、实验的实施以及创新成果的推广等多方面的能力。一个真正的文化创新者,不仅要有深厚的学识,还要具备实践的勇气和能力。他需要不断地尝试、失败、反思和再尝试,才能最终实现真正的创新。

在实际的创新过程中,很多传统的元素和形式可能会被重新解读和运用,甚至可能与现代的元素发生深度的融合。这种融合不是简单的拼凑,而是在对传统和现代都有深入理解的基础上,创造出全新的文化形式和内容。

三、中华优秀传统文化"两创"主体的素养内容

(一)创造性转化中的主体素养内容

1. 认知能力

对中华优秀传统文化进行创造性转化前,最为基础的工作是对其有一个全面、深入的认知。中华优秀传统文化之所以深厚,部分原因在于其融合了多种哲学、宗教和道德观念,如儒家的仁、义、礼、智、信,道家的无为而治,佛家的因果循环等。要真正理解这些观念,仅仅依靠记忆

第七章 新时代推动中华优秀传统文化"两创"的保障机制

和模仿是远远不够的,必须有深入的认知能力。认知能力要求人们对传统文化有全面性的了解,不仅仅是对某一具体文献或者文化产品的了解,而是对整个文化体系的理解。例如,了解《易经》要知道其具体的卦辞和解释,明白其背后的哲学思想和宇宙观。认知能力还要求人们要超越表面的知识,探索文化背后的深层次结构。例如,对中华传统音乐的理解,不仅包括其旋律和节奏,还要感悟背后的音乐哲学和审美情感。但更重要的是,认知能力要求人们对传统文化有创新性的解读。在新的社会和历史背景下,如何将传统文化与现代生活相结合,如何在保持传统韵味的同时,使之更具现代性,这都需要强大的认知能力。

2. 审美情感

在中华优秀传统文化中,无论是山水画中的意境,还是古诗词中的婉约,或是古琴之声、陶瓷的质感,都给人们留下了深刻的审美体验。如何培养这样的审美情感,并使其在现代社会中得到传承和发扬,是一个值得深入探索的课题。审美不仅仅存在于艺术品中,还更多地融入了人们的日常生活,从日出日落到四季更替,从山水风景到市井烟火,都隐藏着美的元素。培养审美情感,首要的任务就是让人们重新发现身边的美,并学会去欣赏和体验,需要人们具备敏锐的观察力,能够在日常生活中捕捉到美的瞬间。中华优秀传统文化中的审美情感与现代审美存在差异,但也有相通之处。在培养审美情感时,不应将二者割裂开来,而应寻求两者之间的交融。通过对传统艺术形式的学习与体验,如书法、绘画、音乐等,可以加深对传统审美的理解。同时,与现代艺术形式如摄影、影视、设计等的交流,可以使审美情感更为丰富多元。审美情感不仅仅是对美的直观体验,更重要的是对美的深入理解和感悟,需要人们具备反思和内省的能力,能够从自己的情感体验中提炼出对美的真正认知。此外,审美情感的培养不能仅停留在理论层面,还需要在实际中得到实践和验证,这个可以通过各种方式来实现,如参与艺术创作、组织和参加艺术展览、进行艺术评论等,只有在实践中人们才能真正体验到审美情感的力量,也才能更好地将审美情感融入生活中。

3. 创作能力

要想挖掘和培养创作能力,深入研究是关键,要对传统文化有一个全面、深入的理解,掌握其背后的哲学、思想、历史背景等。只有在充分了解的基础上,才能进行有针对性的创作,确保作品既有传统韵味,又不失现代感。

传统文化的创造性转化不仅需要对传统有深入的了解,还需要有创意思维。这种思维能够帮助文化工作者找到新的表达方式与新的结合点,确保文化在转化后依然具有生命力。创意思维的培养,需要大胆尝试,勇于突破,不拘泥于既定的框架和形式。除了理论知识和创意思维,实践经验也是创作能力的重要组成部分。通过不断的实践,文化工作者可以了解哪些转化方式更受欢迎,哪些可能不太合适,从而不断完善自己的创作方法。中华优秀传统文化的创造性转化,旨在使其更适应现代社会,相关文化工作者要对现代社会有深入的了解,能够捕捉到社会的发展趋势、人们的审美变化等,只有这样才能确保创作出的文化产品既有传统底蕴,又符合现代审美。文化是生动的,社会是不断变化的,人的审美也是多变的。因此,想要持续具有创作能力,就必须持续学习和自我完善,这不仅仅包括对传统文化的学习,更包括对新的文化、新的技术、新的艺术形式的学习。

4. 批判思维

在对传统文化进行解读与再创作时,批判思维首先是一种"觉醒"的态度,不再对传统文化持有一种盲目的崇拜态度,而是从一个更为独立、客观的角度去观察和评价,使得文化工作者能够看到传统文化中那些真正有价值的部分,同时也能发现其中的缺陷和不足。创造性转化并不意味着对传统文化的全部接纳,而是一种选择性的再创作。在这个过程中,批判思维为创作者提供了一个清晰的指南,帮助其确定哪些文化元素是应该被保留的,哪些则可能需要被修改或舍弃,确保了创造性转化的结果是既有深度又有广度的。

批判思维不仅仅是一个开始阶段的工作,而是一个持续的过程。在创造性转化的每一个阶段,都需要进行自我反思和评价,确保每一步的决策都是基于对传统文化的深入理解和对现代社会的准确判断。

批判思维通过对传统文化的批判性分析,创作者可以发现那些被遗忘或被忽视的文化元素,并尝试将它们与现代的元素结合,创造出全新的文化产品。这种创新的动力,正是批判思维带给创造性转化的巨大价值。

创造性转化的目标是为了让中华文化在全球范围内得到传播和认同。批判思维在这里起到了桥梁的作用,帮助文化工作者与不同文化背景的人进行对话和交流,确保创造性转化的结果是具有普遍性和共鸣的。

(二)创新性发展中的主体素养内容

1. 跨学科知识

为了使传统文化与现代社会相结合,往往需要跨学科的知识。例如,结合现代科技来展示和传播传统艺术,或者将传统哲学与现代社会科学相结合。这种跨学科的知识,能够为创新性发展提供更多的可能性和视角。

2. 开放思维

在创新的过程中,开放的思维方式显得尤为重要,要敢于尝试、敢于失败,也要敢于接受新的观念和方法,确保传统文化在创新的过程中,既不失其原有的特色,也能够与时俱进。

3. 团队合作能力

创新性发展往往不是个体的努力,而是一个团队的协作,要求每个参与者都具备团队合作的能力,能够与他人有效沟通、协调和合作,共同推进文化的创新发展。

四、中华优秀传统文化"两创"主体的素养培养

(一)引导与批判相结合以培养文化主体的正确传统文化观

在培育文化实体的传统文化观念方面,根据其既有的态度和理解,文化实体可被大致归纳为三种状态:首先,有些实体已经树立了合理的传统文化观念;其次,某些实体尚未确立明确的传统文化观点;最后,部分实体可能持有误导性的传统文化观。对于尚未构建稳固传统文化视角的实体,可以通过教育和指导来助其确立正当的文化价值观。而对于那些持有不当观念的文化实体,必须采用批判和纠正的方法,引导其向正确的传统文化观念转变。

在文化主体塑造中,确立适当的传统文化观念是至关重要的。在这一过程中,首要任务是对文化主体施行马克思主义的教育。马克思主义不仅是一种世界观,更是一套方法论。马克思主义作为一个世界观的确立,为文化主体提供了建立正确传统文化观的坚实基础,并且马克思主义为文化主体指明了面对中华优秀传统文化应有的正确态度。接下来是通过传授恰当的人生观、价值观及历史观来辅助文化主体确立正确的传统文化观。一个人所持的人生观、价值观与历史观,必然会影响其对待文化的态度。例如,人生观涵盖了人生目标、对待人生的态度和人生中所追求的价值。当某个人具备向前看、不断努力的态度,他对待中华优秀传统文化时,会认同并实践其中所蕴含的积极向前的精神。又如,历史观与文化观的关联。可以理解为文化虚无主义是由虚无的历史观在文化观中的具体表现。最后,借助正面与反面的实例来明确确立正确传统文化观的重要性,进而更好地指导文化主体形成适当的传统文化观念。

通过批判错误传统文化观,帮助文化主体确立正确传统文化观。首先,对文化主体在传统文化中的态度及立场需进行准确的识别与划分,深刻的文化价值观念,往往渗透于人的每一言、每一行,因此,评估某人的传统文化观应主要基于其在面对传统文化时的反应和表现。同时,重要的是分辨其行为是瞬时的表现还是受其固有的传统文化观所影响。在明确的判定和区分之后,对于文化主体所持有的偏误的传统文化观

第七章 新时代推动中华优秀传统文化"两创"的保障机制

念,应果断地进行反思与修正。

中华优秀传统文化是一种宝贵的遗产,应当被世代传承而非被误解或忽视。但同样对于其中可能存在的不当观点或理念,必须有所批判和纠正,才能实现其"创造性转化"。故古人云:"言者无罪,闻者有责。"此言亦适用于文化传承中,我们应当尊重传统,但也不能盲目遵从,应有独立思考之心,真正理解并继承其精髓。

(二)教育与学习相结合以培养文化主体的传统文化素养

为确保中华优秀传统文化"两创"得以实现,深化文化主体的文化素养显得至关重要。尽管针对文化主体的文化素养提升存在众多途径,但通过总结,主要可以划分为教育与学习两大类别,这两者作为培养文化素养的核心手段,为传统文化的创造性转化与传承提供了坚实基础。

教育是从培养者的角度来说的。在学术研究中,学校教育被视为对学生进行系统性的传统文化教育的主要途径。根据学生的专业需求及其个人兴趣,教育机构通过设定必修课与选修课,全面而深入地涵盖了传统文化的多个维度,以促进学生对中华优秀传统文化的理解与吸纳。然而,除了正规的学校教育体系外,社会教育机构,例如各类社会团体所创办的教育实体,也在热衷于开展相关的传统文化教育项目。两者的协同努力,为提升文化参与者的传统文化素养,奠定了坚实的基础。当今时代,网络技术的进步不仅为传统文化的推广和教育创造了便捷的传播途径,更为广大人民带来了灵活的学习平台。建议在国家、省、地市、县、乡村以及城市社区各个层面,进一步强化网络基础设施的建设,以确保为公众提供更广泛的文化资源,从而有效提升其文化素养。同时公共文化服务体系的多元化与持续发展,能够对文化参与者的文化素养产生积极的推动作用。公共文化服务扮演着至关重要的角色,促进了人民群众对中华优秀传统文化的了解与学习。通过组织大众文化活动,可以动员大众参与;而免费开放的图书馆、博物馆等设施则为大众提供了一个静心学习的环境,进一步推动了文化素养的提升。然而,当前公共文化服务仍面临着一些挑战,例如活力不足、服务缺乏针对性以及供需之间的矛盾。为解决上述问题,多元化的策略需被采纳以增强公共文化服务的活力,从而进一步推进文化建设的步伐。首先,对于诸如博物馆、图书馆和美术馆这样的文化事业单位,文化体制的改革成为提升活力的关键。此外,引进社会各界力量与专业公司,将市场化的运作模式融入其中,不仅可以刺激各个机构的文化活力,还能够最大化地发挥基础文化设施的功能。同时,强化文化人才培养和队伍建设,也将有助于文化人才更好地发挥其组织、引导及榜样的作用。

培养文化素养尤其是中华优秀传统文化素养,需要视之为一个长期积累与沉淀的任务。这一培育过程的目标完成,既依赖外部环境为其提供的有利条件,同时也受到文化主体的学习诉求所驱动。从马克思主义的视角解读,在因果关系中,内因起到决定性作用,而外因则通过内因施展其效能。为了提升文化主体的文化修养,国家、社会团体和文化从业者的努力固然是必要的,但更为关键的是文化主体对于自我修炼的深刻渴望。换言之,于文化修养的培育途中,最为核心的变革是将"要我学"的态度转变为"我要学"。

文化主体对于学习并掌握传统文化的强烈诉求,一部分源自其对提升自身的传统文化修为的内驱力,另一部分则受到外部环境的影响,如职场的需求、人际关系的互动等。个体所在的社会文化背景对其的成长和才能发展具有决定性的影响。鉴于社会环境对个体发展起到的这一作用,为进一步提升文化修养,特别是传统文化修养,亦可考虑加强和优化其所处的文化氛围,致力于打造一个重视并尊崇文化,特别是中华优秀传统文化的社会环境。

(三)激发与保护相结合以培养文化主体的创新意识

创新意识可定义为人类对创新过程的深刻洞察与积极态度,这一心理构造主导并调整其行动模式,涵盖创新的动机、兴趣、情感与意志四大要素。对于文化的核心载体,其创新意识的形成与强化,不仅依赖内在的驱动,更需要外界的激发与庇护。

激发,包括激发文化主体的创新动力、调动其创新兴趣、培养其创新情感和创新意志。要使文化主体了解创新的重要性,首要步骤是确定使其认识到社会是持续进步与发展的,进而意识到中华优秀传统文化在现代社会中的角色需经过创新化、时代化的调整,以满足社会的持续发展与变迁。其次,确保文化主体能够认识到社会发展对文化的新要求,可以策划有针对性的活动,引导他们深入理解。尽管传统文化中所包含的某些价值观念,例如"礼、义、廉、耻"在指导行为方面仍具备意义,但其

第七章　新时代推动中华优秀传统文化"两创"的保障机制

中的某些方面可能已不再适合当前社会的需求。如何针对当今的社会环境,科学地对待传统文化中的"礼、义、廉、耻",是全面采纳、批判性地继承,还是进行调整与创新,这成为一个值得探索的议题。只有当文化主体在日常的生产与生活实践中真正感知到中华优秀传统文化创新的必要性,他们的创新意识才能得到真正的激发。最后,为了培养文化主体的创新意识,需综合考虑其创新动机、兴趣、情感和意志这四个方面。它们之间存在着密切的联系,例如,一个积极的创新动机可以助力文化主体发展出积极的创新兴趣与情感,并进一步激发他们面对困难时的创新意志。相比逐个考虑这四个方面,更为高效的方法是综合性的培养,也就是说,从任意一个方面入手,都能达到激发文化主体整体创新意识的目的。

　　保护,主要是对文化主体创新意识的保护。为加强对文化主体的创新意识的保护,最根本的一步是营造对创新行为有利的氛围。回溯至1840年之前的清朝,由于君主专制制度在政治与文化领域的持续深化,导致了当时思想文化的僵化和趋同。为避免此类现象重演,整合历史经验,为创新创设的社会环境应包含以下几个核心要素。第一,塑造容纳多元的文化环境,坚持"百花齐放、百家争鸣"的指导方针,为各种文化思潮提供成长空间。第二,设立人们对创造和创新的正向价值导向体系,使其能够认识到其行为的价值和意义。第三,采取具体的政策措施,无论是物质奖励还是精神鼓励,均旨在激发人们的创造力和创新意识。第四,为人们的文化创造与创新提供所需的物质等条件支持,使其能够无碍地进行创新实践。评估文化主体的创新行为和创新成果也至关重要。由于各文化主体所具备的文化修养、创新能力存在差异,其创新表现也会呈现出各种状态。其中,一些可能不完美或尚有瑕疵。评估机制如何应对这些创新成果,将直接关系到文化主体未来的创新积极性。一般来讲,对文化主体创新成果的积极肯定将进一步助推其创新热情。但在评价过程中,必须保持公正和客观的原则性。最后,为保护文化主体的创新行为,法律制度建设不容忽视。只有通过合法途径,确保文化主体在进行文化创新时受到应有的保护,文化的创新才能健康、持续地向前发展。

（四）理论与实践相结合以培养文化主体的创新能力

创新能力可被定义为在特定环境内，运用累积的知识，对已有事物进行优化、变革，乃至诞生新物的一种能力。当涉及文化主体的创新能力培育时，该问题既包含理论层面的探讨，也与实践领域的挑战紧密关联，这要求理论与实践的有机融合。

在文化创新的理论探讨中，强调文化主体的创新能力是以一定的文化修养为基石的。该修养不仅涉及对当代社会进程的深刻认识，而且包括创新技巧与方法的熟练掌握，特别是中华优秀传统文化的知识，更是构筑文化主体创新能力的关键前置条件。中华优秀传统文化的"两创"理念并不是凭空产生的原初创新，而是建立在明确的文化对象基础上的。因此，如果文化主体缺乏相应的传统文化知识，那么其在文化创造与创新中所作出的努力，恐怕就如同无源之水、无根之树。培养文化主体的创新能力，首要条件便是协助其深入地洞悉和掌握当前的社会发展趋势。中华优秀传统文化的"两创"，意在把这些传统文化与当下的社会进程相互融合，进而在继承中华优秀传统文化的过程中，不断地促进传统文化的演进。因此，新文化与传统文化之间的界限，实则是新文化是否已经吸纳并融合了当代社会的发展元素。显然，要实现传统文化向新文化的创造性转化，一个决定性的因素就是准确而深入地认识和理解现行的社会进展。对于创新的深入洞察，以及创新技术的熟练应用，均在文化主体创新能力的塑造过程中起到了不可或缺的作用。只有当文化主体深谙创新之道，他们才不会对创新产生疑虑或回避。进一步来说，鼓励文化主体了解真正的创新并非仅仅是理论的沉思，或是一时的灵感火花，而是建立在实践基石之上，是对广大人民群众日常实践经验的深入总结与提炼。

从实践方面说，文化主体的文化创新能力在实践中得以培养并在实践中得以实现。文化创造与创新实践是文化主体创新能力培养的基础。一个人的能力不是天生的，而是在实践中不断培养、提升的。积极引导、鼓励文化主体参与文化实践活动是培养其文化创新能力的重要途径。当然，在实践过程中要注重发挥文化主体的参与性，如实践活动前的准备、实践活动过程中问题的提出与解决以及对实践经验教训的总结，都应是文化主体积极参与的结果。正是在实践中，在提出问题和解决问题的过程中、在总结实践经验教训的基础上,文化主体的创新能力才能够得到不断提高。

第三节　推动中华优秀传统文化"两创"的体制保障机制

一、全面深化文化体制改革提供体制保障

（一）推动中华优秀传统文化"两创"需宽与竞并存的文化体制

宽松与竞争并存的文化体制是推动中华优秀传统文化"两创"工作的需要。

第一,宽松与竞争并存的文化体制有利于为文化主体提供更为宽松的创造与创新环境。中华优秀传统文化的"两创"并非简单地采纳他人,而是要基于对传统文化的批判性传承和创造性转化,这一过程强调文化主体在学习与借鉴其他优质文化要素时,将中华优秀传统文化融合至当地的文化建设与社会进步之中,从而促进传统文化的持续转化与成长。为此,必须为文化从业者及大众创设一个有利于创意与创新的氛围,进而增强其学习热情,唤起其创新精神。一个结合宽松与竞争的文化框架,既能为文化主体提供宽广的学习、实践和创新空间,同时也通过竞争机制,刺激其持续地追求学术与创新上的卓越。

第二,在文化体制中,竞争与宽松共融能有效激发各文化实体的创造激情,进而凸显其在中华优秀传统文化"两创"过程中的重要角色。文化绝非单一个体的产物,它是一个民族的生命线,深植于每一位成员的思维方式、价值观与生活习惯当中。实施中华优秀传统文化的"两创"策略并非少数人之事,而是需要广大人民的集体努力。适度竞争与宽松的文化体制为各类文化实体营造了一个有益于创意和创新的环境,进一步推动了人们在创造和创新方面的积极参与。这种文化体制不仅塑造了个体的价值观和行为模式,更是对中华优秀传统文化进行创造性转化的重要推动力。

第三,在文化体制中,宽松与竞争的共存为激发人们创新意识提供

了有利条件,进而促进中华优秀传统文化"两创"的实现。从改革的历程中,可以观察到改革的推进往往是通过引入竞争机制等多种手段,破除原有的固化体制。此种竞争机制不仅促进了人们对创新的追求,而且让他们在日益激烈的竞争中找到立足之地。因此,文化体制的创新也不例外。要想在此种体制中发展,就必须培育并强化创新意识。深化体制改革,无疑对于催生人们的创新精神,推进中华优秀传统文化"两创"的成果,具有不可忽视的价值。

(二)推动中华优秀传统文化"两创"需不同领域体制改革的相互配合

推动中华优秀传统文化"两创"需不同领域体制改革的相互配合,是由多方面因素决定的。

第一,这符合马克思主义的基本观点。马克思主义强调全球的普遍联系性。一个领域内部的变革,必然在一定层面上对其他领域带来影响。由此,中华优秀传统文化的"两创"活动不仅局限于文化维度,还波及经济、政治等多个领域。进一步讲,文化结构的转型与其他领域的变革存在相互联系和互动。

第二,其文化活动所具有的独特性质注定了其内在机制。文化活动的主导者是人,作为文化的塑造者和传递者,他们在文化创作与传播的过程中既受到个人特性的影响,又受社会环境的制约。当涉及文化活动主体的个人要素,例如文化修养,这些要素往往与他们的教育背景紧密相关。而影响文化活动主体的外部因素,例如工作环境,反映了单位的操作模式、管理制度和领导机制,并在某种程度上也与社会经济和政治氛围相互关联。为了激发文化活动主体的创造力和创新精神,进而助力中华优秀传统文化的"两创"事业,必须通过跨领域的制度变革为他们打造有利的文化创作与创新环境。

第三,这是由文化发展规律所决定的。文化的演进基于现存文化结构,并在这一过程中,旧有文化因素受到特定条件的影响而转化为新的文化元素。文化的塑造与其演进路径受到社会经济和政治演变的直接或间接作用,特定的文化反映了特定时代下的政治与经济观念。随着社会的进步和变革,文化也会逐渐演化。此外,文化的进步同样受到其内部要素,如科技进步,的促进,这为文化传播和创新提供了更加尖端的手段。鉴于文化在演进中受到多种社会要素的影响,因此,在借助文化制度变革推进中华优秀传统文化的"两创"活动时,须重视各领域变革的协同作用。

二、全面深化文化体制改革的原则

(一)坚持社会效益与经济效益的统一

为确保中华优秀传统文化"两创"之实践受到体制结构的保障,我们应在体制革新和建设中坚持社会效益与经济效益的融合,这一原则符合中国特色社会主义文化建设的指导思想。社会主义文化的蓬勃发展需要强调文化主体的创造和创新潜能。在此背景下,市场化手段被纳入文化领域,鼓励文化主体基于经济效益挖掘其创意与创新能量。从而,鞭策他们创作出既能应对文化市场变化、又满足大众精神文化渴求的文化产品。

并且从某种程度上来讲,文化产品对大众的思维方式和观念具有潜移默化的作用。因此,文化塑造应贯彻社会主义先进理念,采纳与社会主义核心价值观相契合的文化内容,以指导公众,抵御各类不良文化的侵蚀。因此,衡量文化产品的标准不能仅局限于经济效益,或将市场份额、发行量等作为其唯一指标,而更应关注文化活动带来的社会影响。文化产品在社会主义市场经济架构中的独特性是由其教育和娱乐的双重属性所决定的。在这一体制中,文化产品必须平衡其经济效益和社会效益。强调文化产品的经济效益是为了确保其能满足文化市场的需求,反映人民的文化偏好。而这一点,更加凸显了基于市场需求来激发文化主体的创新活力的重要性。只有在继承原有文化传统的基础上,文化主体进行适当的创新,才能适应文化市场的变化,进而产生经济效益。与此同时,考量文化产品的社会效益主要在于其在满足公众精神文化需求的过程中,对大众思维和文化观念的正面影响。

(二)坚持坚守立场与百花齐放的统一

在体制改革过程中,既要以改革促创新,倡导文化创造与创新百花齐放,又要坚守立场。坚守立场,包含有两个方面内容:一是坚守中华文化立场；二是坚守中国特色社会主义文化立场。

这是由文化的特点和作用所决定的。文化在不同的民族和地域背景下展现出独特的民族性特征，正是这种民族性与地域性共同赋予了文化其丰富性和繁荣。每个民族的文化都凸显出与其他民族的差异性，这使得每一种文化都有其不可替代的价值。在漫长的历史长河中，中华民族逐渐铸就了独特的民族文化形态。为了进一步丰富和发展这种独特性，体制改革被用来激励文化的创造和创新。在这个过程中，虽然可以借鉴其他文化的精华，但仍需坚守中华文化的基石，继续传承并发扬中华优秀传统文化的光辉。这样的坚持并非毫无道理，因为文化是一个国家、一个民族的灵魂。历史与现实均证明，失去或背离自己的历史文化，一个民族不仅无法前行，更可能陷入历史的悲剧。

这是中国特色社会主义文化建设的要求。在近现代时期，中国面临外部列强的侵略，经历了深入的挣扎与探索。终于，在马克思主义的指导思想和中国共产党的坚强领导下，中华人民共和国得以成立。中华人民共和国成立之后，在党的领导之下，社会主义制度得到确立，社会主义改革获得了胜利，并且取得了显著的现代化建设成果。选择走社会主义之路，乃是历史的洗礼与人民的决策。中国特色社会主义文化构成了中国特色社会主义核心要素之一。为了推动中华优秀传统文化的"两创"，必须持续坚守马克思主义的指导思想，并始终站在中华文化的立场。

这是由当前文化形势所决定的。从世界层面进行观察不难发现，开放的文化氛围、全球化趋势、多元化的文化模式与互联网技术的崛起，在某种程度上促进了外国文化在我国的扩散。尽管这满足了公众的文化需求，但西方的思想和价值观也开始渗透。值得关注的是，文化作为国家的软实力，在国际竞逐中的角色与重要性逐渐上升。"文化，作为国家软实力的体现，其背后带有鲜明的价值取向。虽立场无法改写事实，但却能直接映射出对应的文化观念。"在国内，尽管中国特色社会主义文化建设取得了阶段性进展，但诸如历史虚无主义、新自由主义以及"普世价值论"的错误观点依然潜伏，这在某种程度上模糊了大众对中国特色社会主义文化及中华优秀传统文化的理解，并对推动中华优秀传统文化的"创造性转化"产生了影响。鉴于现有的文化状况，为保障国家的文化安全，确保中华文化的稳固地位是至关重要的。

在对多个国家的历史经验与教训进行总结时，通过观察各国的发展

第七章　新时代推动中华优秀传统文化"两创"的保障机制

脉络,发现部分大型政党丧失了其执政地位,此转变进一步改变了响应国家的发展取向。此类现象背后的原因多种多样,其中文化建设层面上对原有文化立场的丧失,可以视为导致其执政地位丧失的核心因素。目前,一些对立势力试图通过宣扬错误的文化价值观来对我国施行"和平演变"的策略,由此可见,文化建设中对中华文化立场的坚守显得尤为重要。

维护中华文化的原则不是鼓吹偏狭的民族文化主义,而是需要对外部文化进行批判性的吸纳。在对外部文化的精髓部分进行吸收与借鉴时,必须确保以马克思主义为行动指南,并基于中国特色社会主义的实际情境。

维护中华文化立场并不意味着要追求文化的"独树一帜",反而在将中华优秀传统文化中的创造与创新相结合的"两创"活动中,必须对错误思维进行警戒、预见并加以避免。对待中华优秀传统文化,应筛选其精粹、摒弃其冗余,从内容到形式的各个维度上,推动中华优秀传统文化走向时代化、普及化和科学化的轨道。

(三)坚持文化创新与文化法治的统一

文化在社会进步中扮演着至关重要的角色,在中华优秀传统文化"两创"进程中,我们不仅需要挖掘文化主体的创造潜力,而且要依法规范文化主体的文化产出和创新行为。中华优秀传统文化的"两创"过程必须确保与相关的法律制度建设同步发展,进而以法律制度建设为纲领,引导并规范文化的创新与创造行为。

为刺激文化主体的创造力和创新力,相关的法律制度应该推动体制的改革,同时规范文化主体的文化产出与创新行为。制定此类法律制度的核心目的是针对那些不利于激发文化主体文化创造和创新潜力的状况,为其提供坚实的制度支撑。

进一步说,法律制度在推进体制改革时,必须规范文化主体的创新与创造行为,从而有助于推进具有中国特色的社会主义文化建设。为了确保文化创新与创造活动与中国特色社会主义文化建设相吻合,并防止那些可能损害国家文化安全的行为,相关的法律制度应当在规范中为真实、有益的文化创新与创造行为提供保护。

三、全面深化文化体制改革的举措

（一）做好体制建设的顶层设计

第一，体制改革与建设过程中的顶层设计。在体制改革的顶层设计中，核心内容涉及在文化构建与创造性转化活动中，文化实体应秉持的世界观、历史观、文化观的明确，如何遵循合适的思想导向，以及如何保持坚定的文化立场。这一解答为如何确保文化方向的正确性提供了思考。

在文化机构的革新与塑造阶段，市场策略被融入了体制改革的背景下，以此激励文化的生成与创新。但是，在此之中，由于市场与竞争导向对经济效益的高度重视，加之某些误导性的思维观点，部分人员在文化的构建与创造性转化中，可能会被负面或是错误的观点所影响，从而输出与正确的世界观、历史观和文化观不甚一致甚至相悖的文化产物。为此，党和国家持续强调：在文化生成与创新中，文化主体必须恪守正确的三观，即世界观、历史观和文化观。

在文化制度的重塑与完善过程中，虽然主要靠体制的变革来激发文化的构建与创新，但仍需坚决地以马克思主义作为核心导向。这是根据历史经验与实践得出的正确方向，也是塑造具有中国特色的社会主义文化的必要标准。党和国家不断地重申，马克思主义的指导原则是不可或缺的。自从党建立时起，始终保持对马克思主义核心地位的承诺，文化构建的领域亦然。

在体制改革的宏观框架下，顶层设计主要涉及文化主体在文化创造与创新活动中所应遵循的世界观、历史观与文化观，它还决定了应当坚守的思想导向和文化立场，并且如何确保思想的正确定位和文化立场的坚守也是该设计的关键内容。当涉及体制改革与建设来保障中华优秀传统文化的"两创"时，这一进程有双重聚焦。首先，依赖体制改革来激励文化主体的创造与创新热情；其次，强调在文化的创造与创新之中，必须坚持中华文化的立场以及社会主义的导向。无论是新民主主义文化的构建，还是中国特色社会主义文化的塑造，文化的民族属性均为其核心要素。中华优秀传统文化源于中国古代社会，与古代的社会经济、

第七章　新时代推动中华优秀传统文化"两创"的保障机制

政治进程紧密相联,可以被视为古代中国智慧的印璧,深具中国特质。为了推动中华优秀传统文化的"两创",必须以其为基石,在习近平新时代中国特色社会主义建设的实践中寻找方向。脱离这两个核心要点的文化创造与创新,并不真正属于中华优秀传统文化的"两创"。

第二,在体制革新的顶层设计中,理论的导向、政策的倾斜以及制度的标准化是其实现途径。根据经验可知,缺乏恰当的理论导向会导致行动的失误。在中华优秀传统文化的"两创"实践中,为了激发并引领大众的文化创造与创新力量,对体制革新的实践与人民群众的文化产出与创新活动需有深刻的理论阐释。持续以马克思主义作为理论核心是至关重要的。其根本原因在于,马克思主义作为经过实践检验的科学体系,为大众提供了问题诊断与解决的思考模式、角度及手段。

党的十八大以来,在传承与弘扬中华优秀传统文化、推动中华优秀传统文化"两创"问题上,党和政府出台了一系列的政策,如 2014 年教育部印发的《纲要》;2015 年公布的《博物馆条例》;2015 年国务院办公厅印发的《关于支持戏曲传承发展的若干政策》和《关于推进基层综合性文化服务中心建设的指导意见》;2016 年国务院印发的《关于进一步加强文物工作的指导意见》;2016 年国务院办公厅转发文化部等部门的《关于推动文化文物单位文化创意产品开发若干意见》;2017 年中共中央办公厅、国务院办公厅印发的《意见》;中办、国办印发的《关于实施中华优秀传统文化传承发展工程的意见》,明确传承发展的总体目标、主要内容、重点任务和工作要求;印发的《关于在城乡建设中加强历史文化保护传承的意见》《关于加强文物保护利用改革的若干意见》《长城、大运河、长征国家文化公园建设方案》等配套文件,推动了传承发展的重点领域、重点工作相互衔接、形成合力;2021 年 4 月,中央有关部门印发《中华优秀传统文化传承发展工程"十四五"重点项目规划》;2022 年《"十四五"文化发展规划》,等等。

针对传承、弘扬与创造性转化中华优秀传统文化的任务,一系列政策已亮相,为此提供了专业的导引。但这些政策如何得到切实落实,政策的执行力度及其主体显得尤为关键。执行政策的关键主体涉及政府相关机构及文化实体。提升政策效用可通过增进政府相关机构与文化实体之间的对话与协同,加大在政策制定与实施阶段的公众参与,发布具有专门性的文化政策等途径,从而确保文化实体深入理解并支持政策,加强文化政策的针对性,促进其落地与产生深远影响。

相较于政策与学术理论,制度具有更为明确的操作性,对规定与指引公众行为起到至关重要的作用。在推进文化创新与创造过程的体制变革时,应构建相应的规范制度,旨在规定并引导公众的文化创新与创造行为,确保其行动与文化创新创造目标一致,从而实现文化创新与创造的战略意图。

(二)重点改革与全面改革的结合

第一,以体制改革推动中华优秀传统文化"两创",首先是文化体制改革。伴随着经济体制改革的进行,我国的文化体制改革也要不断推进。一是建构有利于中华传统文化创造与创新的人才培养机制。这涉及为文化领域的主体提供便捷的创新平台,形成宽广的创作与创新氛围,并制定相应鼓舞文化创新的策略与方针。二是确立鼓励"双创"活动的奖励制度,包含尊崇传统文化从业者的体系,在适当场合赋予他们进修及培训的机会,并对其在传统文化的继承、推广、创造性转化与扩展中所作的努力,给予物质或精神上的肯定。三是设计并不断完善传统文化"双创"所需的资金流向。例如,对于非物质文化遗产的守护与传承,可考虑吸纳民间投资以加大其保障力度。

第二,全面深化体制改革,为推动中华优秀传统文化"两创"提供保障。为确保中华优秀传统文化"两创"的政治引领和宏观策略,深化政治体制改革至关重要。我国社会主义基本政治制度与中国国情相符,表现出的优势与特点显而易见。然而,鉴于社会、经济等多个领域的持续发展,该政治制度仍存在需要完善的环节。进一步的政治体制改革能够充分体现我国民主制度的独特优势,为中华优秀传统文化"两创"提供更加稳定和有力的政治支撑。党和政府对于推动中华优秀传统文化"两创"的策略实施与整体推动均具有决定性作用。为此,通过深化政治体制的改革,对于党和政府以及传统文化从业者和广大人民在文化创造与创新中的职责与定位进行明确和界定,将大大助力中华优秀传统文化"两创"的发展推进。改革必须视为一个系统性的项目,其中,经济体制的改革无疑对文化体制以及其他相关体制的改革产生深远影响。因此,进一步深化经济体制的改革,能够有力地推进文化体制及其他相关体制的持续优化与完善。

第三,构建并完善中华优秀传统文化"两创"体系。针对中华优秀传统文化"两创"的目标,其实施是一个综合性、多元化的工程,需要各方面协同努力。既需要推进体制改革以促进中华优秀传统文化的"两创"发展,还要建立与完善对应的实施体系。

(1)教育体系。构筑完备的中华优秀传统文化教育体系是首要的,这涉及对大、中、小学级别的文化教育目标、内容、策略、管理及保障措施进行明确界定,并且,编撰针对大、中、小学的中华优秀传统文化教材,同时还要加强教师的专业培训。除学校教育外,还要着重强化社会层面的文化教育,以扩大中华优秀传统文化的普及范围。

(2)研究体系。加强中华优秀传统文化的理论研究,包括其本身的研究及对其传承、发扬、创造性转化和持续发展的理论的探索。由于中华优秀传统文化"两创"是实践导向的,因此,在深入理论研究的同时,应当重视其在实践中的应用研究,例如如何将其融入课堂教学。

(3)实践体系。中华文化涵盖范围广泛,推动中华优秀传统文化"两创"涉及众多领域与部门。当前的传统文化传承、发扬、创造性转化及发展状况,仍然存在部分领域各自为政的趋势。例如在文化教育领域,尽管教育、宣传、媒体等部门都参与其中,但在教育实施中,仍需强化不同教育阶段之间的连贯性,以及学校教育与社会教育的协同工作。

(4)法律体系。法律对于规范和保障中华优秀传统文化的传承、发扬、创造性转化与发展具有不可替代的作用。在中国特色社会主义文化建设的大背景下,近些年已经推出了多项法律法规,这为中华优秀传统文化的法治化管理创造了有利条件。

第四节 推动中华优秀传统文化"两创"的法治保障机制

一、加强中华优秀传统文化"两创"法制保障的意义

(一)文化创新与法治

在中华优秀传统文化的"两创"中,人为核心主体。强化法治,有助于合法地维护并确保文化的创造和创新活动,进而促进中华优秀传统文化的"两创"。

1. 法治为文化创新提供保障

中华人民共和国宪法作为国家的基石,已清晰地划定了公民权利的界限,为文化的创造和创新活动奠定了法律基础。《中华人民共和国宪法》第三十五条对中华人民共和国公民的言论和出版自由进行了明文规定;而第四十七条同样对此予以明确,并注明国家应当确保公民行使其文化权益,并对公民参与文化传播及文化创造活动予以鼓励和支持。

2. 法治为文化创新提供了依据

目前,中华优秀传统文化的"两创"已经成为构建中国特色社会主义的核心部分。因此,文化的创造和创新绝非随意的行为。宪法明确提出,所有个人与团体均应遵循宪法及法律。在享有宪法与法律所授予的权利时,个人亦应履行相应的责任。文化创新相关的法规明确了何种行为是被允许的,何种行为是被禁止的,从而为文化创新和创造活动提供了明确的指导原则和标准。所有涉及文化的创造与创新活动,都应当在宪法与法律的允许范围内进行,不能利用文化创新和创造活动传播违反法律规定的言论或进行违法行为。

3. 法治对于强化人们的能够体现中华优秀传统文化的行为具有重要意义

法律不仅可以保障文化创新与创造活动,还可以守护文化的创造与创新成果,从而为中华优秀传统文化的"两创"打造一个有益的法律环境。结合法律与道德,可以进一步引导人们继续弘扬中华传统的崇高美德。同时,法律还能够规范文化创造与创新的行为,确保中华优秀传统文化"两创"的方向始终正确。

第七章 新时代推动中华优秀传统文化"两创"的保障机制

(二)以文化人与法治

第一,这是由以文化人与依法治国关系所决定。论文化人与法治之间的互动关系。观察其在不同层面的体现,动态视角下其展现为德治与法治的互动;而从静态视角解析,该关系即为道德与法律之间的联系。道德与法律,均为社会行为调控的两大基石,但它们在规范标准、调控手法以及作用域上都有显著的区分。道德的核心在于善恶的判断,其调控机制主要通过社会公众意见和个体的深层信仰实现。与此不同,法律则是国家层面上制定或批准的行为规范,并依托于国家的强制执行力来保障其实施。在法律文本中,人民的权益与义务被明确梳理和阐述。相比法律,道德的调控覆盖面广泛得多。正是因为它们在特性上的区别,使得在社会治理中,这两种规范形成互补,均为社会秩序不可或缺的要素。

第二,这是对传统社会管理实践经验教训的总结。在古代中华文明中,统治集团采纳两种主要策略对民众进行治理:首先是教育引导,其次是司法制裁。从教育引导角度看,这种引导分为两类:其一是显性教化,它通过正式教育机构如官方学府和私营书院,将统治层面的思想与意识结构以课程内容的方式,向大众宣传。其二是隐性的教育机制,这更多地依赖于选举官员的制度和乡土士绅,以此将统治集团所鼓吹的思想观念扩散至普通大众。进一步解析中华封建社会的官员选拔制度,该制度在历史演变过程中见证了若干关键转型。起初自战国时期商鞅的改革中,爵位的授予主要基于军事功勋;到西汉时代,特别是汉武帝时期,察举制度逐渐形成;继之,在隋唐时代,科举制度得以确立并广泛实行。不同的官员选拔制度,其考核标准与选拔机制,都在一定程度上揭示了当代统治者所倡导的意识形态和价值观。通过这些制度,统治集团成功地将其核心思想和理念传递给了社会大众,并对民众的思维模式产生了深远影响。在这个框架下,乡土士绅这一社会群体在民众的教化中起到了不可或缺的作用。鉴于他们所持有的知识、经济资产等因素,士绅在其社交圈内拥有相对的权威和影响力,从而能够将统治阶层的核心观念传播至其社交群体。另外,又鉴于他们所获得的荣誉、功名或者历任官职的经历,他们与官方机构保持紧密的联系,从而更为深入地理解统治者的思想,并能将民间的声音与意见传达给统治阶级,形成一个桥梁,连接统治与被统治者。除教育引导外,中国古代多数王朝都形成了具体的法律文献。例如,在战国时期,有李悝所著的《法经》;唐代则有著名的《唐律疏议》;明代有《大明律》;而清代则有《大清律例》等,为古代中国法律体系的发展和完善提供了坚实的基础。

第三,这是中国共产党管理国家经验的传承。中华人民共和国成立以来,在不断总结中国特色社会主义法治建设经验的基础上,中国共产党在管理国家事务和社会事务过程中,坚持一手抓法治建设,一手抓精神文明建设。社会主义法治建设取得巨大成就。

二、加强中华优秀传统文化"两创"法制保障的原则

(一)坚守原则与创新发展的统一

中华优秀传统文化的"两创"是中国特色社会主义文化建设和促进文化繁荣的核心要点。在推动"两创"时,必须以法律为依据来规范和保护这项工作,并在文化的创新发展中坚定不移地遵循原则。

中国特色社会主义文化中,统一坚守原则与创新发展是其核心策略。坚持百花齐放、百家争鸣的"双百"方针构成了这一策略的基石。这种方针展现了对文化多样性的尊重,倡导在文化的创造与创新中实现"各种形式和风格的多样化发展"与"各种观点和学派的开放性讨论"。坚定此种文化多样性发展策略有助于激发文化实体的创造性和创新性,进一步加速文化进步。然而,百花齐放、百家争鸣并不意味着缺乏原则的文化活动,而是要在宪法所界定的范围内进行。因此,在推进"两创"中华优秀传统文化时,必须坚定中华文化的立场,并始终坚持社会主义核心原则。

文化的内涵显现出其在国家综合国力中的独特地位和显著作用,表征了坚守原则与创造性转化的紧密统一。文化不仅深入到非意识形态领域,还涉及意识形态领域。非意识形态领域与意识形态领域之间,时而呈现出交叉与融合,如电影艺术。电影在其展示技巧和方式上可以视为非意识形态,但某些电影所传达的价值观却深受意识形态影响。对于中华优秀传统文化,要求在文化构建与转化中要有明确的导向,强调原则的重要性。然而,坚守原则并非旨在束缚人们的创造力和创新精神,

第七章 新时代推动中华优秀传统文化"两创"的保障机制

而是提倡在正确的轨道上持续发展,即维护"正确区分学术问题和政治问题"的观念,并且坚决反对任何以学术名义进行的与学术道德和法律不符的行为。同样,应该避免将学术问题与政治问题相混淆,不应以处理政治问题的方式简单地解决学术问题。

(二)法治与德治的统一

法治的重要性不容置疑,法治应与德治互为补充,共同形成强有力的推动力,确保法律为中华优秀传统文化的"两创"提供坚实的保障。

守护法治与德治的和谐,这体现在社会对道德和道德行为的尊重与支持之中,激励社会大众对中华传统美德的赞誉、实践、传承及演进。坚守法治与德治的融合,显现出对道德的重视与确认,进一步对中华传统美德予以肯定,这不仅有助于中华传统美德的传播和提升,还为确保中华优秀传统文化的"两创"注入活力。

首先,道德与法律在治国策略中的融合,实质上是对这两类社会规范的肯定。其中,道德概念涵盖了社会主义道德、中国革命道德以及中华传统美德。对于道德在引导人类行为、确保社会和谐方面的效能,同时也体现了对中华传统美德在现代社会中所具备价值的确认。接着,法律在肯定和保护道德行为方面的角色,不仅助于强化人们对中华传统美德的价值观念,而且进一步促使人们承传、宣扬、创造性转化和发展中华优秀传统文化。观察当今社会道德进程,尽管整体趋向良好,但也不乏某些不当行为,例如交通事故中的欺诈行径。对于这些行为的定性,如何通过法律手段维护受害者的合法利益,以及如何确保道德行为者得到法律的支持,都会对人们对道德及其行为的评价和实践产生深远影响。只有当道德行为得到法律的支持和保障,人们才会真正地认同并实践这些道德规范。否则,其对公众的道德观念及行为产生的影响可能是逆向的。

在确保文化创新和创造行为的有序性和规范性方面,法治与德治的协同作用是不可忽视的,两者的相互统一体现的是利用道德与法律对文化创新和创造行为进行规范与调整,旨在真实地贯彻和实践中华优秀传统文化的"两创"。中华传统文化包罗万象,既有宝贵的精髓,也有其非主流的成分。近期,针对中华优秀传统文化的态度和行为展现出了一些不恰当的倾向。例如,有些声称要弘扬中华优秀传统文化的行为,实际上却传递了不再适应社会进步的传统观念。在表面上，这种行为似乎是为了继续和扩展中华优秀传统文化，但深入其本质，实际上更多的是对其进行批判和否定。为此，持续强调法治与德治的融合至关重要。通过充分利用法律与道德这两大社会规范，能够有效地对那些在文化创新与创造活动中出现的不良或违法行为进行有效的调整与规范。

三、加强中华优秀传统文化"两创"法制保障的举措

（一）制定和完善相关法律制度

为确保中华优秀传统文化"两创"得以有效实施，首要环节是建立完备的法律制度框架。法治在中华优秀传统文化"两创"中占有不可或缺的地位，为其提供了有力的保障。观察中华优秀传统文化"两创"工作，明显可见其为一项全面系统化的任务，包括但不限于文化研究、教育推广、宣传活动、文化创新与实践实施等多方面内容。进一步分析中华优秀传统文化，则可发现其在众多形态中得以体现，如实物文化、制度构建、行为习俗以及心理认知等。中华优秀传统文化的内质，既有其璀璨的精髓，也存在某些待优化的部分，为实践中华优秀传统文化的"两创"，必须依托实际工作需求，建立并完善相关法律法规，确保"两创"工作的高效推进。

与中华优秀传统文化及中华优秀传统文化"两创"相关的法律制度主要有以下几种。

1. 关于中华优秀传统文化保护的法律制度

在古代中国，传统文化的诞生可追溯至数千年前，这些文化体现了中华文明的深厚底蕴。无论是物质文化遗产，如古籍、文物和古迹，还是非物质文化遗产，如传统表演艺术，它们都是中华文化的重要组成部分，均需得到妥善的保存和传承。

物质文化的损坏或遗失可能因时间长河的冲刷、自然灾害的摧毁或人为破坏引发，但其背后所代表的优秀传统文化的消失是不可逆的。对于非物质文化遗产，例如某些依靠口耳相传的传统表演艺术，其流失的

第七章　新时代推动中华优秀传统文化"两创"的保障机制

风险在于传承过程中可能会遭遇的断层。随着现代社会文化多元化的形成,人们的文化消费方式及选择日益多样化,这为中华优秀传统文化的传承带来了挑战,也更加凸显了保护其不可替代性的迫切性。在此背景下,通过法律制度来推进中华优秀传统文化的保护,诸如"两创"工作的法律制度,显得尤为关键。所谓"两创"即创造性转化与创新性发展,其核心目标旨在促进社会主义文化的繁荣兴盛。为实现这一目标,必须对传统文化进行创新性的挖掘和传承,这不仅是对传统的尊重和继承,更是文化演进中的积极行动。此外,创新亦代表了文化创造者与创新者对于传统的洞察力与努力,因此,应有法律制度如版权法,来确保他们的权益并鼓励他们更深入地进行文化创新。在中华优秀传统文化"两创"的实施过程中,关键在于人。文化传承者需要在掌握传统文化的基础上,深化对其的认知,并在实际操作中将其与现实相结合,推动文化的持续转化与发展。这一过程并非易事,它需要多方面的支持与配合。法律制度的建立和完善将为文化创新与创造提供必要的保障,从而确保这些努力能够取得预期的效果。

2. 关于规范中华优秀传统文化"两创"行为的法律制度

在中华优秀传统文化"两创"实践中,文化的塑造与更新行为除了需要法律的庇护外,更亟待法律的明确指引。原因在于,部分人士以文化更新与创新为名,行封建迷信之实,宣扬过时陈旧的观念;而有些人在口头上声称支持"两创",但实质上则曲解或否定中华优秀传统文化。这些做法中的部分行为已逾越了单纯学术讨论的范畴。因此,建立明确的法律制度,对文化的塑造与更新行为进行规范,也构成了维护文化安全的关键环节。

(二)以法治保障和规范中华优秀传统文化"两创"行为

为确保中华优秀传统文化"两创"行为的合法性和规范性,法治应当为其提供坚实保障,分析此问题需从多个视角展开。

首先,考虑文化创造与创新主体,他们在"两创"活动中的法律责任和义务不可忽视。在开展文化创造与创新的进程中,主体应对相关的法律规定有深入的认识和理解,这是其遵法的基础。文化创造与创新主体需自觉地、严格地符合文化保护及创新的法律要求,对违法行为予以避免。而当其权利受到侵犯时,应通过法律途径予以维护,同时也要有意识地承担相应的法律责任。然而,在实际的文化创造与创新中,仍有主体可能出现违法情况。这不仅仅是由于他们对法律的不了解或片面理解,也与其持有的世界观、价值观、历史观、文化观和法治观有关。因此,仅仅依赖法律规定并不能完全规范文化创新主体的行为,需要建立和坚守正确的价值取向,才能在文化活动中真正做到守法。

对于文化执法工作者,他们是确保文化"两创"行为合规的关键。他们对文化创造与创新活动进行法律监督和管理是维护文化法治的核心职责。法律所持有的外在强制力,其有效性并不仅仅依赖于执法者,更重要的是被法律约束者自觉遵循和尊重。在执行职责时,文化执法工作者应坚决、严格地执行法律,对违法行为给予及时的制止和依法的惩罚。由于文化产品具有其独特性,文化执法工作者更应确保非法行为在最初时就被遏制。

从文化执法部门的角度来看,为中华优秀传统文化"两创"行为提供法治保障意味着必须实行严格和公正的执法原则。鉴于文化的特殊属性,其创新活动及产出对个体甚至整个社会的影响可能更为深远,要求文化创新行为更加注重社会效益,而多种文化传播方式也增加了执法的复杂性。因此,从事文化执法的工作者除了要具备法律知识外,还需要有较高的文化修养和鉴赏能力。

(三)提高人们依法从事文化创造创新能力

从中华优秀传统文化"两创"角度审视,法治的核心宗旨不仅仅是对非法行为进行制裁,而更为重要的是引导和规范公众行为,以确保文化的合法创作和创新过程得以畅通无阻。对于非法行为的处置,其真正意图应当是加强对合法文化活动的保护和促进。在这全过程中,人成为中心环节。个体的法律知识储备和对法治的认知深度,往往直接塑造其行为准则。

拥有适量的法律知识为法治发展奠定基石,并为中华优秀传统文化"两创"提供必要的法律背景支撑。考虑到与传统文化有关的法律框架往往涉及专业性内容,广大民众,尤其是非文化领域工作者,对此常常知之甚少。法律知识的掌握深浅会直接决定公众依法行事的意愿。为

第七章 新时代推动中华优秀传统文化"两创"的保障机制

此,努力推动和协助公众对与传统文化息息相关的法律体系进行学习和了解,将有助于增强法律在指导、规范与保障文化活动中的效用。

对于如何推广这些与传统文化关联的法律体系,可以结合直接与间接两种策略。直接策略主要集中在法律教育和普及,例如在学校中设立相关法律课程、开展与法律有关的活动,以及在社会各层面推广法律知识。而间接策略更倾向于在其他活动中融入法律内容,如在文物鉴赏活动中加入文物保护和交易等法律条款的讲解。一方面,通过这样的直接法律教育,尤其是学校环境下的法律课程,可为公众提供一个系统性的法律知识结构。另一方面,法律普及活动具有较强的普及性,能助力公众在日常生活中深化对相关法律的了解,而间接的法律教育则着重于其应用的实际性,使公众在实践中受益。

法治意识的加强是法治进程中至关重要的环节,也是法律在中华优秀传统文化"两创"中施展其保障作用的核心所在。当公众真正内化了法治精神,才能确保他们在文化的传承、推广、创造性转化以及进一步发展的过程中,始终坚持依法行事,并在遭遇问题时,通过法律途径来解决。增强公众的法治意识并非是一蹴而就的,这一过程需要通过持续的法律宣传活动,让更多的人明了法律的相关条文,并培养其自觉遵循法律、依法维权的意识。

第八章　中华优秀传统文化"两创"在新时代的发展趋势

第一节　在社会主义文化强国建设中日益扎牢历史根基

一、提供不竭精神动力,建设社会主义文化强国

"每一种文明都延续着一个国家和民族的精神血脉,既需要薪火相传、代代守护,更需要与时俱进、勇于创新。"中华文明历经数千年风雨始终生生不息、历久弥新,中华优秀文化是中华文明重要的组成部分,积淀着中华民族最深层次的精神追求,代表着中华民族的精神标识,是弘扬中国精神、凝聚中国力量的"活的灵魂"。"两创"的根本任务就是激活长期因为人民蒙难、民族蒙辱、文化蒙尘而渐趋势微的中华传统文化,不断增强文化自觉、文化自信和文化自强,赋予社会主义文化强国建设以不竭的精神动力。

中华优秀传统文化的核心价值观念和基本特点实现了中华民族的文化认同,坚定了中华民族的文化自信,促进经济、文化的繁荣和人民幸福的提高。在经济全球化、社会多元化的今天,推动中华优秀传统文化创造性转化、创新性发展,有助于以其深厚的历史和文化底蕴,不断吸收和融合外来文化,不断进行自我消化和自我更新,始终与时俱进,焕发出独特的魅力和生命力,在社会主义文化强国建设中发挥其推动社会进步的价值。在当前的强国建设和民族复兴进程中,作为一种精神资源,中华优秀传统文化的精髓和智慧为国家提供了强大的精神动力,在

第八章 中华优秀传统文化"两创"在新时代的发展趋势

中国特色社会主义事业的推动下,充分发挥着中华文化优势的独特作用。同时,中华优秀传统文化的道德规范和价值体系,为社会建设提供指导,促进人民共同价值观念的确立和传承。通过弘扬中华优秀传统文化,增强中华民族的文化自信,提高民族凝聚力,推进中华民族的伟大复兴。

"人无精神则不立,国无精神则不强"。中华文明之所以能够成为唯一不曾中断的文明,中华民族之所以能够不断不断发展壮大,其中一个非常重要的缘由就在于始终坚持、推进和实现"第二个结合",就是始终坚定历史自信和文化自信,坚持古为今用、推陈出新,把马克思主义思想精髓同中华优秀传统文化精华贯通起来,中华优秀文化自身的品格、活力和积淀为中华民族的发展提供了高质量的文化供给,中华优秀传统文化所体现的民族气质和文化精髓构建了充分反映中国特色、民族特性、时代特征的价值体系,从而为中国式现代化提供了不竭的精神动力。中华优秀传统文化有很多重要元素,比如,天下为公、天下大同的社会理想,民为邦本、为政以德的治理思想,九州共贯、多元一体的大一统传统,修齐治平、兴亡有责的家国情怀,厚德载物、明德弘道的精神追求,富民厚生、义利兼顾的经济伦理,天人合一、万物并育的生态理念,实事求是、知行合一的哲学思想,执两用中、守中致和的思维方法,讲信修睦、亲仁善邻的交往之道等,共同塑造出中华文明的突出特性。中华文明的连续性,能够培育人民深厚的家国情怀与深沉的历史意识,成为中华民族历经千难万险而不断推进民族复兴进程的精神支撑;中华文明的创新性塑造了中华民族守正不守旧、尊古不复古的进取精神和不惧新挑战、勇于接受新事物的无畏品格;中华文明的统一性决定了各民族文化融为一体,决定了国土不可分、国家不可乱、民族不可散、文明不可断的共同信念,决定了国家统一永远是中国核心利益的核心,决定了一个坚强统一的国家是各族人民的命运所系。中华文明的包容性与和平性,决定了中华民族交往交流交融的历史取向、中国各宗教信仰多元并存的和谐格局以及中华文化对世界文明兼收并蓄的开放胸怀,决定了中国始终是世界和平的建设者、全球发展的贡献者、国际秩序的维护者。而中华优秀传统文化是中华文明的智慧结晶和精华所在,是中华民族的根和魂,是中华民族在世界文化激荡中站稳脚跟的根基。

因此,推动中华优秀传统文化创造性转化、创新性发展,弘扬中华文化,发扬中华文脉,让其成为国家发展的基石、民族复兴的动力和社进步的引领者,是当前文化强国建设的重要任务。在社会主义现代化强国的进程中,我们要始终坚持中华优秀传统文化的"两创"方针,通过各种途径和渠道,弘扬中华优秀传统文化,推进创新性发展,注重文化转型升级和文化产品的质量提升,铸就党领导中国人民在推进中国式现代化进程中不断创造辉煌的精神密码,为社会主义文化强国建设提供不竭精神动力。

二、筑牢文化安全根基,巩固中华民族文化主体性

在2023年6月召开的文化传承发展座谈会上,习近平总书记提出了"文化主体性"的重大论断,深化了党对文化建设的规律性认识。文化主体性是文化自信的根本依托,是一个民族的文化和民族精神屹立于世界民族之林的基本条件,是一个国家中的民众相互认同的坚实文化基础,是一个国家的政治、经济、文化能够形成影响力的根本前提,是一个国家在世界文化的大花园中绽放自身文化特色的核心要素。因此,文化主体性是在国家发展过程中形成强大的文化引领力、凝聚力、塑造力和辐射力的重要力量源泉。任何文化要立得住、行得远,要有引领力、凝聚力、塑造力、辐射力,都必须有自己的主体性。只有不断巩固中华民族的文化主体性,推进文化自信自强,激发全民族文化创新创造活力,才能不断铸就社会主义文化新辉煌,增强实现中华民族伟大复兴的精神力量。文明延续着国家和民族的精神血脉,缺失了文化主体性,一个民族、一个国家将会魂无定所、行无依归。

巩固文化主体性,必须深刻把握中华文明连续性、创新性、统一性、包容性、和平性的突出特征,而中华优秀传统文化作为中华文明的智慧结晶和精华所在,承载着中华文明的连续性、创新性、统一性、包容性、和平性。中华优秀传统文化是世界上唯一绵延不断并以国家形态发展至今的伟大民族文化,具有突出的连续性,有着自我发展、回应挑战、开创新局的文化主体性与旺盛生命力。中华优秀传统文化的连续性不意味着停滞不前和僵化守旧,而是以"苟日新,日日新,又日新"的精神革故鼎新,具有突出的创新性。中华优秀传统文化具有突出的统一性,大一统理念是贯穿中国历代政治格局和思想文化的主线之一,更是维系中华民族共同体意识的重要纽带。中华民族在交往交流交融的历史进程中,发展出鲜明的文化主体意识和开放包容的文化心态,形成了强大的

第八章　中华优秀传统文化"两创"在新时代的发展趋势

文化定力和文化自信,促进了中华文明多元一体发展,正是这种文化主体性和文化自信,让包容性成为中华优秀传统文化的突出特性。中华优秀传统文化还具有突出的和平性,中国人认为"和"是自然法则,"和合共生""天下大同"是人类社会的理想境界,中华优秀传统文化中"和"的基因在历史发展中塑造了中华民族的精神品格,形成了人与人之间、国家与国家之间"和"的智慧。推动中华优秀传统文化创造性转化、创新性发展,有助于巩固文化主体性,有助于巩固文化建构主体的自信与自觉性,促使中华优秀传统文化在社会主义文化建设中展现其独特价值,为中华文化的创新与繁荣提供坚实基石,从而铸就社会主义文化新辉煌,对全人类的文化进程产生积极影响。

第二节　在中华民族伟大复兴进程中日益彰显文化底蕴

一、着力赓续中华文脉,建设中华民族现代文明

2023年10月,习近平总书记在全国宣传思想文化工作会议上作出重要指示,提出要"着力赓续中华文脉、推动中华优秀传统文化创造性转化和创新性发展",明确了推动"两创"是赓续中华文脉、建设中华民族现代文明的方法路径,为新时代文化建设提供了根本遵循。

推动中华优秀传统文化创造性转化、创新性发展是赓续中华文脉的必然路径。文脉是指中华文明起源与演进的脉络,丰富多样的各类历史文化遗产是文脉的载体,它们涵括收藏在博物馆里的文物、陈列在广阔大地上的遗产、书写在古籍里的文字、传承在无数工匠大师身上的技艺等,是中华民族的代表性符号和中华文明的标志性象征,是涵养社会主义核心价值观的重要源泉。国家与民族的强盛,总是以文化兴盛作为支撑,现代化强国的建成与民族复兴的实现需要以中华文化的发展繁荣为条件。新时代以来,围绕赓续传承文脉这一问题,以习近平同志为核心的党中央做出一系列论述,如对历史文化特别是先人传承下来的道德规范,要坚持古为今用、推陈出新,有鉴别地对待,有扬弃地继承。2017年1月,中办、国办联合印发《关于实施中华优秀传统文化传承发展工程的意见》,明确将"两创"作为实施该工程的基本原则。2017年10月,

对中华优秀传统文化进行"创造性转化、创新性发展"正式被写入党的十九大报告。2022年10月,党的二十大报告中再次强调要推动中华优秀传统文化"创造性转化、创新性发展"。

推动中华优秀传统文化"两创",要将中华优秀传统文化融入人民日常生活。关键还在于成功营造大众乐享的文化氛围,令体验者感觉既自在又自洽。近些年来,越来越多游客高度认同并乐于体验服饰、饮食、礼仪等中华优秀传统文化元素,这也提醒我们,推动中华优秀传统文化"两创",目的是使大众不仅可以成为这些文化精粹的旁观者、欣赏者,更能成为参与者、创造者,让中华优秀传统文化有机融入寻常生活。唯有在推动中华优秀传统文化"两创"中绵绵用力、久久为功,才能让每一个个体对中华优秀传统文化"两创"做到事上见、心中有,增强文化认同感和凝聚力,形塑文化主体性。

推动中华优秀传统文化"两创",要将马克思主义基本原理同中华优秀传统文化相结合。随着新时代文化建设工作的不断推进,党中央推进中华优秀传统文化"两创"的力度、广度和深度亦愈益加大。习近平总书记强调指出,在五千多年中华文明深厚基础上开辟和发展中国特色社会主义,把马克思主义基本原理同中国具体实际、同中华优秀传统文化相结合是必由之路。"第二个结合"是又一次的思想解放,让我们能在更广阔的文化空间中,充分运用中华优秀传统文化的宝贵资源,探索面向未来的理论和制度创新。这也为推动中华优秀传统文化"两创"提供了扎实的理论基础和明晰的前进方向。

推动中华优秀传统文化"两创",更有益于涵养社会主义核心价值观。中华优秀传统文化是社会主义核心价值观的重要文化渊源。在推动中国式现代化的进程中,深入推动中华优秀传统文化"两创",有助于增强文化自信与文化认同,有助于提高对文化辨识能力,产生文化自觉,主动认识和传承中华优秀传统文化,积极践行社会主义核心价值观,为中国式现代化赋予更鲜明特色、提供更强大支撑。

中华民族现代文明是中国共产党领导的社会主义文明,具有突出的中国特色,一是以马克思主义为指导、以中国特色社会主义为保障,二是根植中华优秀传统、具有中华文化主体性,三是善于借鉴吸收人类一切优秀文明成果、持续创造推进人类文明进步的文明,代表人类文明进步的方向,是一种全新的人类文明形态。中华民族现代文明必然要在中华优秀传统文化的创造性转化、创新性发展进程中形成、发展,从而形成人类文明新形态。

二、彰显民族精神底色,赋力中华民族文化复兴

新中国成立 70 多年来,中华儿女为谋求民族复兴,持续前行,创下了人类历史新篇章。这段历程见证了中国经济的飞速发展,诞生了一连串非凡壮丽之事迹,并孕育出新时代的爱国主义和时代精神。中华优秀传统文化所承载的价值观念、人文精髓、道德规范、意志品格,构成了中华民族精神境界的灵感之源,激励着人们为振兴国家而不懈努力。

中华优秀传统文化是中华民族独特的精神标识。文化是国家和民族的灵魂,它承载着一个民族的历史与精髓。中华优秀传统文化是中华儿女长期努力与实践智慧的结晶,熠熠生辉于人类文明史,源远流长、博大精深,具备强大的凝聚力与持续生命力,是中华民族独有的显著标志,更是中华民族生生不息、蔓延传承的信仰。中共中央发布的《关于实施中华优秀传统文化传承发展工程的意见》指出,中华民族和中国人民在修齐治平、尊时守位、知常达变、开物成务、建功立业过程中培育和形成的基本思想理念,正是对中华优秀传统文化精髓的概括和总结。在革命和社会主义现代化建设中形成的"红船精神、长征精神、焦裕禄精神、改革创新精神"等思想文化理念,为实现中华民族伟大复兴提供精神支撑和精神标识。

中华优秀传统文化是实现中华民族伟大复兴的精神支撑。习近平总书记在纪念孔子诞辰 2565 周年国际学术研讨会暨国际儒学联合会第五届会员大会开幕会上的讲话中,精辟地总结了中华优秀传统文化的核心,即"修齐治平、尊时守位、知常达变、开物成务",这是中华民族传承绵延的核心价值理念。此外,诸如"红船精神、长征精神、焦裕禄精神、改革创新精神"等爱国精神和民族精神,在革命和社会主义现代化建设中彰显了民族特有的精神支撑和精神象征,为中华民族伟大复兴提供了不可或缺的内在力量。进入新时代,中华民族伟大复兴目标的实现越来越近,遇到的风险、挑战、阻碍也会越来越多,越来越严峻复杂,不仅需要政治、经济、军事等多方面的支持,更需要巨大精神支撑。中华优秀传统文化是民族复兴精神支撑的有力载体,通过"两创",更加能够凝聚人民的精神力量,在社会主义现代化强国进程中劈波斩浪,不断前行。

中华优秀传统文化是新时代培根铸魂的重要文化资源。中华优秀

传统文化是中华文明的智慧结晶和精华所在,凝结着中华民族最深沉的精神追求,为中国式现代化道路提供了深厚的文化沃土。中华优秀传统文化赋予中国式现代化中国特色。中国式现代化从对传统文化的传承发展而来,既具有各国现代化的共同特征,同时以中华优秀传统文化为支撑,体现出更加鲜明的中国特色。中华优秀传统文化实现创造性转化、创新性发展,要与马克思主义基本原理相结合,从而为传统文化注入科学理性精神、提供深刻思想内涵,促进中华优秀传统文化实现质的飞跃。以马克思主义为理论指导,在传承中华优秀传统文化中推进文化创新,为中国式现代化道路的拓展提供有力精神支持和不竭思想源泉,为解决人类面临的共同问题将提供更多、更好的中国智慧,从而真正守护住中华民族的根和魂,才能为民族复兴培根铸魂。

第三节 在世界文化之林中日益展现永久魅力和时代风采

一、增强中华文化软实力,展现中华优秀传统文化永久魅力

2017年中共中央办公厅、国务院办公厅印发的《关于实施中华优秀传统文化传承发展工程的意见》(以下简称《意见》)指出,文化是民族的血脉,是人民的精神家园。文化自信是更基本、更深层、更持久的力量。建设社会主义文化强国,增强国家文化软实力,实现中华民族伟大复兴的中国梦,必须坚持推动中华优秀传统文化创造性转化、创新性发展的文化建设方针。

推动中华优秀传统文化创造性转化、创新性发展有助于增强中华文化软实力。文化软实力是体现一个国家综合实力最核心的内容,是国家力量不可替代的重要组成部分,是展示国家精神、凝聚文化认同的重要武器。中华文化在历史上曾产生过强大的国际影响力和辐射力。近代以来,中华文化的软实力未能充分展示和发挥出来。诚如习近平总书记所言,没有中华文化的复兴也就没有中华民族的复兴。党的十九届五中全会明确,到2035年把我国建成文化强国,国民素质和社会文明程度达到新高度,国家文化软实力显著增强。这就要求我们必须努力提升中

第八章　中华优秀传统文化"两创"在新时代的发展趋势

华文化软实力,提高社会文明程度,提升我国国际话语权,从根本上解决当前文化领域"西强我弱"的局面,消除国际舆论场中我们"失语失声""被动挨骂"的状态,在不断繁荣文化事业、发展文化产业中提升国家文化软实力,筑起中华文化复兴的新长城。

推动中华优秀传统文化创造性转化、创新性发展要坚持守正创新。习近平总书记指出,中华民族是守正创新的民族,有着守正创新的传统。守正是为不忘本来,更好地开创未来,只有全面深入了解中华文明的历史,才能找准社会主义文化建设的方向,更有效推动"两创",建设中华民族现代文明。在守正的同时,又要创新,紧跟时代发展需求,从中找寻新的精神力量,进而服务于中国特色社会主义文化的大发展大繁荣。优秀传统文化是一个国家、一个民族传承和发展的根本,如果丢掉了,就割断了精神命脉。客观地说,任何传统文化在其形成和发展过程中,都不可避免地会受到时空条件的影响,受到当时的经济状况、认知水平、地域特点、社会制度的制约,因而必然会存在一些陈旧过时或已成为糟粕的东西。这就要求我们在学习、研究、应用传统文化时要坚持古为今用、以古鉴今,结合新的实践和时代要求进行辩证取舍,坚持有鉴别的对待、有扬弃的继承,摒弃消极因素,继承积极思想,实现中华优秀传统文化的创造性转化和创新性发展,从而使中华优秀传统文化在全球文化交融、碰撞中展现出永恒魅力,绽放出时代风采。

二、推动中外文化交流互鉴,推动中华文化更好走向世界

党的十八大以来,我国的文化建设越来越展现出世界胸怀和视野,一方面在多种文化互鉴中博采众长,不断把文化上的对外开放提升到新水平;另一方面深深根植于本民族文化,深刻把握中国文化演进的指向,在与世界文明的深度互动中形成人类命运共同体理念,表达中华文化"天人合一"的宇宙情怀、"天下一家"的人类情怀、"中和之道"的协调智慧,不但汇聚了推进中华民族伟大复兴的精神力量,也为中华优秀传统文化造福人类开辟了广阔前景使中华民族有根可寻、有本可立,开辟了中华文化发展的新境界,推动中华文化更好地走向世界。

坚守中华文化立场,增强中华文明传播力影响力。中华民族很早就懂得"观乎人文,以化成天下"的力量。优秀传统文化是一个国家、一个民族传承和发展的根本,如果丢掉了,就割断了精神命脉。一要坚持以结合为根坚定中华文化立场。马克思曾指出:"理论在一个国家实现的程度,总是取决于理论满足这个国家的需要的程度。"坚持马克思主义基本原理同中华优秀传统文化相结合,用马克思主义科学的真理力量赓续中华文明的基因血脉,推动中华优秀传统文化的可持续发展和现代化转型,使中国式现代化释放中国味、激扬中华情、凝聚民族魂。二要注重弘扬中华优秀传统文化。大力弘扬中华优秀传统文化,秉持以历史与现实相融通、理论与实践相统一的原则,以批判继承、革故鼎新的态度,对中华传统文化取其精华、去其糟粕、古为今用,加强宣传、推广和转化中华文明探源工程成果,大力推进中华文物保护利用和文化遗产保护传承,不断激发中国式现代化建设的内生动力。

在不同文明互相交流借鉴中向世界阐发中华优秀传统文化。中华民族是一个兼容并蓄、海纳百川的民族,在漫长历史进程中,不断学习借鉴其他民族的优秀文化成果,才形成我们的民族特色。中华优秀传统文化之所以能够不断发扬光大,就是因为既坚守本源又不断与时俱进,积极学习借鉴、吸纳世界优秀文化中的有益成分。进入距离民族复兴目标实现越来越近的新时代,要进一步加强对中华优秀传统文化的挖掘和阐发,把跨越时空、超越国度、富有永恒魅力、具有当代价值的中华文化精神弘扬起来,把继承优秀传统文化又弘扬时代精神、立足本国又面向世界的当代中国文化创新成果传播出去。要加强对外文化交流合作,创新人文交流方式,丰富文化交流内容,不断提高文化交流水平,通过不同文明之间的交流互鉴传承中华文化基因、展现中华审美风范,讲好中国故事、传播好中国声音、阐释好中国特色、展示好中国形象。

参考文献

[1] 李贵卿. 互联网时代中华优秀传统文化的传承与创新研究 [M]. 成都：四川大学出版社，2023.

[2] 魏大威. 中华优秀传统文化与新技术的融合创新发展 [M]. 北京：国家图书馆出版社，2023.

[3] 刘刚. 中华优秀传统文化创造性转化和创新性发展 [M]. 北京：社会科学文献出版社，2022.

[4] 金宁，李松睿，韩子勇. 中华优秀传统文化创造性转化创新性发展研究 [M]. 北京：文化艺术出版社，2019.

[5] 岳德常. 大学之道新诠：中华优秀传统文化的创造性转化和创新性发展研究 [M]. 郑州：郑州大学出版社，2017.

[6] 张瑞涛，郭彬彬. 中华优秀传统文化创造性转化和创新性发展的哲学密码——唯物史观的视角 [J]. 山东社会科学，2023，（11）.

[7] 张伟. 数字化推动中华优秀传统文化"两创"的逻辑关联、实践原则和发展路径 [J]. 山东社会科学，2023，（11）.

[8] 慕延滨，宋珍妮. 中华优秀传统文化创造性转化创新性发展的鲜明特点 [J]. 理论探索，2023，（06）.

[9] 韩韶君. 逻辑、实践与走向：中华优秀传统文化"双创"的数字出版进路 [J]. 出版发行研究，2023，（10）.

[10] 揭其涛，黄三乐. 智能出版对中华优秀传统文化创造性转化的逻辑机理、实践进路与未来愿景 [J]. 科技与出版，2023，（08）.

[11] 赵崔莉，陈力. 民族高校推动中华优秀传统文化"两创"的内涵、挑战及实践路径 [J]. 民族教育研究，2023，34（04）.

[12] 李怀涛，杨文烨. 中华优秀传统文化"双创"的路径探析 [J]. 首都师范大学学报（社会科学版），2023，（04）.

[13] 陈志刚. 在中华优秀传统文化创造性转化和创新性发展中建

设中华民族现代文明[J].马克思主义研究,2023,(06).

[14] 廉卫东.媒体如何推动中华优秀传统文化"两创"进程[J].青年记者,2023,(09).

[15] 王育济,李萌.数字赋能中华优秀传统文化"两创"的产消机制研究[J].山东大学学报(哲学社会科学版),2023,(03).

[16] 杜辉.中华优秀传统文化传承创新的四个维度[J].中学政治教学参考,2023,(16).

[17] 周巍.论唯物史观推动中华优秀传统文化创造性转化创新性发展的作用[J].学校党建与思想教育,2023,(04).

[18] 段鹏."未来电视"战略布局下的中华优秀传统文化创造性转化三问[J].中国电视,2023,(01).

[19] 王虎学.在传承中华优秀传统文化中推进文化创新[J].红旗文稿,2023,(17).

[20] 周凯.面向中华优秀传统文化"两创"的文化数字化共生产业体系研究[J].人民论坛·学术前沿,2022,(23).

[21] 胡长得,陈磊.中国式现代化进程中的中华优秀传统文化"两创"方略[J].中国高等教育,2022,(23).

[22] 郭丽瑾,肖周录.习近平中华优秀传统文化创造性转化和创新性发展的逻辑理路[J].学术探索,2022,(10).

[23] 魏勇.中华优秀传统文化创造性转化和创新性发展的逻辑进路[J].中南民族大学学报(人文社会科学版),2022,42(07).

[24] 张晓刚,胡凌燕.习近平用典及其对推进中华优秀传统文化"两创"的价值意蕴[J].海南大学学报(人文社会科学版),2022,40(06).

[25] 徐晨光,肖菲.论新时代中华优秀传统文化"两创"方针的双重维度[J].思想政治教育研究,2022,38(03).

[26] 王威峰,李红革.以系统观念推动中华优秀传统文化传承创新[J].人民论坛,2022,(05).

[27] 李新潮.中华优秀传统文化创造性转化创新性发展的运行机理[J].理论学刊,2022,(02).

[28] 吕英飒.中华优秀传统文化的创造性转化与创新性发展[J].长春师范大学学报,2022,41(11).

[29] 左康华.乡村振兴视域下中华优秀传统文化的创造性转化与创新性发展[J].学术研究,2022,(08).

参考文献

[30] 胡孝红.中国共产党对中华优秀传统文化的创造性转化和创新性发展[J].理论月刊,2021,(12).

[31] 李闫如玉,朱康有.中华优秀传统文化"双创"路径新探[J].理论视野,2021,(12).

[32] 王丽霞.中华优秀传统文化创造性转化和创新性发展路径探析[J].山东社会科学,2021,(11).

[33] 赵信彦,周向军.习近平关于中华优秀传统文化"两创"重要论述的内在逻辑[J].当代世界社会主义问题,2021,(03).

[34] 洪晓楠,杨番.系统论视域下新时代中华优秀传统文化"两创"体系探析[J].学习与探索,2021,(09).

[35] 刘家义.牢记习近平总书记嘱托推动中华优秀传统文化"两创"发展——习近平总书记给《文史哲》编辑部全体编辑人员重要回信精神学习体会[J].文史哲,2021,(04).

[36] 曹苗.中华优秀传统文化的创造性转化创新性发展研究——兼论中华优秀传统文化的基本精神[J].理论探讨,2021(6).

[37] 陆卫明,冯晔.新时代中国共产党对中华优秀传统文化的创造性转化与创新性发展[J].探索,2021(6).

[38] 王丽霞.中华优秀传统文化创造性转化和创新性发展路径探析[J].山东社会科学,2021(11).

[39] 赵信彦.新时代创造性转化和创新性发展中华优秀传统文化的逻辑理路[J].福建省社会主义学院学报,2021(5).

[40] 贾延儒,曾华锋.传统文化创造性转化与创新性发展的三重逻辑[J].人民论坛·学术前沿,2021(12).

[41] 李玟兵.简论新时代云南优秀传统文化的创造性转化和创新性发展[J].大理大学学报,2020,5(05).

[42] 黄意武.中华优秀传统文化创造性转化、创新性发展面临的障碍及破解路径[J].重庆社会科学,2020,(05).

[43] 吴增礼,王梦琪.中华优秀传统文化创造性转化与创新性发展的维度和限度[J].湖南大学学报(社会科学版),2020,34(01).

[44] 赵丽媛,翟继军.中华优秀传统文化"两创"的三重维度[J].学术交流,2019,(11).

[45] 宋小霞.中华优秀传统文化创造性转化与创新性发展的路径[J].东岳论丛,2019,40(02).

[46] 阮晓菁,肖玉珍.习近平关于"中华优秀传统文化创造性转化、创新性发展"论述研究[J].思想理论教育导刊,2019,(01).

[47] 王莹.中华优秀传统文化"两创"分析[J].当代世界与社会主义,2018,(06).

[48] 黄前程.中华优秀传统文化创造性转化机理模型的当代构建[J].贵州社会科学,2018,(12).

[49] 孔繁轲.推动中华优秀传统文化创造性转化、创新性发展的实践运用与路径探析——以传统文化与社会主义核心价值观的耦合转化为例[J].理论学刊,2018,(06).

[50] 赵杨,李剑峰.推动中华优秀传统文化创造性转化[J].人民论坛,2018,(29).

[51] 梁秀文.中华优秀传统文化创造性转化的研究进展与展望[J].学习与实践,2018,(09).

[52] 黄荣华.绘制基因图谱,虔心推进现代传译——中华优秀传统文化创造性转化的思考与探索[J].人民教育,2018,(09).

[53] 尹红领.新时代中华优秀传统文化创新性发展应秉持的"四个特性"[J].学习论坛,2018,(03).

[54] 吕超.中华优秀传统文化创造性转化、创新性发展之哲学解读[D].中央民族大学,2021.

[55] 周美江.中华优秀传统文化创造性转化和创新性发展理论意蕴研究[D].东北师范大学,2021.

[56] 李新潮.中华传统文化"创造性转化、创新性发展"思想研究[D].兰州大学,2021.

[57] 毕国帅.推动中华优秀传统文化创造性转化创新性发展研究[D].山东师范大学,2019.

[58] 鞠忠美.中华传统文化创造性转化创新性发展实现机制研究[D].山东大学,2018.